习近平新时代中国特色社会主义思想的河南实践
系列丛书

THE PRACTICE OF
BUILDING AN ADVANCED PROVINCE
IN AGRICULTURE OF HENAN

农业强省建设的河南实践

陈明星 ◎ 主　编

宋彦峰　刘依杭 ◎ 副主编

社会科学文献出版社
SOCIAL SCIENCES ACADEMIC PRESS (CHINA)

“习近平新时代中国特色社会主义思想的河南实践”系列丛书（第三辑）编委会

前 言

习近平总书记和党中央对河南工作高度重视和寄予厚望。党的十八大以来，习近平总书记先后五次亲临河南视察，作出了一系列重要讲话和重要指示，为河南发展指方向、定目标、明方略、绘蓝图。全省上下深入学习贯彻习近平新时代中国特色社会主义思想和习近平总书记对河南工作的重要讲话、重要指示批示精神，砥砺奋进、实干笃行，全面推动习近平总书记重要讲话、重要指示批示和党中央各项决策部署在河南落地落实、见行见效，中国式现代化建设河南实践稳步推进，为全面建设社会主义现代化国家贡献河南力量。

“习近平新时代中国特色社会主义思想的河南实践”系列丛书由河南省社会科学院研创。该系列丛书充分展示了河南贯彻落实习近平新时代中国特色社会主义思想的具体举措和成功经验，既是推动学习贯彻习近平新时代中国特色社会主义思想主题教育走深走实的重要步骤，又是以习近平文化思想为指引落实 2023 年河南兴文化工程文化研究计划的重要抓手，同时也是为锚定确保高质量建设现代化河南、确保高水平实现现代化河南“两个确保”奋斗目标，实施“十大战略”凝聚强大精神力量的重要参考。

“习近平新时代中国特色社会主义思想的河南实践”系列丛书（第三辑）包括《传承弘扬红旗渠精神的河南实践》《制造业高质量发展的河南实践》《农业强省建设的河南实践》《加强和创新社会治理的河南实践》《深度融入“一带一路”建设的河南实践》《中华文明探源的河南实践》6 部。该系列丛书围绕习近平总书记关于河南工作的重要讲话、重要指示批示精神，深刻领会习近平新时代中国特色社会主义思想的精髓要义和丰富内涵，旨在系统梳理和展示习近平新时代中国特色社会主义思想在河南的生动实践，不断总结新经验、探索新路径，奋力推进中国式现代化建设河南实践，向着“两个确保”目标勇毅前行，交出争先出彩的过硬答卷。

序

强国必先强农，农强方能国强。在全面建成社会主义现代化强国的宏伟蓝图中，农业农村仍然是最艰巨最繁重任务之所在，农业强国既是社会主义现代化强国的根基，也是中国式现代化的重要内容，守好"三农"基本盘至关重要、不容有失。党的二十大首次提出加快建设农业强国，2022年底召开的中央农村工作会议对建设农业强国进行了战略部署，习近平总书记系统阐释了建设农业强国的重大理论和实践问题，对建设农业强国的基本要求、中国特色等重大问题进行了深刻阐释。2023年9月，在第六个农民丰收节到来之际，习近平总书记向全国广大农民和工作在"三农"战线上的同志们致以节日祝贺和诚挚问候，并强调要锚定建设农业强国目标，稳住农业基本盘，扎实做好新时代新征程"三农"工作，全面推进乡村振兴，加快农业农村现代化步伐。

同时，习近平总书记也强调："我们要建设的农业强国、实现的农业现代化，既有国外一般现代化农业强国的共同特征，更有基于自己国情的中国特色。"① 所谓共同特征，就是要遵循农业现代化的一般规律，建设供给保障强、科技装备强、经营体系强、产业韧性强、竞争能力强的农业强国。所谓中国特色，就是立足我国国情，立足人多地少的资源现状、农耕文明的历史底蕴、人与自然和谐共生的时代要求，走自己的路，不简单照搬国外现代化农业强国的发展模式。中国式现代化的中国特色是具体的、现实的，农业强国的中国特色也是具体的、现实的，重点体现在五个方面：一是依靠自己力量端牢饭碗，二是依托双层经营体制发展农业，三是发展生态低碳农业，四是赓续农耕文明，五是扎实推进共同富裕。

河南地处中原腹地，承东启西，连南贯北，既是中华民族和华夏文明

---

① 习近平：《加快建设农业强国 推进农业农村现代化》，《求是》2023年第6期。

的重要发祥地，也是全国重要的经济大省、农业大省、粮食生产大省，党的十八大以来，习近平总书记先后5次视察河南，每次在全国“两会”期间参加河南代表团审议时，必讲“三农”问题，习近平总书记指出粮食生产是河南的一大优势，也是河南的一张王牌，这张王牌任何时候都不能丢，强调要推进河南供给侧结构改革，不断提高农业质量效益和竞争力，实现粮食安全和现代高效农业相统一，勉励河南要在乡村振兴中实现农业强省目标。全省上下深入贯彻落实习近平总书记的重要指示、重要讲话，把实施乡村振兴战略作为本省发展“十大战略”之一重点推进，积极探索具有中国特色、河南特点的农业农村现代化之路。

建设农业强省，不仅要推进农业现代化，也要推进农村现代化，因而要一体推进农业现代化和农村现代化，统筹推进乡村发展、乡村建设、乡村治理等重点工作，推进农业供给保障强、科技装备强、经营体系强、产业韧性强、竞争能力强，提高乡村基础设施完备度、公共服务便利度、人居环境舒适度。作为农业大省，河南建设农业强省，有坚实基础和比较优势，但是对标农业发达国家和国内农业发达地区，河南建设农业强省还存在一些短板和弱项。要在把握农业农村演进规律和趋势、乡村功能愿景的基础上，处理好农业与农村、工业与农业、城市与乡村等若干关系，发挥后发优势、规避后发劣势，放大比较优势、塑造发展胜势，打破路径依赖实现转型赶超。

更扬风帆立潮头，再踏层峰辟新天。在全面建设社会主义现代化国家、实现第二个百年奋斗目标的新征程中，古老厚重的中原大地将迎来新的历史机遇，并在实践中赓续百年大党的“三农”情结，夯实国家安全的“三农”基础，拉紧民族复兴的“三农”底线，把握中国式现代化的历史逻辑、理论逻辑、实践逻辑，以干在实处、奋勇争先、走在前列、更加出彩的担当和作为，焕发新的生机和活力，筑牢促进共同富裕、实现现代化的基本盘，走出具有中国特色、河南特点的农业强省建设之路，打造中原特色鲜明的现代版“富春山居图”。届时，中原大地将不仅承载中华文明的灿烂辉煌，还将谱写更加出彩的绚丽篇章！

目 录

第一章　农业强省的内涵与要求

习近平总书记2019年视察河南时强调，在乡村振兴中实现农业强省目标。这既是对河南农业发展提出的目标，也是对所有农业大省提出来的要求。为贯彻落实农业强国建设的要求，2023年一些省（自治区）如河南、山东、黑龙江、四川、湖北、江苏、浙江、贵州、内蒙古、安徽等出台的一号文件，立足区域农业发展特色和实际情况，纷纷提出建设农业强省或农业强区（后均称作“农业强省”）的战略目标，并明确了农业强省的目标和路径。建设农业强省，需要准确把握农业强省的内涵特征和战略要求，这既是明确农业强省建设什么、如何建设、有何建设要求的基本前提，也有利于形成全面推进乡村振兴战略与农业现代化建设同频共振的格局。

第一节　准确把握农业强省的基本内涵和特征

农业强省是农业强国的载体和抓手。建设农业强省首先要明晰农业强省的基本内涵和特征，参照农业强国的概念和内涵，对农业强省进行剖析和画像。农业强省是一个通过比较得出的相对概念，由农业大省变成农业强省的前提和底线是实现农业现代化，具体而言，即相关省份的农业具有较强的综合竞争力或在某些农业领域显示出比较强的竞争力。

一　农业强省的基本内涵

就目前而言，一些国家在迈向现代化的进程中，也在开展农业农村现代化建设，并凭借自身资源和禀赋，建成了多种模式的农业强国。从国际农业强国建设的规律来看，建设农业强国既是弥弱势补短板的过程，也是其推进农业农村现代化建设，打造优势竞争地位、追“高”逐“新”走在农业发展前沿的过程。对于农业强国的概念内涵学界尚未有统一界定，不同的专家学者基于不同的研究视角对农业强国的内涵进行概括。总体来看，学界认为农业强国的建设目标是“农业强”，而“农业强”则是通过比较各国的农业发展水平而得出的，体现的是农业的综合实力或某些领域较强的比较优势和国际竞争力。农业强国的内涵特征是多维的、综合的，其呈现形态是多元的、独特的。纵观全球，农业强国具有供给保障强、产出效益高、科技创新强、国际竞争力强等共同特征，同时农业强国的分布并无明显规律性，既有以美国为代表的土地资源丰富的综合性农业强国，也有人均土地资源稀缺的以色列、日本等特色型农业强国。由于资源禀赋不同，世界农业大国建设农业强国的路径也不一样，但是这些农业强国在农业产业发展、乡村建设、农产品的国际竞争力等方面都处于领先地位，实现了农业农村现代化。

我国幅员辽阔，农业资源丰富多样。在全面推进中国式现代化建设的新征程中，在既有资源禀赋及政策约束下，我国形成了一定数量且类型不一的农业大省，既有粮食主产区，也有以畜牧业为主的牧区，还有以特色农产品生产为主的地区。基于此，在全面建设社会主义现代化强国的进程中，农业大省迈向农业强省的建设目标也是“农业强”，即在农业大省的基础上，进一步强化这些农业大省所承担的农业责任，推进农业高质量发展，达到“强省富民”的目标，每个农业强省都是农业强国版图上的一部分。因此，若一个省的农业整体或某些领域的发展达到了更高水平，具有较高的比较优势，那么该省就可以称为农业强省。把握农业强省的内涵，可以从以下几个方面来理解。

一是从国情特色来看，建设农业强省是实现农业强国的支撑和有机组成部分。我国人口众多，国内农产品市场的需求量大，为遵循构建以国内大循环为主、国内国际双循环相互促进的新发展格局的要求，建设农业强国需要坚持以我为主的农业发展观，注重保生存、保发展和保安全，通过自己的供给解决自己的需求，通过自己的资源解决自己的问题。因此，我国所要建设的农业强国将是一个高质量发展的全面性和综合型的农业强国，而不同于特色型农业强国。基于此，农业强省建设则是在建设综合型农业强国的前提下，各地区根据各自功能定位，共同落实承担农业强国建设的目标和任务。农业强国是若干农业强省的有机组合，每个农业强省在农业强国框架下都有不同定位，没有农业强省的支撑，农业强国也不能实现。

二是从资源条件来看，不同资源类型的地区可达成农业强省的建设目标。在世界范围内，既有土地资源丰富的美国、加拿大等农业强国，也有日本、以色列等土地资源稀缺的农业强国。相对丰裕的土地资源是农业强国建设的先天优势，但是从全球农业强国建设的历史来看，自然资源禀赋并不是农业强国建设的决定性因素，对于农业强省建设来说亦是如此。总体来看，小农经营是多数农业大省的基本经营方式，但是比较而言，无论是人均耕地面积较多的黑龙江、内蒙古、吉林等省份，还是人均耕地面积较少的河南、山东、浙江、江苏和广西等省份，都可以通过提高综合保障能力、提高农产品附加值、提升农业竞争力等，建立起比较优势，是能够被称为农业强省的。

三是从建设类型来看，多元化发展是农业强省建设的呈现方式。从全球农业强国建设的历史来看，农业强国的发展并没有固定的模式，对于农业强省来说也没有固定的模式。我国广阔的地域空间决定了农业的多功能特性，多元性是我国农业发展最显著的特征，各地区由于资源禀赋和风土人情的不同，农业发展的重点和方向也不同。东北地区地势平坦，有利于机械化农业、科技型农业的发展。西南地区山地多、平地少，农业规模虽小但特色产业突出。东部沿海地区集聚先进生产要素，都市农业和科技农业发展基础好。根据资源禀赋和现有的发展基础，一些省份提出了建设粮食产业强省、畜牧业强省、水产业强省等目标。随着农业供给侧结构性改革的进一步深化，各省份在合力建设农业强国中不可能一个模式套下来、齐步走，会形成各具特色、百花齐放的农业强省发展局面。

四是从发展角度来看，农业强省是一个相对的、动态发展的概念。衡量农业强省的标准会发生变化，随着农业农村现代化的发展，农业科技和农业产业综合效益的提升也会导致农业强省标准的提高。农业强省既强调一种可达性，反映农业强省建设目标要实现的状态，也强调一种已达性，体现农业强省建设目标已实现的状态。同时，农业强省作为乡村振兴战略题中应有之义，农业强省全面、系统的概念，不仅是农业产业效益和竞争力的提升，还包括农民的全面发展和农村现代化的实现。

二 农业强省的特征

我们要建设的农业强国、实现的农业现代化，既有国外一般现代化农业的共同特征，更有基于自己国情的中国特色，要走自己的路，不简单照搬国外现代化农业强国模式。2022 年 12 月的中央农村工作会议上指出，农业强国的中国特色包括：依靠自己力量端牢饭碗、依托双层经营体制发展农业、发展生态低碳农业、赓续农耕文明、扎实推进共同富裕。这既为农业强国建设指明了方向，也是农业强省建设的基本遵循。

河南作为农业强国版图中的一块重要拼图，要实现农业大省到农业强省的蝶变，需要走符合本省特色的农业强省之路。对照农业强国建设的共性特征，对照国家"十四五"农业农村现代化建设的主要指标，河南建成农业强省应具备"三强两高"的特征，即农产品供给保障能力强、农业科技创新能力强、乡村产业竞争力强、农民收入水平高、农村现代化水平高。

一是农产品供给保障能力强。即粮食和重要农产品供给量足质优，多元化食物供给体系完备。以供给安全为导向，在守住国家粮食安全底线的同时，还要满足人民群众日益增长的多样化和高质量食物消费需求，这既是农业强国建设的底线目标和特征之一，也是河南建设农业强省应具备的最重要特征。河南粮食生产对全国影响举足轻重，在农业强省建设中应牢固树立保障国家粮食安全的底线意识，实现粮食产能稳中有增，做到总量充足、结构优化、绿色优质，保障国家粮食安全的水平得到进一步提升。近年来国际局势风云变幻，各个国家更加意识到农业的多功能性很重要，特别是农业生产要有充分的供给保障能力、农业产业链韧性要强，这是一国农业发展最本质和最核心的功能。因此，河南作为农业强国的"粮仓"和重要农产品基地，其供给保障能力需要有比较优势，在实现高质量生产的基础上，还要有强大的输出能力，甚至成为全球粮食供应链产业链的重要一环。在践行"大食物观"中，河南要坚持因地制宜，依托国土资源禀赋，全方位、多途径开发食物资源，构建粮经饲、种养加、农牧渔协调发展的食物生产结构和区域布局，打造多元化食物供给体系，在保障"菜篮子"和"果盘子"供给等方面发挥重要作用。

二是农业科技创新能力强。即打造种业强省、农机装备制造强省，建成国家农业科技创新高地，农业土地产出率、劳动生产率均居于全国前列。农业全产业链科技创新水平较高，科技创新能力和科研成果工程化、产业化和市场化水平较高。聚焦种质资源保护、育种技术创新、良种繁育推广等环节，实施种质资源保护利用工程、商业化育种能力提升工程、良种繁育体系提升工程、龙头种企培育工程，推动种业振兴，打造种业强省。主动对接国家战略科技力量，创建要素共享、协调创新、具有独特品牌优势的“中原农谷”，并将“中原农谷”打造成为国内一流、国际知名的农业科技创新高地，成为国家农科创新核心力量。全省农业科技创新产、学、研、用、推衔接紧密，基础研究、应用研究取得重大突破，进入农业科技强省行列。发挥现有行业优势农机研发企业的引领作用，建设国家农机装备创新中心、航空植保重点实验室，实现农业机械化、信息化全域全程技术实施装备提升。

三是乡村产业竞争能力强。即新型农业经营主体活力充分迸发，产业链供应链韧性强劲，主要农产品竞争优势明显，农业生态低碳发展水平居于全国前列。农业产业化龙头企业、农民合作社、家庭农场等新型农业经营主体质量稳步提升。农业适度规模经营水平进一步提升，农业社会化服务水平显著提高，专业化、社会化服务体系健全，促进小农户和现代农业发展有机衔接。高效种养业和绿色食品业在全国前列的地位进一步稳固，十大优势特色农业产值进一步提高，实现产业链从相对单一向集聚融合发展转变，以农产品加工业为关键点锻造农业全产业链，农产品加工转化率进一步提升，农产品精深加工占比进一步提高，万亿级的现代食品产业集群在世界的影响力进一步增强，主要农产品的出口规模、国际市场占有率不断提高，基本建成农产品加工强省。乡村产业链条健全高端，农业产业链供应链韧性强劲，抗风险能力强。培育一大批全国一流的区域农业品牌和农产品品牌，形成一县一业、一乡一品。在“双碳”目标导向下，推进绿色生产方式，确保农业绿色低碳发展水平居于全国前列。通过建设高标准农田，扩大高效节水灌溉面积，化肥农药施用量稳定在合理范畴之内，对农业生产的支撑作用持续增强。全省畜禽养殖总体布局更为合理，粪污处理利用模式成熟稳定，资源化利用水平显著提高，全省畜牧业绿色发展水平明显提升。

四是农民收入水平高。即农民实现全面发展，城乡居民收入差距显著缩小。农民是农业经营的主体，农业农村现代化实现的重要标志就是在“农业强”的同时实现农民富裕，因此，要扎实推进共同富裕，使农民实现全面发展。河南建成农业强省的内涵也包含农民实现全面发展，农民增收渠道持续拓宽，农民收入达到更高水平，城乡居民收入差距显著缩小。农民增收机制长效健全，通过紧密型利益联结机制增加农民经营性收入，通过土地入股等方式增加农民财产性收入，通过技能培训提升农民就业能力增加工资性收入，稳步提高工资性收入、经营性收入、财产性收入、转移支付“四项”收入。农民技能培训机制健全，农民就业能力不断增强，农业从业人员资格准入制度健全，实现“人人持证”，新型职业农民成为农业经营主体。

五是农村现代化水平高。即乡村面貌实现由表及里、形神兼备的全面提升，城乡实现融合发展，基本公共服务实现均等化。乡村建设实现“形”的重塑和“魂”的重铸，乡村治理体系和治理能力实现现代化，使乡村成为宜居宜业的和美家园；人居环境舒适度持续提高，使农民就地过上现代文明生活。乡村治理能力明显加强，农村基层党组织的领导能力明显增强，农村发展安全保证更加有力。乡村文明程度明显提升，留住乡风乡韵乡愁，农民精神文化生活丰富多样，农民精神文化生活更加丰富，传统农耕文明与现代精神文明交相辉映，农村社会文明程度明显提高，农村精神文明建设显著加强。农村人居环境全面改善，乡村布局规划进一步优化，农业农村绿色生产生活方式得到广泛认可，农村生态环境明显改善，农村人居环境整治长效管护机制基本建立。农村公共服务水平明显提升，城乡基本公共服务均等化进一步巩固提升。农村基础设施建设不断提档升级，农村公路、电网、信息通信网络等基础设施建设水平位于全国前列，保证县域内城乡基础设施共建共享、互联互通，城乡居民生活基础设施大体相当，农村村内道路连接和往户延伸工作取得显著进展，县域城乡供水实现管护一体化，农村自来水普及率进一步提升。

第二节　农业强省与乡村振兴战略、农业现代化的关系

2022 年 12 月举行的中央农村工作会议上指出，未来 5 年“三农”工作要全面推进乡村振兴战略，到 2035 年基本实现农业现代化，到本世纪中叶建成农业强国。显然，在完成乡村振兴战略任务后，“三农”工作更长远的两个关键目标是实现农业农村现代化和建设农业强国。因此，全面推进乡村振兴、加快建设农业现代化、建成农业强省，这三个方面的内容成为未

来一段时期农业大省发展的目标任务和建设重点。当前，我国刚迈入全面建设社会主义现代化强国的新征程，对于农业大省而言，建设农业强省是贯穿全面推进乡村振兴、加快农业农村现代化的主题主线，需要在更高层次、更高水平和更高目标上加大推进力度，为建设农业强国和全面建成社会主义现代化强国贡献应有之力。从内容上看，农业强省与乡村振兴都是农业大省现代化建设的重要组成部分，而农业现代化是农业大省建设农业强省的核心特征，也是乡村振兴中产业振兴的基础和前提。

一　全面推进乡村振兴是新时代建设农业强省的重要任务

党的十九大报告提出“实施乡村振兴战略”。党的二十大报告中提出“全面推进乡村振兴”，并指出“加快建设农业强国，扎实推动乡村产业、人才、文化、生态、组织振兴。”2022 年 12 月召开的中央农村工作会议上强调，全面推进乡村振兴、加快建设农业强国，是党中央着眼全面建成社会主义现代化强国做出的战略部署；全面推进乡村振兴是新时代建设农业强国的重要任务。基于国家顶层设计，从“实施乡村振兴战略”到“全面推进乡村振兴”和“加快建设农业强国”，表明了全面推进乡村振兴和建设农业强国是一脉相承并逐步深化的，两者在建设内容和建设主体上高度关联，具有目标的一致性。

乡村振兴战略自 2017 年党的十九大提出以来，其制度框架及包含内容在不断丰富和发展。2020 年脱贫攻坚取得全面胜利后，我国进入全面推进乡村振兴阶段，乡村振兴战略上升到“民族要复兴，乡村必振兴”的高度，并于 2021 年颁布实施了《中华人民共和国乡村振兴促进法》。以五大振兴并举为推进举措，乡村振兴战略坚持农村现代化和农业现代化一体设计、一体推进，通过推动乡村产业振兴、人才振兴、文化振兴、生态振兴、组织振兴，将实现农业农村现代化作为总目标，最终实现农业、农村和农民的全面发展。

一方面，全面推进乡村振兴是加快建设农业强省的重要途径，农业强省建设对乡村振兴提出了更高的要求。要建设农业强省，当前需要抓好乡村振兴。近年来，各农业大省贯彻落实国家关于“三农”工作的各项重大部署，深入实施乡村振兴战略，坚持农业农村优先发展，农业产业向高质量发展迈进，主要农产品保持稳定供给，农村基础设施和公共服务不断完善，乡村治理水平显著提升，农民与城市居民收入差距显著缩小，乡村振兴取得阶段性重大成就，同时也为农业强省建设提供了各项支持。农业大省推进乡村振兴和建设农业强省在理论内涵上具有一致性，在实践逻辑上是彼此衔接和逐步递进的，两者之间既有联系也有区别，明确两者之间的内在关联，推动两者的互促协同发展，具有重要意义。

另一方面，加快建设农业强省是农业大省全面推进乡村振兴战略目标的进一步提升。要建设农业强国，当前要抓好乡村振兴，乡村振兴战略这件事刚刚破题，更为艰巨繁重的任务还在后面，决不能松劲歇脚，更不能换频道。农业大省建设农业强省的过程也是如此，要驰而不息、久久为功地推进乡村振兴战略。乡村振兴主要是实现农业农村现代化，农业强省则要通过乡村振兴来实现，农业强省是农业强国的组成部分，也是通过国内比较甚至国际比较得出的一个结论。因此，当前对于农业大省来说，全面推进乡村振兴战略的目标和任务亦是农业强省建设的内容。

在党的二十大报告中，全面推进乡村振兴和加快建设农业强国被放在“加快构建新发展格局，着力推动高质量发展”章节中，因此，农业强省建设要积极融入新发展格局中，重点推动农业高质量发展、提升农业产业链供应链韧性和安全水平，从而增强国内大循环的主体地位和支撑我国深度融入国际经济循环。总之，农业大省全面推进乡村振兴和建设农业强省是相辅相成的，要协同推进乡村振兴和农业强省建设，以乡村振兴为重点抓好“三农”各项工作，加快农业强省建设。

二　实现农业现代化是建设农业强省的基础和前提

农业现代化是指利用现代科学技术手段、工业化方式和经济管理方式等实现传统农业向具有世界先进水平的现代农业转变的过程。一个国家实现了农业现代化，指的是这个国家的农业在整体上达到了世界先进水平，然而实现了农业现代化并不代表建成了农业强国。农业现代化是建设农业强国的基础和前提，农业强国建设的水平很大程度上取决于农业现代化的发展进程和所处阶段。在全面建设社会主义现代化强国的背景下，无论是农业大省还是非农业大省，只要发展农业生产就都要推动农业现代化建设，实现传统农业向现代农业的转变，在这个过程中一些资源禀赋好、农业科技实力强的农业大省会率先建成农业强省。农业现代化具有明显的阶段性特征，具有潜力的农业大省可通过现代科技手段、优良的物质条件、现代经营方式等建成农业强省。建设农业强省的基础和基本要求是农业实现了现代化。

首先，实现农业现代化为农业强省建设提供了基础条件。农业现代化是农业强省建设的内在要求和先决条件，农业只有在生产方式、经营方式、专业化分工和组织化程度等方面实现了现代化才有条件建设农业强省。一方面是因为相对于我国经济社会发展的其他领域，农业发展相对滞后，短板和弱项也较多，通过农业现代化建设可以弥补这些短板弱项。另一方面通过农业现代化建设可进一步提升现代农业发展水平，为农业强省建设提供动力源泉和支持保障。现代农业科技发展为建设农业强省提供了强力引擎，依靠现代科技改造传统农业，提高农业的自主创新能力，推动生产良种化、机械化、集约化，提高农业劳动生产力、资源利用率和土地产出率。科技创新是农业生产力变革的第一驱动力，推动农业发展由跟跑、并跑向领跑跨越，将科技力量转化为农业强省的竞争优势。如河南省现代农业科技蓬勃发展，农业科技进步贡献率持续高于全国平均水平，稳居全国前列，农业科技创新在多个领域实现“领跑”，小麦、玉米、花生、芝麻、棉花、西瓜等主要农作物遗传育种一直保持全国领先地位，“郑麦 9023”“矮抗58”“郑麦 366”先后成为全国种植面积最大的小麦品种，“郑单 958”连续10 多年成为种植推广面积第一的玉米品种，“豫花”“远杂”系列花生品种在全国的覆盖率达 12%、在河南的覆盖率达 55%。农村改革创新为农业强省建设增添活力，在改革创新的赋能作用下实现“有效市场”和“有为政府”更好地结合。通过改革土地制度、完善农村基本经营制度、推动农村集体产权制度改革等，农村资源权能不断丰富和完善，进一步释放农业农村发展活力，促进城乡要素双向流动、平等交换，为农业强省建设提供人财物等多要素的支持保障。

其次，实现农业现代化虽是农业强省建设的核心特征，但不是农业强省建设的全部。2022 年 12 月召开的中央农村工作会议上指出，建设农业强国要一体推进农业现代化和农村现代化。农业强省不仅要实现农业现代化，还要同步实现农村现代化，建设宜居宜业的和美乡村是农业强省建设的应有之义，同时还要实现农民全面发展，扎实推进共同富裕。农民收入提高了，农村底盘强大了，农业强省的根基才有保障。因此，对于农业强省建设来说，需要一体推进农业现代化和农村现代化，在实现现代农业高度发达的同时，还要实现乡村的全面发展和农民收入的不断提升。

最后，相较于农业现代化，农业强省有更深的内涵与更高的层次。农业强省是对农业现代化内涵的丰富。农业现代化的推进更多体现在农业生产各个环节中技术装备水平的提高上，是农业物质装备硬实力的体现。如在农机装备方面，围绕农业生产需求，实现农机装备整机的数字化、智能化发展，主要农作物生产实现全过程机械化。而农业强省建设既要体现装备水平的提高和技术的创新突破，也要体现农业产业竞争力的不断提升，还要体现传统农耕文化与现代文化的有机融合，是硬实力和软实力的“双提升”。农业强省建设是农业现代化维度的拓展，农业现代化是指农业生产由原来落后的传统形态向先进的现代形态转变，在一定时期和一定范围内处于领先水平的农业形态，是历史发展过程中的自我提升。而要建成农业强省，则应在农业现代化的基础上，对农业科学技术、产业体系、生产体系、经营体系等提出更高的要求，并保证在一些重要领域处于领先地位，对国内农业生产甚至世界农业发展产生较强影响力、引领力和掌控力。农业强省建设是农业现代化层次的提升。党的二十大立足于全面建成社会主义现代化强国，对农业农村工作进行了总体部署，即到2035年基本实现农业现代化，到本世纪中叶建成农业强国。农业现代化和农业强国在实现时序上有先后，这也意味着农业强国与农业现代化相比有着更高的层次。农业大省的农业现代化建设是生产力持续发展的过程，建成农业强省既体现农业大省发展现代农业量的突破、更体现质的跃升，是农业从数量到质量、从规模到效益、从生产力到竞争力的全面跨越。

第三节　农业强省建设的战略要求

建设农业强省不仅要从实际出发，依据省情农情找准自己的建设路径和模式，还要从全局和历史出发，在推进中国式现代化和农业强国建设的总体框架下找准自身发展定位，深刻理解新时代农业强省建设的战略要求。加快建设农业强省，不仅需要将农业现代化和农村现代化共同推进，还与经济社会发展中的一些重大问题和重大战略息息相关。在农业强省建设的推进中，要保障国家粮食安全，重点实现粮食等重要农产品充分供给；要着重加快城乡融合发展，建立健全城乡双向流通的机制，实现城乡均等化发展；要着重推进农业绿色化转型升级，促进人与自然和谐共生；要以共同富裕为导向解决农民收入持续增长问题，实现人民对美好生活的向往。

一　在农业强省建设中把握粮食保障供给安全导向

全方位夯实粮食安全根基，确保中国人的饭碗牢牢端在自己手中。这是党中央把握“两个大局”、统筹发展和安全作出的重大部署，也是当前农业强省建设和全面推进乡村振兴中必不可少的内容。一方面从全球农业强国建设的历史来看，农业供给保障能力强是农业强国建设中农业生产最核心的功能。世界上真正强大的国家，在保障粮食安全方面都有自己的途径和手段，大多数农业强国在粮食等重要农产品生产方面有绝对优势。如2020年美国、加拿大、法国、德国的谷物自给率分别为123.2%、184.8%、209.7%和104.2%[①]。日本等少数农业强国则通过贸易和国际供应链建设，牢牢把握国内农产品供给主动权。另一方面我国在保障重要农产品供给方面还存在不足。2004年我国农产品进出口由顺差变为逆差，并且此后贸易逆差金额呈现逐渐扩大趋势（见图1-1），2004年贸易逆差为46.4亿美元，2022年增加到1378亿美元，不到20年的时间增长了28.7倍。其中，粮食的净进口也呈现逐年增加态势，海关总署统计数据显示，2004年粮食净进口数量为2731万吨，2019年、2020年、2021年和2022年分别为11144万吨、14262万吨、16454万吨、14687万吨。对于拥有十几亿人口的大国而言，这样的粮食对外依存度存在较大隐患。

粮食等重要农产品的充分供给是国家经济健康运行的重要基础，更是农业强国建设的最基本特征。当前，世界进入新的动荡变革期，不确定因素增加，它通过影响全球农产品市场，继而影响我国粮食等重要农产品的安全供给。因此，在农业强国建设中我国必须坚持“谷物基本自给、口粮绝对安全”的底线要求，掌握粮食和其他重要农产品稳定供给的主动权。基于此，农业强省建设的首要任务是不断提升农业综合生产能力，高质量保障粮食等重要农产品供给，以及满足人民群众日益增长的多元化食物

---

① 姜长云：《农业强国建设及其关联问题》，《华中农业大学学报》（社会科学版）2023年第2期。

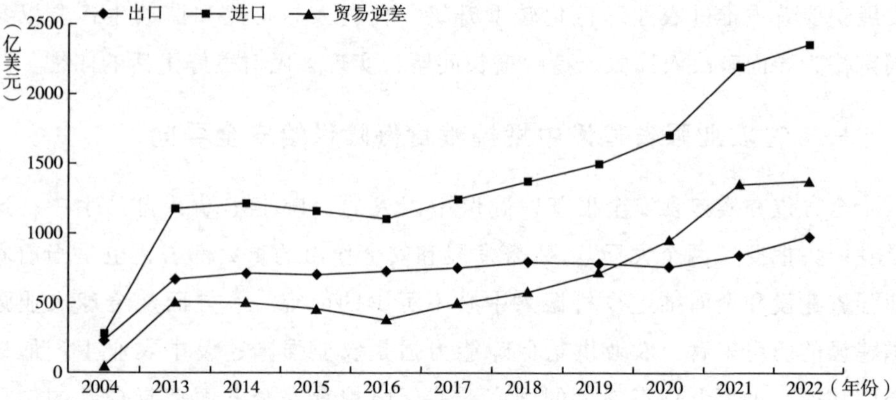

图 1-1　2004 年及 2013~2022 年我国农产品进出口情况

资料来源：商务部网站（http：//wms. mofcom. gov. cn/article/ztxx/ncpmy/）。

消费。

各农业大省特别是粮食主产区要重点提升粮食综合生产能力，全方位夯实粮食安全根基，要牢牢地把饭碗端在自己手中。同时，要树立大食物观，在扛稳粮食生产重任的前提下，调整优化农业产业产品结构，从而更好地满足人民群众日益多元化的食物消费需求。粮食生产是河南的一大优势，也是河南的一张王牌，这张王牌任何时候都不能丢，粮食生产既是河南的核心竞争力之一，也在保障国家粮食安全方面具有举足轻重的地位。此外，河南又是畜牧大省、经济作物大省、农产品加工大省，需要肩负起保障国家粮食和重要农产品稳定安全供给的责任和义务，这既是河南建设农业强省的优势和底气，也是河南建设农业强省的内在要求。

二　在农业强省建设中把握城乡融合发展导向

城乡融合发展的本质在于通过城乡的融合和互促，将城市和农村作为平等的发展主体，形成共建共享共荣的城乡发展共同体。根据西方发达国家城市和农村关系的演变规律，城乡融合发展是一个国家进入城镇化高水平发展阶段的重要特征。基于我国经济社会发展的特征，党和国家及时调整城市与农村的发展关系，党的十九大报告提出实施乡村振兴战略，并对城乡融合发展进行布局，新时代城乡融合发展的序幕由此拉开。党的二十大报告继续强调“坚持农业农村优先发展，坚持城乡融合发展，畅通城乡要素流动”。至此，城乡融合发展已经成为当前我国现代化建设和实现第二个百年奋斗目标的关键环节，我国城乡融合已经成为不可逆转的历史趋势。

习近平总书记在党的二十大报告和二十大后首次离京的考察中，两次强调了“三农”是“最艰巨最繁重的任务”，由此可见，农村是中国式现代化建设中最薄弱环节和重点难点。与快速推进的城镇化和工业化相比，农业农村发展的短板依然存在，阻碍城乡要素流动的体制机制障碍依然存在，城乡发展不平衡问题成为制约经济高质量发展的重要因素。例如在乡村发展的人才要素支持方面，高技能人才下乡、返乡创新创业的保障措施不完善，农村吸引人才的长效机制不完善。此外，县域经济发展的带动能力不够，三次产业的融合程度低，以城带乡、以工促农的动力机制不健全。中国式现代化的进程需要推进城乡融合发展，消除影响城乡要素自由流动以及城乡发展不均衡的现象，加快建设宜居宜业和美乡村。在建设农业强国过程中，推动城乡融合能够将城镇化和工业化的外溢效应转化为农业农村现代化的发展势能，城乡融合是建设农业强国的内生动力，农业强国建设需要依靠城乡融合的支撑。

河南作为农业大省、人口大省，加快推进农业农村现代化、建设农业强省的任务艰巨繁重。截至 2022 年底，河南乡村常住人口有 4239 万人，即便到 2035 年城镇化率突破 60%，仍有大约 3949 万农村人口。从农村发展情况来看，河南曾经是贫困大省，如今农村地区巩固脱贫攻坚成果的任务依然艰巨，一些脱贫县整体发展水平较低，自我发展能力较弱。一些县乡村特色产业尚处于培育成长阶段，技术、资金、人才、市场等要素支撑不强，产业链条较短，农产品精深加工占比和附加值较低。目前，针对农业农村现代化建设中的短板，在建设农业强省过程中，河南必须通过城乡融合带动城乡要素自由流动，实现以工促农，在中心城市的辐射带动作用下实现农业农村现代化的同步建设。

三　在农业强省建设中把握绿色发展导向

习近平总书记指出，“推进农业绿色发展是农业发展观的一场深刻革命”。农村是农民生产生活的重要场域，农业是国民衣食之源，两者是生态文明建设中的重要载体和重要领域，也是生态文明建设的主战场，推动农业绿色化转型是习近平生态文明思想在农业领域的具体体现。党的十八大以来，生态环境保护被提升到治国理念的高度后，绿色发展的理念已深入人心，成为农业发展的主线。党的二十大报告提出，"必须牢固树立和践行绿水青山就是金山银山的理念，站在人与自然和谐共生的高度谋划发展"。建设农业强国要基于我国国情，走中国特色。农业强国建设要符合人与自然和谐共生的时代要求，擦亮农业强国的绿色底色，夯实农业强国的生态基础。认清人多地少的资源约束，践行人与自然和谐共生的时代要求，加快建成供给保障有力、产业竞争优势明显、绿色高质高效的农业强国，必须全面推进农业绿色转型发展。推动农业绿色发展既是解决我国农业发展现实的"金钥匙"，也是加快推进农业强国建设的持久动力。

农业生产对自然环境有着高度的依赖，资源环境"硬约束"下的农业生产导向，决定了农业强国建设必须强化农业绿色生产，维护人与自然的和谐共生。坚持绿色发展理念既是硬道理，也是农业可持续发展的永恒主题，要推进农业生态优先、节约集约、绿色低碳发展。近年来，我国不断提升农业资源保护和环境治理水平，无论是农业生产中的化肥农药零增长行动，还是各地积极探索的多样化生态农业，农业绿色发展转型升级的进程都明显加快。但是，我国农业生产、农村生活中的面源污染和生态环境治理依然存在问题，农业绿色发展面临一些挑战，如农业资源约束进一步强化，随着农业种植业结构调整逐步优化，优势农产品、特色果蔬等耗水作物品种种植面积的扩大，粮经比例差距逐步缩小，复种指数不断提高，农业灌溉用水总量增长和地下水超采的压力增大，农业节水增效任务艰巨。农业面源污染治理依然任重道远。

河南建设农业强省，要在粮食和重要农产品供给保障安全的基础上，以高效种养业和绿色食品业转型升级为抓手，以资源环境承载力为基准，强化改革创新、激励约束和政府监管，着力转变农业发展方式，优化空间布局，节约利用资源，保护产地环境，完善生态服务功能，推动农业生产、农民生活、农村生态协调发展，扎实推进全省农业绿色发展，为实现农业强、农村美、农民富的伟大目标，为河南现代化建设提供坚实的基础支撑。

四　在农业强省建设中把握农民农村共同富裕导向

共同富裕是社会主义的本质要求。党的二十大报告指出，中国式现代化是全体人民共同富裕的现代化。这是新时代党中央立足我国发展新的历史阶段作出的重要战略抉择，凸显了中国式现代化的价值底色。农民农村共同富裕是实现全体人民共同富裕战略目标的重要组成部分，也是农业强国建设的重要内容。农民农村共同富裕的战略目标与农业强国建设在以人民为主的推进路径和目标上具有一致性。2022 年 12 月召开的中央农村工作会议上指出，未来 5 年要全面推进乡村振兴，到 2035 年基本实现农业现代化，到本世纪中叶建成农业强国。农业强国建设的三个时间点与共同富裕"三步走"相对应。即到"十四五"末全面推进乡村振兴的同时全体人民共同富裕迈出坚实步伐；到 2035 年农业现代化基本实现的同时，全体人民共同富裕取得更为明显的实质性进展；到本世纪中叶建成农业强国的同时全体人民共同富裕基本实现。这说明建设农业强国和实现共同富裕的要求和目标具有统一性。

农民农村共同富裕作为建设农业强国的重要内容，不仅体现在乡村基础设施的完备度、公共服务的便利度、人居环境的适宜度的进一步提升，治理能力进一步加强，还体现在城乡居民在收入、消费等方面的改善。近年来，在脱贫攻坚和乡村振兴战略的相继推进下，我国农业农村发生了巨大的变化，但是总体来说，农民收入水平和农村发展水平与城市相比还存在一定的差距。就全国农村和城镇居民人均收入水平来看，近十年全国城乡居民可支配收入倍差一直在下降，但是收入绝对差距却在逐年拉大，收入绝对差距由 2013 年的 17037.4 元扩大到 2022 年的 29150 元，农村居民人均可支配收入大幅低于城镇居民人均可支配收入的现象依然存在（见表 1-1）。此外，农村与城镇基础设施、公共服务设施配置差距也较大，以及不同地区的农村之间和农村居民内部群体之间收入差距更为明显。农民农村共同富裕既是农业强国建设中的难点和重点，也是农业强国建设的必然要求和行动指引。

表 1-1　2013~2022 年全国城镇和农村居民人均可支配收入情况及对比

年份	农村居民人均可支配收入（元）	城镇居民人均可支配收入（元）	可支配收入倍差	可支配收入绝对差距（元）
2013	9429.6	26467	2.81	17037.4

续表

年份	农村居民人均可支配收入（元）	城镇居民人均可支配收入（元）	可支配收入倍差	可支配收入绝对差距（元）
2014	10488.9	28843.9	2.75	18355
2015	11421.7	31194.8	2.73	19773.1
2016	12363.4	33616.2	2.72	21252.8
2017	13432.4	36396.2	2.71	22963.8
2018	14617	39250.8	2.69	24633.8
2019	16020.7	42358.8	2.64	26338.1
2020	17131.5	43833.8	2.56	26702.3
2021	18930.9	47411.9	2.50	28481
2022	20133	49283	2.45	29150

资料来源：根据国家统计局网站数据整理。

建设农业强省亦担负着缩小城乡、群体差距和促进社会公平正义的使命，让发展的成果惠及人民大众。共同富裕的重点难点是农民，要不断提高农民收入，而实现农民增收基础是完善农业农村发展，加快农业农村现代化进程，这也是农业强省建设的主线。对照国家“十四五”推进农业农村现代化主要指标，立足河南实际，河南要建设的农业强省不仅要加快推进农业现代化，也要不断提高农民收入水平，缩小城乡居民收入差距，以及加快推进农村现代化，实现城乡融合发展。对于河南来说，农民农村共同富裕既是实现农业强省建设的条件，也是农业强省建设的目的，农业强省建设的过程也是实现农民农村共同富裕的过程。

第二章　河南建设农业强省的历史方位

河南建设农业强省，不仅是实现农业农村现代化、全面推进乡村振兴的必然要求，而且是加快建设农业强国、扛稳国家粮食安全重任的根本保证，更是作为“中原粮仓”义不容辞的光荣使命。当前，河南站在新发展阶段的历史起点上，首先，要在保障国家粮食安全、构建多元化食物供给体系上作出农业大省应有的贡献；其次，要深入贯彻新发展理念，全面推进乡村振兴，推动农业农村高质量发展，努力在推进农业农村现代化上走在全国前列；最后，要坚决守住不发生规模性返贫的底线，促进农民农村共同富裕。河南既要补齐农业“大而不强、全而不优”，农村基础设施依然薄弱，农村社会事业发展相对滞后等短板；也要充分发挥“中原粮仓”、农村内需潜力巨大等优势。实现农业强省这一目标长期且艰巨，因此，河南必须保持战略定力和历史耐心，为本世纪中叶全面建成农业强省而不懈奋斗①。

第一节　河南推进农业农村现代化的历程回顾

在国家现代化发展方针战略的引领下，河南采取了一系列卓有成效的举措，积极探索农业农村现代化发展道路，将农业农村现代化水平提升到一个新的高度，农业发展阔步向前，农村面貌日新月异，河南农业农村现代化正在加快实现。自 1978 年改革开放至今，河南的农业农村现代化走过了四个阶段。

---

①　中共河南省委：《在乡村振兴中实现农业强省目标》，《求是》2023 年第 6 期。

一 从粮食自给有余到发展多种经营，农村生产力大大解放（1978~1992年）

1978年的改革开放，是中国农村改革的起点。和全国一样，河南改革首先从农村开始。自此，家庭联产承包责任制在河南全面铺开，统分结合的双层经营体制全面推行，农村生产关系得到调整，农村生产力得到极大解放，广大农民获得了梦寐以求的土地经营自主权，农民的积极性、主动性、创造性被充分调动，加之受到农业科技进步和农产品收购价格提升的推动，河南农业开始步入稳中有升的发展正轨。在这一时期，河南不仅实现了粮食的自给自足，而且还“兼济天下”，向外省输出了部分粮食。

随着物质生活和精神生活日益充实，人们的消费需求和消费结构也开始出现新的变化，由“吃饱”过渡到“吃好”已是大势所趋，于是，着力提升农产品品质自然而然地被提上河南农业发展的日程。在此期间，河南农民家庭人均纯收入有较大提高，农民的“钱袋子”更鼓了，消费底气更足了，这也间接成为河南下一步全面发展多种经营的“催化剂”。1985年，根据国家的统一部署，河南渐次推进农产品统购统销制度改革，通过市场这只“看不见的手”对大多数农产品价格进行调节，促进计划经济向市场经济转变，农民生产积极性大大提高，农业生产势头强劲。自此，河南农业生产与市场需求挂钩，二者形成更为紧密的结合体。河南积极调整农业结构，在保障粮食播种面积的同时，加快发展林果生产和经济作物种植，这也带动了农村加工业的发展，农村不再仅是轻工业原料的供应地，更成为重要的农产品加工地。河南实现了农林牧副渔“五业并举”，不同消费者对农产品的多样性需求得到极大满足。20世纪90年代初成立的郑州粮食批发市场，是中国现代粮食批发市场建设的原点。其后不久成立的郑州商品交易所推出了包括粮食在内的期货交易，中国从此拥有了属于自己的粮油期货批发价格，“郑州价格”影响范围越来越广，日益成为我国乃至全球粮食价格的“风向标”。

1978~1992年，河南全省粮食总产量从419.5亿斤增长到621.9亿斤，增加了202.4亿斤，粮食产量创历史纪录；粮食作物播种面积从9123.3千公顷减少到8804.7千公顷，减少了318.6千公顷；农林牧渔业总产值从95.38亿元增加到573.65亿元，增加了478.27亿元；农业机械总动力从

974.4 万千瓦增长到 2424.4 万千瓦，增加了 1450 万千瓦；农村用电量从 13.2 亿千瓦时增长到 59.6 亿千瓦时，增加了 46.4 亿千瓦时；农村居民人均纯收入从 104.71 元增加到 588.48 元，增加了 483.77 元[①]。

二　向农产品精深加工进军，农村扶贫惠农工作稳步推进（1993~2003 年）

在党的十四大后，河南推进社会主义市场经济体制改革，1993 年放开粮食购销价格，1994 年将农业生产指令性计划改为指导性计划，农村经济由此开始向市场经济全面转轨。加之国家在 1994 年和 1996 年连续两次大幅提高粮食收购价格，促使全省粮食产量在 1998 年跨越 800 亿斤大关，并在随后几年连续保持在 800 亿斤以上。但受制于农业产业链短、初级产业多、农产品附加值低等因素，以及雪上加霜的又一轮“卖粮难”困境，河南农业发展开始出现下行势头。对此，河南充分发挥自身农业资源优势，进军农产品精深加工领域，深挖农产品附加值，提升农产品竞争力，在纷繁复杂的市场中注重以质取胜，农产品加工开始由“量的增加”向“质的提升”转变。与此同时，河南以食品加工龙头企业引领农产品精深加工潮流，将小农生产融入大产业、大市场，公司与农户的联系日臻紧密，农业市场化运行机制日益完备，农业生产和农产品加工双向互动、相辅相成、相得益彰。2001 年，河南提出建成全国重要的优质小麦生产基地、畜产品生产和深加工基地，“两个基地”重大战略加速了河南的农业产业化进程，农业机械化持续推进，生产条件不断改善。

扶贫工作是农村现代化的基础，这一时期，河南农村扶贫惠农工作不断深化。为响应国家“八七计划”的战略决策，1994 年，河南召开全省扶贫开发暨农村工作会议，决定到 20 世纪末，基本解决现有 760 万贫困人口的温饱问题，制定《河南省 1994~2000 年扶贫攻坚计划》。同年 7 月，全省 28 个国家“八七计划”重点扶持县和 6 个省重点扶持县的县长聚集在南召县，与省政府签订了到 2000 年稳定解决贫困人口温饱问题的目标责任书。1997 年，贫困地区将扶贫开发作为首要任务，由党政“一把手”负全责，开始落实“三定一帮”责任制。1998 年，河南发布《关于进一步做好对口

① 数据来源：《中国统计年鉴》。

帮扶贫困村工作的通知》，各地抽调大批党政机关干部驻村扶贫，有力促进了贫困地区的经济发展和社会进步。2000年，河南农村居民生活已基本实现总体小康。2001年，全省农村税费改革工作会议召开，要求确保农民负担真正减轻。2002年，河南全面铺开农村税费改革，制定《河南省农村扶贫开发规划（2003~2010年）》，明确31个县为河南新时期国家级扶贫开发工作重点县。2003年，河南发布《关于集中扶贫资金整村推进分批扶持重点贫困村的通知》，对重点贫困村进行集中扶持。通过一系列扶贫惠农工作，河南的“三农”基础更加稳固。

1993~2003年，全省粮食总产量从727.8亿斤降至713.9亿斤，下降了13.9亿斤；粮食作物播种面积从8969千公顷降至8923.3千公顷，下降了45.7千公顷；农林牧渔业总产值从671.7亿元增加到2193.1亿元，增加了1521.4亿元；农业机械总动力从2624万千瓦增长到6953.17万千瓦，增加了4329.17万千瓦；农村用电量从61.1亿千瓦时增长到144.6亿千瓦时，增加了83.5亿千瓦时；农村居民人均纯收入从695.85元增加到2235.68元，增加了1539.83元①。

三　打造国人“粮仓厨房”，扎实推进新农村建设（2004~2011年）

2004年，中共中央、国务院发布21世纪以来的首份中央一号文件，从而拉开了新世纪中国重农、强农、惠农的宏大序幕。同年，党的十六届四中全会针对农业问题提出“两个趋向”的重要论断，这是党在新形势下对工农关系和城乡关系在认识上的进一步深化，我国城乡关系开启“以工补农、以城带乡”的崭新篇章。河南农业税税率在2004年降至4%，农民的农业税负担较上年整体下降65.4%。河南在2005年就在中部六省中率先取消农业税，又凭借增加种粮补贴等惠农方针政策，河南农民和涉农企业的积极性空前高涨。2006年，河南提出要成为国人的“大粮仓”“大厨房”，“农业先进”也被作为实现中原崛起的总目标之一。河南粮食生产核心区建设于2009年启动，以此为契机，河南投资近千亿元用于打造粮食生产核心区，在推进农业产业化、培训农村劳动力、水利工程建设等方面成效显著。

---

① 数据来源：《中国统计年鉴》。

河南依托丰富的农业资源，注重提升自身农产品加工能力并取得长足发展，尤其是粮食和肉类加工能力已在2017年排名全国第一，河南的火腿肠、速冻水饺等深加工农产品已占据相当大的国内市场份额，“中国粮仓”变为“国人厨房”，并向着“世界餐桌”的目标迈进。

自2005年起，河南扎实推进新农村建设，各地因地制宜地探索建设模式，动员社会各界投身新农村建设。2005年，河南提出到2010年底完成近8万公里的村道建设。2006年，河南省第八次党代会强调，努力在建设社会主义新农村上取得新突破。2007年，党的十七大报告提出，统筹城乡发展，推进社会主义新农村建设。同年，河南开始实施扶贫培训“雨露计划”，增强贫困人口就业和创业能力，开展“千企帮千村”“村企共建扶贫工程”，推动企业参与扶贫。2009年，实施“三支一扶”和“大学生村官计划”，推动城乡人才逆向流动。2010年，河南新农村示范村建设启动会强调，力争用3年完成首批新农村示范村建设。在新农村建设时期，河南农村三产融合提速，形成速冻食品、肉猪、奶产品、肉牛、肉禽、特色食品等多条产业链，加快培育农村新产业新业态。河南促进休闲度假、康养旅游等服务产业与农业、林业深度融合，推进“互联网+现代农业”，成立农业大数据中心，实施信息进村入户工程，大力发展农村电商，重点实施农村畅通、环境净化、乡村绿化、村庄亮化、农村文化五大工程，以“改院、改水、改厕、改厨、改线”为重点开展农家庭院整治，全面改善农村人居环境，基本实现农村交通设施“村村通”以及村内主要道路全面硬化，农村社会保障事业蓬勃发展，农村面貌焕然一新。

2004~2011年，全省粮食总产量从852亿斤增长到1108.5亿斤，增加了256.5亿斤；粮食作物播种面积从8970.1千公顷增加到9859.87千公顷，增加了889.77千公顷；农林牧渔业总产值从2963.92亿元增加到6218.64亿元，增加了3254.72亿元；农业机械总动力从7521.12万千瓦增长到10515.79万千瓦，增加了2994.67万千瓦；农村用电量从157.7亿千瓦时增长到281.82亿千瓦时，增加了124.12亿千瓦时；农村居民人均纯收入从2553.15元增加到6604.03元，增加了4050.88元[①]。

① 数据来源：《中国统计年鉴》。

四　进军现代农业强省，全面推进乡村振兴（2012 年至今）

党的十八大以来，党中央坚持把解决好“三农”问题作为全党工作的重中之重，把脱贫攻坚作为全面建成小康社会的标志性工程。2012 年，党的十八大提出推动城乡发展一体化，形成以工促农、以城带乡、工农互惠、城乡一体的新型工农、城乡关系。2017 年，党的十九大提出实施乡村振兴战略。2020 年底，中国如期完成脱贫攻坚、全面建成小康社会的历史任务。2022 年，党的二十大提出全面推进乡村振兴，坚持农业农村优先发展，加快建设农业强国，建设宜居宜业和美乡村。

2011 年，河南省第九次党代会提出，要扎实推进新型农业现代化。2016 年，河南省第十次党代会提出，要建设现代农业强省。2021 年，河南省第十一次党代会提出，要全面推进乡村振兴，加快农业农村现代化。近年来，河南牢固树立新发展理念，主动适应中国经济新常态，积极推进现代农业强省建设，农业综合产能迈上新台阶，现代农业发展加速推进。坚定抓好粮食安全头等大事，全方位夯实粮食安全根基，落实“藏粮于地、藏粮于技”，抓住耕地和种子两个要害，扛稳粮食安全重任。牢牢守住 1.61 亿亩的耕地保护红线，建设和改造提升高标准农田，建设高标准农田示范区，推进大中型灌区建设和现代化改造。以大食物观为指引，构建多元化食物供给体系，推进全链条节粮减损。不断深化农业供给侧结构性改革，促进农业转型升级，进一步推进粮食生产向优质高效迈进。将推进生态文明、建设美丽河南置于贯彻习近平生态文明思想的突出位置，生产和供给绿色、生态、优质、安全农产品的数量大幅增加，农产品出口上百个国家和地区，农产品质量安全保障能力受到越来越多消费者的认可。

在全面推进乡村振兴的过程中，河南农村强龙头、补链条、树品牌，新产业新业态蓬勃发展，乡村旅游、农耕文化、休闲农业等相互交融，农村电商飞速发展，为乡村振兴装上了“助推器”。深化农村土地三权分置、集体产权制度改革、农村三产融合发展等改革，为农业农村现代化增添新动能，有力促进了经济社会转型发展。推进美丽乡村建设，提升农村基础设施完备度、公共服务便利度、人居环境舒适度，打造宜居宜业和美乡村。加强精神文明建设，整治陈规陋习，推进移风易俗，弘扬文明新风，坚持以文化人、以艺通心，坚持典型引领、示范带动，为乡村振兴注入澎湃精神动能。提升乡村现代治理水平，持续健全县乡村三级治理体系和“四治融合”基层治理体系，不断深化“五星”支部创建和“三零”创建，加快实现乡村善治。河南持续巩固脱贫攻坚成果，聚焦农民增收，推动技能致富，实施高素质农民培育计划，农民科学文化素质明显提高，为农业农村现代化提供了坚实的基础性、战略性支撑。截至 2020 年底，河南脱贫攻坚工作取得了历史性成就，718.6 万农村贫困人口全部脱贫，9536 个贫困村全部出列，53 个贫困县全部摘帽，区域性贫困问题得到有效解决，绝对贫困人口全部清零。

2012~2022 年，全省粮食总产量从 1127.72 亿斤增长到 1357.87 亿斤，增加了 230.15 亿斤；粮食作物播种面积从 9985.15 千公顷增加到 10778.4 千公顷，增加了 793.25 千公顷；农林牧渔业总产值从 6679.04 亿元增加到 10952.24 亿元，增加了 4273.2 亿元；农业机械总动力从 10872.73 万千瓦降至 10858.94 万千瓦，下降了 13.79 万千瓦；农村用电量从 290.03 亿千瓦时增长到 467.04 亿千瓦时，增加了 177.01 亿千瓦时；农村居民人均可支配收入从 7524.94 元增加到 18697.3 元，增加了 11172.36 元①。

第二节　河南推进农业农村现代化的主要进展

河南在推进农业农村现代化进程中，粮食生产能力持续巩固，农业发展质量持续提升，农村发展活力持续释放，农村基本面貌持续改善，农民生活水平持续提高。特别是近年来，河南“三农”基础不断夯实，强农富农惠农力度不断加大，农业农村现代化扎实推进，为实施乡村振兴战略创造了良好条件，为全省各项事业发展提供了强力支撑，农业大省正蹄疾步稳，加速向农业强省跨越。

一　粮食生产能力持续巩固

一是粮食产量在波动中上升。河南粮食产量在 1989 年突破 3000 万吨，

① 数据来源：《中国统计年鉴》《河南省国民经济和社会发展统计公报》以及河南省人民政府网站。另，自 2014 年起，采用新口径，农村居民人均纯收入改称农村居民人均可支配收入。

1998 年突破 4000 万吨，2006 年突破 5000 万吨，2013 年突破 6000 万吨，并多年稳定在 6000 万吨以上。河南粮食产量从 3000 万吨到 4000 万吨，用了 9 年；从 4000 万吨到 5000 万吨，用了 8 年；从 5000 万吨到 6000 万吨，用了 7 年。河南粮食产量用不断加快的步伐连续迈上 3 个千万吨级台阶，为全国粮食增产添砖加瓦（见图 2-1）。河南粮食产量占全国比重亦波动上升，近年来稳定在 10%左右，稳居全国第二，河南成为名副其实的国家农业生产"压舱石"。2022 年，全省夏粮总产量达 762.61 亿斤，小麦在其中占据绝对的地位，小麦总产量达 762.54 亿斤，占全国小麦总产量的 28.1%[①]。河南用全国 1/16 的耕地，产出 1/10 的粮食、1/4 的小麦，"中原粮仓"完美解决了自身的吃饭问题。此外，全国五大粮食净调出省份中就有河南，河南全省每年外调约 600 亿斤的原粮及其制成品，展现了"粮安天下"的河南担当。

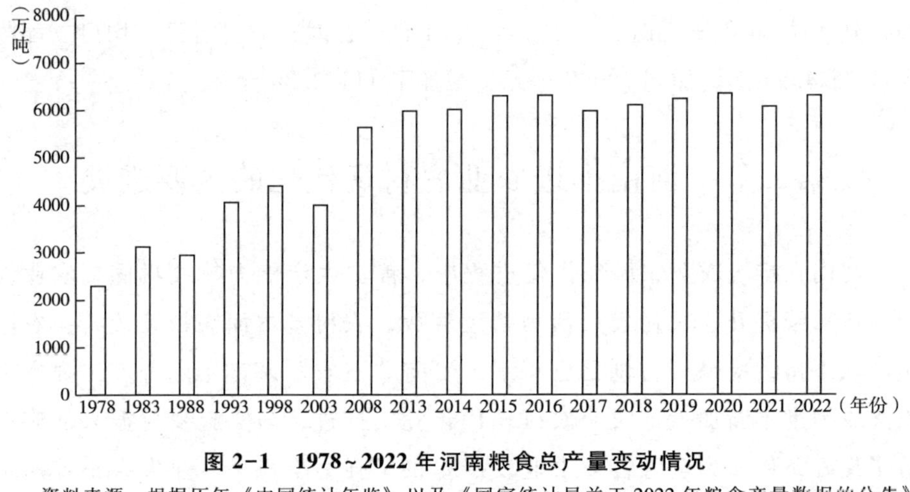

图 2-1　1978~2022 年河南粮食总产量变动情况

资料来源：根据历年《中国统计年鉴》以及《国家统计局关于 2022 年粮食产量数据的公告》整理所得。

二是粮食作物播种面积波动上升。2022 年河南粮食播种面积达到 10778.4 千公顷（见图 2-2）。全省耕地面积常年保持在 1.12 亿亩以上，永久基本农田常年保持在 1.02 亿亩以上，粮食作物播种面积常年保持在 1.6

---

① 数据来源：《河南农业农村发展报告（2023）》。

亿亩以上。其中，小麦播种面积常年保持在8500万亩以上，稳居全国首位。截至2022年底，全省已累计建成高标准农田8330万亩，高效节水灌溉工程同步推进，更多“靠天田”升级为“高产田”。

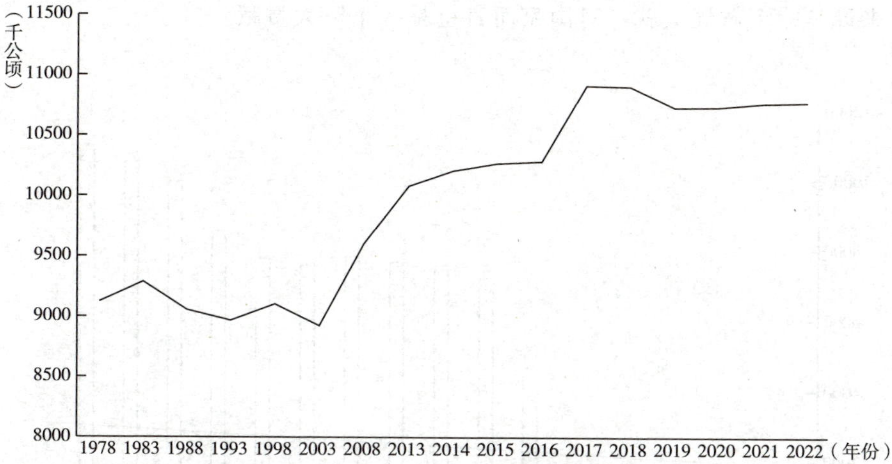

图2-2　1978~2022年河南粮食作物播种面积

资料来源：根据历年《中国统计年鉴》以及《国家统计局关于2022年粮食产量数据的公告》整理所得。

三是农业科技不断进步，引领农业高质量发展方向。河南锚定现代农业强省目标，聚焦种业科技自立自强，建成神农种业实验室，加快打造“中原农谷”、国家农机装备创新中心、国家生物育种产业创新中心以及周口农业高新技术产业示范区等一系列农业科技创新高地，为实施“藏粮于技”战略提供坚实支撑。2022年，河南农业科技进步贡献率为64.9%，主要农作物良种覆盖率已超97%，两项指标均处于全国第一方阵，科技逐步成为驱动现代农业高质量发展不可或缺的关键要素。

二　农业发展质量持续提升

一是农业经济总量实现跨越式发展。家庭联产承包责任制和双层经营体制的推行，调整了农村的生产关系，河南农业进入一个快速发展的春天。此后，得益于农村税费改革和惠农补贴等举措，农民生产积极性空前高涨，河南农业经济度过一段稳定发展的时期。2016年起，河南深入推进农业供给侧结构性改革，促进农业转型升级，全省农业进入优化发展新时期。河南农林牧渔业总产值从 1978 年的 95.38 亿元跃升至 2022 年的 10952.24 亿元，增长了 113.8 倍（见图 2-3）。河南第一产业增加值在国民经济中的比重日趋下降，但农业经济总量不降反升，尤其是对于河南这样一个人口大省来说是一个辉煌成就，对国家而言也是一个巨大贡献。

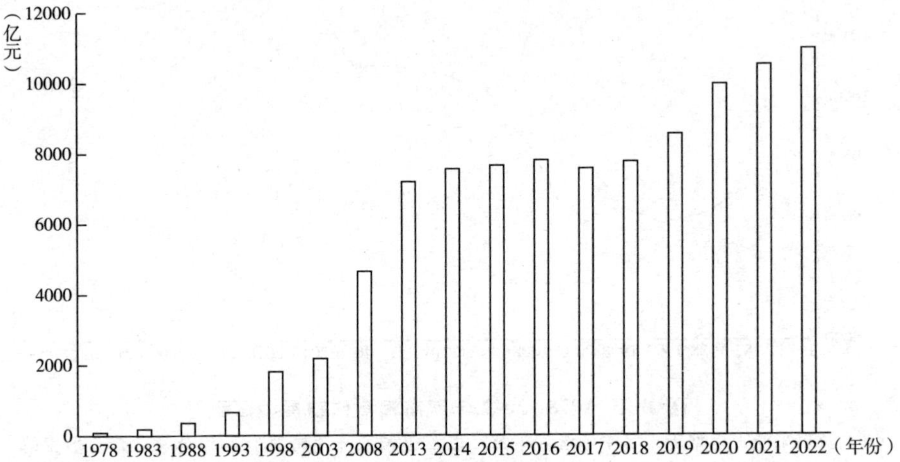

图 2-3　1978~2022 年河南农林牧渔业总产值

资料来源：根据历年《中国统计年鉴》整理所得。

二是持续调整和优化农业结构。在 20 世纪 80 年代中期以后，乡镇企业异军突起，河南农业发展缓慢、农业内部过度偏重种植业的局面得到扭转，农业生产日趋多元化，农村非农产业发展迅猛，农村呈现农林牧副渔“五业并举”的新面貌。近年来，河南强农富农惠农政策力度持续加强，农业供给侧结构性改革持续深化，农业结构不断调整优化。1978 年，全省农林牧渔业总产值之比为 85.7∶2.7∶11.4∶0.2，2022 年，这一比值变为 63.4∶1.4∶25.9∶1.4。与改革开放之初相比，2022 年农业总产值占比下降 22.3 个百分点，林业总产值占比下降 1.3 个百分点，畜牧业总产值占比上升 14.5 个百分点，渔业总产值占比上升 1.2 个百分点（见表 2-1）。

表 2-1　1978~2022 年河南农林牧渔业总产值占比

单位：%

年份	农业	林业	畜牧业	渔业
1978	85.7	2.7	11.4	0.2
1983	88.2	2.2	9.4	0.2
1988	73.1	4.7	21.6	0.7
1993	70.8	4.2	24.1	0.9
1998	63.6	2.8	32.8	0.9
2003	51.9	3.2	38.1	1.1
2008	54.8	2.6	37.7	1.3
2013	58.4	2.1	34.5	1.3
2014	59.5	2.0	33.2	1.4
2015	60.3	1.8	32	1.6
2016	58.7	1.6	33.5	1.7
2017	60.2	1.7	31.3	1.4
2018	64.1	1.7	26.7	1.6
2019	63.3	1.7	27.1	1.4
2020	62.7	1.3	28.7	1.2
2021	62.5	1.3	28.0	1.4
2022	63.4	1.4	25.9	1.4

资料来源：根据历年《中国统计年鉴》整理计算所得。

三是重要农产品实现有效供给。河南依托良好的资源禀赋和庞大的消费市场，大力发展优质特色农业，着力打造优质小麦、花生、草畜、林果、蔬菜、花木、茶叶、食用菌、中药材、水产品十大优质特色农林产品生产基地，调结构、优品种、提品质，不断提高优势特色农业竞争力。2022 年，河南十大优势特色农业产值达 6112.81 亿元，占农林牧渔业总产值的比重达 55.8%（见表 2-2）。2022 年，全省蔬菜产量 7660.35 万吨，瓜果产量 1506.90 万吨，油料产量 684.03 万吨，食用菌产量 184.95 万吨，猪牛羊禽肉产量 655.28 万吨，年末生猪存栏 4260.52 万头，全年生猪出栏 5918.83 万头，均稳居全国前列。

表 2-2　2022 年河南十大优势特色农业产值情况

单位：亿元，%

品种	产值	占农林牧渔业总产值的比重
合计	6112.81	55.8
小麦	1164.10	10.6
花生	385.54	3.5
草畜	662.63	6.1
林果	669.68	6.1
蔬菜	1915.87	17.5
花木	142.16	1.3
茶叶	334.74	3.1
食用菌	366.72	3.3
中药材	323.92	3.0
水产品	147.45	1.3

资料来源：根据《河南统计月报》整理所得。

四是绿色食品业加快转型升级。河南以面、肉、油、乳、果蔬五大产业为抓手，实施企业升级、延链增值、绿色发展、质量标准、品牌培育五大行动，食品产业在 2015 年成为河南的第二个万亿级产业，规模和竞争力不断提升，现已超过装备制造业成为全省第一支柱产业，生产了全国 1/3 的方便面、1/4 的馒头、3/5 的汤圆、7/10 的水饺，推动河南从“国人厨房”向“世界餐桌”转变。双汇、三全、白象等一大批全国知名品牌来自河南，并拥有较高的全国市场占有率，河南品牌建设成效显著。

五是农业全产业链加快建设。河南大力发展十大优势主导产业，推进农业全产业链发展，加快“三链融合”步伐，创建延津（优质小麦）、泌阳（夏南牛）、信阳（浉河茶叶）三个全产业链典型县，创建双汇全国肉制品全产业链重点链，农村三次产业融合提速。河南构建国家、省、市、县四级现代农业产业园体系，创建国家级优势特色产业集群、国家级农业产业强镇和全国农业现代化示范区，推进产业发展载体平台建设，通过产业发展载体平台筑牢农业发展根基，充分发挥现有载体平台在融链强链过程中的示范引领和辐射带动作用。

三　农村发展活力持续释放

一是农村土地制度改革扎实推进。河南农村基本经营制度得到持续巩固和完善，农村土地承包地确权登记颁证工作圆满完成，土地承包经营权证书基本做到应发尽发。济源示范区成为全国第二轮土地承包到期后再延长30年试点。深入推进承包地“三权分置”改革，加快放活土地经营权，积极发展多种形式适度规模经营，优化农业资源配置，使土地要素流动起来。

二是农村集体产权制度改革基本完成。河南探索新型农村集体经济发展路径，制定支持新型农村集体经济发展的意见，研究农村集体经济组织收益分配等办法，赋予农民更多更充分的财产权益。农村集体产权制度改革基本完成，截至2022年底，河南村级新型集体经济组织增加至4.9万个，有集体经营收益的村庄占比接近80%。

三是农村宅基地改革稳慎推进。建立健全河南省农村宅基地和村民自建住房管理办法。巩义、孟津、宝丰、长垣、新县5个县（市）获批开展深化农村宅基地制度改革试点，探索宅基地“三权分置”有效实现形式，以适度放活宅基地使用权为重点，探索盘活利用闲置宅基地和农房，唤醒农村“沉睡资源”，让闲置资源再“生金”。

四是新型农业经营主体迅猛发展。河南开展农民合作社质量提升整县推进试点工作，将家庭农场纳入农业农村部门名录统一管理。到2022年底，河南农民合作社达19.8万家，家庭农场达26.2万家，农业社会化服务组织达12.6万家，年服务种植面积超2亿亩次，1601万农户被纳入社会化服务，以家庭农场和农民合作社为主的新型农业经营主体逐步发展壮大，为河南农村发展注入了新鲜血液。

四　农村基本面貌持续改善

一是农村基础设施建设稳步推进。截至2022年底，河南农村公路总里程已超23.3万公里，98%的乡镇通入三级及以上级别公路，88%的乡镇通入二级及以上级别公路，20户以上的自然村全部通硬化路，建制村全部通客车；创建国家级、省级“四好农村路”示范市3个、示范县71个；农村自来水普及率达92%，集中供水率达94%；可再生能源装机容量达4395万千瓦，地热供暖面积累计实现1.2亿平方米，农村天然气用户达370万户；全省5G基站总数达15.32万个，乡镇、农村热点区域的5G网络覆盖率达100%，农业物联网连接终端数达18.9万个；全省电视、广播综合人口覆盖率均达99.7%，IPTV交互式网络电视用户数达1923.7万户。

二是农村公共服务水平持续提升。截至2022年底，河南农村义务教育巩固率达96.1%，社区、行政村综合性文化服务中心覆盖率达100%，注册乡村文化合作社4957家，“文化豫约”文化公共服务平台在省内实现上下联通；组建179个医疗共同体，达到服务能力基本标准的乡镇卫生院和社区卫生服务中心数量达2211所，占87.5%；全省乡村医生数量达10.5万人，取得执业医师以上资格的乡村医生达3.6万人，占34.6%；参加城乡居民基本养老保险人数达5286.7万人，参保率超99%。

三是农村人居环境不断改善。截至2022年底，省内85%以上的县（市、区）建立全域一体市场化保洁机制，所有行政村均具备生活垃圾收运处置体系，农村生活污水治理率达33%；累计改造无害化卫生厕所849万户，卫生厕所普及率超85%；创建500个“美丽小镇”、9200个“四美乡村”、183万个“五美庭院”，建成开封孙庄村、漯河龙堂村、济源五里桥村、南阳黄狮村等一批美丽宜居村庄，打造濮阳葛营村、洛阳石泉村、新乡京华村、驻马店肖庄村等一批乡村康养旅游示范村，在豫北、豫西、豫南三大山区开展“民宿走县进村”活动，认定一批星级精品民宿。

四是农村治理体系不断健全。河南深入开展“五星”支部创建活动，截至2022年底，5200个基层党建示范村成功创评；全省99%的村有民主理财、村务管理等制度，98%的村有村民自治章程，95%的村对村规民约进行了修订完善；推进“三零”单位创建工作，平安乡镇村数量稳定在80%以上；建成154个县级新时代文明实践中心、2221个实践所、32734个实践站，达到县级以上文明村镇标准的乡镇和村的数量占比超过50%。

五　农民生活水平持续提高

一是取得脱贫攻坚战全面胜利。2020年底，全省718.6万农村贫困人口全部脱贫，9536个贫困村全部出列，53个贫困县全部摘帽，全面打赢脱贫攻坚战，消除了绝对贫困。河南巩固拓展脱贫攻坚成果，认真落实“四个不摘”要求，做好受灾群众帮扶救助，未出现规模性返贫现象。

二是农民收入水平不断提高。2022 年河南农村居民人均可支配收入较改革开放初增加 18592.6 元，达 18697.3 元（见表 2-3），增长了 177.6 倍，较 2021 年增长 6.6%，高出同期河南城镇居民可支配收入增速 2.9 个百分点。全省城乡人均可支配收入比从改革开放初的 2.78 下降至 2.06，降低了 0.72。农民收入结构持续优化，2021 年河南农民家庭人均工资性收入达 6695 元，占比 31.6%，较 2020 年增加 542 元；经营性收入达 8759 元，占比 41.4%，较 2020 年增加 649 元；财产性收入达 275 元，占比 1.3%，较 2020 年增加 22 元；转移性收入达 5425 元，占比 25.6%，较 2020 年增加 532 元。

三是农民消费水平持续提升。2022 年河南农村居民人均生活消费总支出达 14823.9 元（见表 2-3），比上年增长 5.3%；比 1978 年增加 14742.2 元，增长 180.44 倍；比 2003 年增加 13315.2 元，增长 8.83 倍；比 2013 年增加 9196.17 元，增长 1.63 倍。同时，农民消费结构持续优化，肉、禽、蛋、奶、蔬菜、水产品消费量实现较快增长；农村居民家庭购买的耐用品数量快速增长，消费呈现加速升级换代趋势。

表 2-3 1978~2022 年河南农民收入及生活消费支出情况

单位：元

年份	农村居民人均可支配收入	城乡人均可支配收入比	农村居民人均生活消费总支出
1978	104.7	2.78	81.7
1983	272.1	1.55	196.35
1988	401.3	2.15	346.73
1993	695.9	2.82	564.93
1998	1864.1	2.26	1240.3
2003	2235.7	3.10	1508.7
2008	4454.2	2.97	3044.21
2013	8969.1	2.42	5627.73
2014	9966.1	2.38	7277.21
2015	10852.9	2.36	7887.45
2016	11696.7	2.33	8586.59
2017	12719.2	2.32	9211.52
2018	13830.7	2.30	10392.01

续表

年份	农村居民人均可支配收入	城乡人均可支配收入比	农村居民人均生活消费总支出
2019	15163.7	2.26	11545.99
2020	16107.9	2.16	12201.10
2021	17533.3	2.12	14073.2
2022	18697.3	2.06	14823.9

资料来源：根据历年《中国统计年鉴》以及《2022年河南省国民经济和社会发展统计公报》整理计算所得。另，2013年以前农村居民人均可支配收入为纯收入口径。

第三节 河南推进农业农村现代化的经验与启示

河南在按下工业化、城镇化“快进键”的同时，始终把解决好“三农”问题作为重中之重，通过改革不断破解“三农”难题。河南坚持以人民为中心，向共同富裕目标扎实迈进，完善惠农强农政策体系，持续推进减贫，坚决扛稳粮食安全重任，严格保护耕地，坚持科技兴农强农富农，深化农业供给侧结构性改革，推动农业高质量发展，巩固拓展脱贫攻坚成果，全面推进乡村振兴，加快建设宜居宜业和美乡村，增强农村发展活力，促进工农互动与产业融合，推动城乡协调发展，农业农村现代化加快实现，农业强省建设取得良好开局，在不断实践中取得了弥足珍贵的历史经验与启示，对于其他农业大省有着重要的启迪和指导价值。

一 坚持以人民为中心，持续推进减贫，促进农民农村共同富裕

贫穷不是社会主义，社会主义要消灭贫穷。河南坚持以人民为中心的发展思想，持续推进减贫工作，历经改革推动式扶贫（1978~1985年）、大规模开发式扶贫（1986~1993年）、八七攻坚式扶贫（1994~2000年）、重点综合式扶贫（2001~2011年）、新时代精准扶贫（2012~2020年）五个阶段，高质量打赢脱贫攻坚战，夯实全面建成小康社会的战略基石。河南把巩固拓展脱贫攻坚成果摆在突出位置，持续在防返贫监测帮扶上下功夫，着力增强脱贫地区和脱贫群众内生发展动力，推动乡村特色产业加快发展，逐步缩小脱贫地区发展差距。

我国社会主要矛盾的变化决定了要通过全面推进乡村振兴来解决城乡发展不平衡和农村发展不充分的问题，加快补齐“三农”领域短板弱项。河南大力实施乡村振兴战略，加快推进脱贫地区乡村产业、人才、文化、生态、组织等全面振兴，持续开展田园增收、养殖富民、乡村旅游等产业发展十大行动，多渠道促进脱贫地区农民增收。通过开展“春风行动”“1+6省际劳务协作联盟”推动农村劳动力外出就业。截至2023年6月，全省农村劳动力转移就业3075万人，工资性收入占农民家庭收入的70%以上；培训20.88万人、辅导40.78万人，发放贷款266.26亿元；全省脱贫人口实现就业228.57万人。

二　解放思想、实事求是，通过改革破解“三农”难题

河南实现从缺粮大省向产粮大省和农业大省的蜕变，首先在于大胆解放思想，坚持一切从农村实际出发，倾听农民群众的呼声，遵从农民群众的愿望，从满足生产力发展的需要出发，挣脱僵化思想观念的束缚和体制机制对“三农”发展的羁绊，秉持市场化改革的思路和开放的思维，通过不断深化的改革来破解“三农”发展难题。河南始终将家庭联产承包责任制作为现阶段提升农村生产力发展水平的最好实现形式，坚定推行和维护这一农村基本经济制度不动摇，从大局上保持了农业农村的相对稳定，强化了粮食增产、农业增效的基本制度保障。

河南在“三农”重要领域和关键环节攻坚克难，持续在深化农村改革上下功夫，取得了许多重大进展，农村焕发新的活力。河南在发展市场经济的过程中统筹城乡发展，推进农村集体产权制度改革，健全“三权分置”制度，稳定农村土地承包关系，发展农业适度规模经营，合理有序流转农业用地，以市场手段保护和调动农民种粮积极性，培育壮大新型农业经营主体，促进农业生产经营方式的专业化、农村资产资源的流动化以及农民生产经营的组织化，想方设法增加农民的财产性收入，培育发掘农业农村现代化的新动能。

三　坚决扛稳粮食安全重任，完善惠农强农政策体系，坚持调动农民积极性与激发产粮大县活力的统一

河南始终胸怀粮食安全这个“国之大者”，把粮食安全重任牢牢扛在肩

上，粮食综合生产能力迈上新台阶。河南认真落实“藏粮于地、藏粮于技”战略，紧紧抓住耕地和种子两个要害，着力稳政策、稳面积、稳产量，建设新时代全国粮食生产核心区，持续擦亮粮食生产这张王牌，在保障国家粮食安全上展现新担当新作为。

改革开放后，河南农业之所以得到快速发展，就是因为推行家庭联产承包责任制，较好地保障了农民的物质利益、解决了农民的生产决策问题。尤其是21世纪以来，河南通过一揽子惠农强农政策，将公共财政的阳光洒向农村，让农民共享改革发展成果，不仅深度激发了农民种粮的积极性，而且使粮食产量和农业发展双双跃上新台阶，中国饭碗装上了更多河南粮。

河南粮食产量的稳定增长，同样离不开产粮大县作出的巨大贡献。河南做大做强农业龙头企业和优势品牌，探索产粮大县利益补偿机制，提升对产粮大县的补助和奖励标准，对产粮大县的转移支付力度不断加大。此外，还设立了畜牧业发展专项扶持资金。河南持续激发产粮大县的粮食生产活力，在增强农民和产粮大县内生动力的过程中，农业和农产品加工业实现了较快发展。

四　严格保护耕地，坚持强化科技支撑与改善农业生产条件的统一

耕地是农业发展之基，离开耕地，农业发展就无从谈起，而工业化和城镇化在空间上表现为占地规模扩大。这一矛盾并非不可调和，河南较好地解决了这一矛盾。河南守牢耕地保护红线，严格落实“藏粮于地、藏粮于技”战略和耕地保护制度，推进科学用地、集约用地，向土地要效益，引导工业布局集聚、企业向园区集聚，注重在新增建设用地、存量建设用地和多层标准化厂房上“抠”地、“盘”地、“节”地，在严管严查和土地整理中“挖”地、“增”地，保持了耕地占补动态平衡。虽然耕地资源日趋紧张，但河南农业的基础地位得到了不断巩固和提高。

河南只有依靠农业科技进步，使农业增长建立在农业科技进步的基础上，才能为粮食稳产高产提供不竭动力。河南坚持科技兴农，加大农业科技投入，加大农业科技创新和农技推广力度，在农业生产中注入科技动能，提升农业机械化信息化水平，助力农业提质增效，既为粮食增产保驾护航，也为涉农企业的创新发展提供了坚强支撑。同时，河南以国家粮食核心区

建设和高标准农田建设为契机，持续完善农业基础设施，更多农田不再“望天收”，农业抵御自然灾害的能力显著提升，农业生产条件得到显著改善，农业综合生产能力显著增强，为现代农业发展打下了坚实的物质基础。

五　以农业供给侧结构性改革为主线，加快转变农业发展方式

河南立足扩大农产品有效供给，调结构、去库存、降成本、补短板、创品牌，大力发展优质小麦、优质花生、优质草畜、优质瓜果，推进农业布局区域化、经营规模化、生产标准化、发展产业化，支持十大优势特色农业和优质高效绿色农业发展，农业质量效益和竞争力有了较大提高，农产品供给的安全性和稳定性有了较强保障。河南通过农业供给侧结构性改革，为中高端市场提供了更多优质农产品，有效促进了现代农业提质升级。

同时，河南乡村新产业新业态不断涌现，农业发展方式加快转变。“互联网+现代农业”覆盖面不断扩大，越来越多的现代种养、营销及零售企业具备网络化、智能化、精准化特征。坚持拓展农业的多重功能，越来越多的休闲农业在原料供给、生态保护、就业增收、旅游度假、观光体验、文化传承等方面发挥独特作用。瞄准产业风口，抢占预制菜、功能食品、未来食品、植物基食品等食品产业新赛道。积极发展农村电商，实现乡镇以上区域5G网络连续覆盖和千兆光网全覆盖。持续推进农村寄递物流体系建设，推动农村寄递物流与农村电商融合发展。此外，一批着眼于城市市场需求的现代化都市生态农业区陆续建成，亦是对乡村农业发展的有益补充。

六　促进工农互动，坚持产业融合，推动城乡协调发展

河南依托丰富的农业资源，在发展农产品深加工的同时推进新型工业化，将农业和工业融合发展，重点培育发展涉农工业，提升工业反哺农业的能力，促进产业结构优化升级。加快农村三产融合步伐，积极“做强一产、做优二产、做大三产”，推动农业产业链、价值链、供应链“三链融合”，促进农业农村高质量发展。推动城乡协调发展，加快构建以工促农、以城带乡、工农互惠、城乡一体的新型工农、城乡关系，城乡协调发展水平稳步提升。

多年来，河南将食品工业作为六大重点产业的“牛鼻子”来抓，努力打造万亿级现代食品集群，积极推进农业产业化，深入挖掘农产品增值潜

力，提升农产品深加工能力，延伸补强农业产业链，形成六大食品加工业基地。河南发展大流通、培育大市场，加强交通等基础设施建设，将城乡更好地连接起来，用好中原区位优势，大力发展现代物流产业，较好地适应了现代农业和食品工业的发展需求。河南发展壮大产业带，构建规模化农产品“产加销”一体化发展格局，不断强化农业和涉农工业的互动。河南积极推动资本、劳动力等要素在城乡间双向流动，深化农村土地征收、集体经营性建设用地入市、宅基地制度改革，促进农民工就近就业与返乡创业，2011 年，省内农民工就业人数首次超过省外，越来越多的农民工实现从“走出去”到“留下来”的转变。

第四节　河南农业强省建设所处阶段研判

当前，河南农业强省建设进入保障国家粮食安全、构建多元化食物供给体系新阶段，贯彻新发展理念、推动农业农村高质量发展新阶段，守牢不发生规模性返贫底线、促进共同富裕新阶段和全面推进乡村振兴、加快农业农村现代化新阶段，这是建设农业强省的新起点。2023 年河南省委农村工作会议明确提出建设农业强省的目标任务，和省委一号文件一并对加快建设农业强省、全面推进乡村振兴进行系统部署，为实现“两个确保”提供了有力支撑。河南要努力在农业农村现代化上走在全国前列，立足实际推进农业强省建设，为建设农业强国贡献河南力量。

一　保障国家粮食安全、构建多元化食物供给体系新阶段

粮食安全是“国之大者”“省之要者”，作为国家农业生产的“压舱石”，河南在建设农业强国的历史进程中，必须主动站位“国家队”，自觉担起确保国家粮食安全的政治责任，在更高层次、更高水平上保障粮食安全。同时，要打开思路，树立大食物观，构建多元化食物供给体系，多途径开发食物来源，以发展高水平设施农业和特色农业为重点，加快提升全省重要农产品供给保障水平。

2022 年，全省粮食总产量达 1357.87 亿斤，连续六年保持在 1300 亿斤以上，占全国粮食总产量的 1/10，居全国第二位；小麦种植面积稳定在 8500 万亩以上，产量超全国小麦总产量的 1/4，均居全国首位；蔬菜种植面

积达 2637 万亩，油料产量 684 万吨、食用菌产量 185 万吨，均居全国首位；生猪存栏 4260.5 万头，居全国首位，出栏 5918.83 万头，居全国第三位；禽蛋产量 456 万吨，占全国禽蛋产量的 13.2%，居全国首位，为保障国家粮食安全和重要农产品稳定安全供给做出了重要贡献。河南以占比超过全国小麦总产量 1/4 和每年超过 600 亿斤原粮及制成品调出量，在确保国人口粮绝对安全方面的地位十分突出；以全省生猪存栏量第一、出栏量第三和占全国 13%以上的禽蛋产量，在确保国人饭碗中肉蛋更多更好方面的作用难以替代；以全省生产供应全国 1/2 的火腿肠、3/5 的速冻汤圆、1/3 的方便面、4/5 的酸辣粉和 7/10 的速冻水饺，在丰富国人餐桌方面的地位和作用更是无可比拟。与此同时，河南还拥有一批有重要影响力的涉农平台，如我国首家全国性粮食批发市场——郑州粮食批发市场，首个农产品期货市场——郑州商品交易所，以及进境粮食指定口岸等，加之四通八达的交通区位，这些基础和优势，决定了河南在农业强国建设中的中坚地位。

发展设施农业和特色农业是落实大食物观、构建多元化食物供给体系的重要保障，也是促进农民增收和优化农业产业结构的重要途径，对建设农业强省意义重大。河南牛羊、家禽和设施蔬菜产业已经进入全面提高发展质量的关键期，是高水平发展设施农业和特色农业的重要领域。下一步，河南要率先实现生猪养殖产业现代化，制定生猪养殖业发展专项规划，大力培育国际化生猪养殖龙头企业，引导中小规模养猪企业实施标准化提升行动；加快做大牛羊养殖产业，优化产能布局，实施脱贫地区肉牛肉羊扩群增量行动；加快奶业振兴，支持伊利、花花牛等知名企业做优做强；以发展设施蔬菜为重点，做强做优蔬菜产业，编制蔬菜产业发展专项规划，着力培育设施蔬菜发展全产业链服务体系；以花生产业为重点，做强油料产业，以优质花生产品深加工带动优质花生品种推广和规模种植。此外，要构建多元化食物供给体系，需要突破传统农业思维，充分发挥整个自然界的食物生产功能，向纵深推进食物资源开发，在宏观上注重食物供给产量与结构平衡，在微观上注重农产品营养品质提升；推进现代农业生产转型，优化食物生产和供给结构，扩大优质农作物种植，着眼中高端市场有效需求，减少低端市场供给，确保食物供给多元化；孵化培育食物新产业新业态，抢占休闲食品、预制菜、功能食品、植物基食品、未来食品等食品产业新赛道，健全现代农业产业体系，建立安全高效的农业供给体系结构；大力发展生物技术，以科技赋能多元化食物理念，开发更加多元化的食物类型，探索未来食物供给的新方向。

二 贯彻新发展理念、推动农业农村高质量发展新阶段

作为农业大省，农业既是河南的相对长板，又是河南现代化建设的最大短板。因此，率先建设农业强省既是锻长板，也是补短板，对河南现代化建设意义重大。河南农业产业作为“长板”，主要体现在“大”上，以“强”的标准衡量还不是真正的“长板”。全面建设现代化河南，农业有“大”的基础，也必须在“大”的基础上把农业锻成长板，为现代化河南建设提供强有力的支撑。但从全面建设现代化河南考量，农业农村又是河南的突出短板。当前，河南进入新发展阶段，建设农业强省所面临的挑战与机遇并存。最突出的挑战在于河南粮食生产基础仍不牢固，人多地少的局面限制了依靠扩大种植面积增加粮食产量的可能性，高标准农田建设累计实施面积虽已达 8336 万亩，但由于建设标准低、田间设施损坏严重等问题，难以满足旱涝保收、稳产增产要求；水资源总量和人均水资源量匮乏，供需矛盾日益突出；科技装备水平不高，全省 80% 的种业企业无创新能力，全国农作物种业综合排名十强中没有河南种企的身影；农业科技创新不足，高层次育种人才短缺，农技创新与转化应用水平不高，农技推广力度不够，难以满足农业强省建设需要；农村基础设施和公共服务短板弱项较为突出，农村投入不足，历史欠账多，多数公共产品和公共服务供给仍处于较低水平，全省村庄自来水普及率、农村燃气普及率、建制镇污水处理率、生活垃圾无害化处理率等指标，均不同程度地低于全国平均水平，农村教育尤其是偏远乡村地区教育基础设施差、师资匮乏，乡村医生收入低、流失严重，农村居民看病难、看病远问题突出，与广大农民的医疗服务需求差距越来越大；农民收入与全国平均水平仍有较大差距，2022 年河南农村居民人均可支配收入为 18697.3 元，低于全国平均水平 1436 元，且收入差距仍在拉大。

因此，河南必须紧抓建设农业强省的机遇，全面贯彻新发展理念，从而推动河南农业农村高质量发展。以农业科技创新为先导，举全省之力把“中原农谷”打造成国内一流、世界领先的农业创新核心功能区，依托“中原农谷”加快建设新乡高新技术农业紧密辐射区和周口国家农高区两块农

业科技创新核心高地，推动多层次农技推广网络建设，全面增强农业创新发展驱动力。坚持协调发展，推进城乡协调发展，加快形成新型工农城乡关系，推动农村三次产业融合发展，补齐农村发展短板弱项。坚持绿色发展，一方面，以绿色食品制造业高质量发展为重点，推进绿色产业链融合同构，加快食品产业提质升级，生产优质绿色农产品，增强对农业现代化的牵引力；另一方面，推广绿色农业技术，减轻农业面源污染，以科技减缓资源消耗和环境污染，推动农业绿色高效发展，以系统思维综合治理农村突出的生态环境问题，建设和美乡村。坚持开放发展，持续拓展省内和国内市场空间，完善城乡市场交易平台，打通城乡商品流通堵点，加强城乡经验交流与合作，同时，依托“一带一路”等平台开拓国际市场，扩大农产品对外贸易，加快农产品“走出去”步伐，拓展乡村发展空间。坚持共享发展，守牢不发生规模性返贫底线，稳定脱贫群众转移性收入，以增加农民工资性收入和经营性收入为重点，积极拓展农民就业增收渠道，赋予农民更多的财产权利，多措并举推动农民持续增收、生活富裕。

三　守牢不发生规模性返贫底线、促进共同富裕新阶段

历经艰苦卓绝的八年精准扶贫和五年集中攻坚后，河南脱贫攻坚各项工作圆满完成。河南举全省之力，将脱贫攻坚这项民生工程抓紧、抓实、抓好，书写了脱贫攻坚的中原答卷。不发生规模性返贫是一项底线性任务，必须坚决守住这条底线。河南脱贫攻坚各项工作虽然取得全面胜利，但巩固拓展脱贫攻坚成果难度大、任务重，因此，尚须全面落实巩固拓展脱贫攻坚成果同乡村振兴有效衔接政策，稳定脱贫群众转移性收入，确保脱贫攻坚稳定期过后，全省 53 个脱贫县农民人均可支配收入不因转移性收入减少而下降。用好中央财政衔接推进乡村振兴补助资金，帮助脱贫地区补上技术、设施、营销等产业发展短板，为脱贫地区提升生产经营效益创造良好条件，保持农民收入持续稳定增长。

增加农民收入是“三农”工作的核心任务，是实现农业农村现代化的重要内容。各地经验表明，加快发展乡村特色产业、高效农业、设施农业，推进适度规模经营，促进农业规模化、品牌化、现代化发展，对扩大农民就业增收有明显作用。因此，必须以促进共同富裕为目标，加快提升全省农民收入水平。努力增加农民家庭经营性收入，突出提质增效，将农产品

质量安全放在首位，大力发展乡村特色产业，推进一县一业、一村一品，打造特色农业区域品牌、农产品品牌，带动更多农民就业创业，也使好产品卖出好价钱；突出规模增效，大力发展适度规模经营，引导农户规范开展土地经营权流转并获得合理的增量收益，发展“订单收购+分红”“土地流转+优先雇用+社会保障”“农民入股+保底收益+按股分红”等多种分配模式，让农户分享保底收益的同时，获得增值收益；突出设施农业增值增效，单位面积日光温室产出的蔬菜量是露地种植的3.5倍，每年亩均纯收入能达5万元，应发挥设施农业对农民增收的突出带动作用；突出节本增效，结合绿色农业发展，支持推广节水、节药、节肥、节电、节油技术，降低农业生产资料、人工、流通等各项成本，相应增加生产经营性收入，围绕购、耕、种、防、收、销等环节，加强现代农业生产社会化服务。拓宽增加农民工资性收入新渠道，在持续做好农民务工技能培训、提高外出务工农民技能水平、增加农民工资性收入的同时，不断发掘农业农村多功能价值，加快培育休闲农业、乡村旅游、创意农业、农村电商等新产业、新业态，以农业农村新产业、新业态拓展就业新空间，让更多农民不出家门也能获得较高的工资性收入。将更多财产权利赋予农民，落实中央部署的农村集体产权制度改革、宅基地试点改革等一系列农村改革事项，盘活农村资产，让更多农民享受到改革红利。

四 全面推进乡村振兴、加快农业农村现代化新阶段

民族要复兴，乡村必振兴。打赢脱贫攻坚战后，河南在巩固脱贫成果的同时，随即开启了全面推进乡村振兴、加快农业农村现代化的新征程。全面推进乡村振兴任重道远，在河南这样一个以农为基的省份，除了面临人口多、底子薄、人均资源不足、历史欠账多等窘境，更面临农业生产效率和竞争力低、现代农业产业发展还不够强、粮食生产比较效益低、农业市县财政保障能力低、农业农村缺乏强有力的支持保护政策、小农生产方式不稳定韧性差、乡村基础设施建设依然薄弱、农业农村发展不平衡不充分现象较为突出、县域综合发展能力还不够强、脱贫人口规模较大等难题。乡村振兴战略的实施为解决这些窘境和难题指明了方向，为更好更快地实现农业农村现代化总目标提供了指南。

全面推进乡村振兴，在产业兴旺方面，要重点在设施农业、优势特色

农业、特色加工业、农村生产性服务业，以及乡村旅游、休闲康养、农事体验、民俗文化等农业农村的多功能开发等方面，打通资本下乡的通道，引导高素质技能人才回乡创业；加强乡村特色产业品牌体系建设，充分利用地理标志产品、区域公共品牌和企业品牌，提升乡村特色产业标准化、规模化、绿色化和集群化发展水平，打造“一乡（镇）一特”“一村一品”，形成特色产业集群和规模效应，拓宽农民就业门路，不断做强增加农民收入的产业基础。

在生态宜居方面，要打造宜居宜业和美乡村，以农村基本具备现代生活条件为目标，统筹产业发展和农民收入提高，有序实施规划引领；推动乡村基础设施建设，在农村新能源开发利用、农房安全隐患排查整治、农村公路养护和安全管理等方面持续发力；提升乡村基本公共服务能力，在教育、养老、医疗等方面加快补齐短板；推进农村人居环境整治提升，注重农村生活垃圾源头分类减量，引导农民开展户内改水改厕，加大农村生活污水治理力度；大力推进数字乡村建设，加快城乡信息通信网络一体化进程，实施数字政务工程，将信息化与乡村治理深度融合。

在乡风文明方面，加强社会主义核心价值观宣传教育，深化农村群众性精神文明创建，支持乡村自办群众性文化活动；推动农村家庭家教家风建设，弘扬真善美、抑制假恶丑，促使农民崇德向善、见贤思齐；深化移风易俗，持续修订完善村规民约，开展高价彩礼、相互攀比、封建迷信等突出问题专项治理；推进农村丧葬习俗改革，倡导惠民、绿色、文明殡葬，树立文明殡葬新风；保护传承弘扬黄河文化和农耕文化，加大重要农业文化遗产保护利用力度；因地制宜办好农民丰收节，充分展现中原“三农”发展成就。

在治理有效方面，实施自治、法治、德治、数治“四治融合”治理工程，加快构建党建引领、议事管理、社区服务、法律保障、平安治理、文明乡村、数字应用保障体系；全面加强农村信用体系建设，以信用建设促进乡村治理；加快数字技术在乡村治理中的运用，以数字乡村建设推进乡村治理现代化；鼓励大学生村官扎根农村创业兴业，探索城镇离开领导岗位干部或退休干部到农村担任村第一书记、村党组织书记等职务，退休企业家和各类专业人士到农村兼任村干部或领办村集体企业，多渠道解决乡村治理人才短板问题。

在生活富裕方面，促进农民以一技之长就业、增收、致富，对中小微企业给予政策支持，强化各项稳岗纾困政策落实，稳定农民工就业，为农民免费提供就业指导等公共服务，维护好超龄农民工就业权益；促进农民经营增收，做好“土特产”文章，将地方特色小品种升级为促进农民增收的大产业；促进农民财产增收，推动农民与合作社、涉农企业建立紧密利益联结机制，拓宽农民财产性收入来源，鼓励农民利用闲置农房、庭院发展民宿、特色小吃等，提高资产利用收益；促进农民转移增收，持续深化省际劳务协作机制，推动农民工赴省外务工就业，做好用工信息发布工作，加强省级人力资源品牌建设。

第三章　河南建设农业强省的形势与趋势

党的二十大对建设农业强国作出战略部署，在 2022 年底召开的中央农村工作会议上明确了建设农业强国的战略目标和根本任务，提出到本世纪中叶建成农业强国。作为农业大省，河南以高度的政治自觉和责任担当，发出了加快建设农业强省的动员令。为全面贯彻落实党的二十大精神和中央农村工作会议部署，2023 年 2 月召开的河南省委农村工作会议强调，要把习近平总书记关于“三农”工作的重要论述与视察河南时的重要讲话重要指示贯通起来学习领会、贯彻落实，切实增强建设农业强省的使命担当，并提出站位服务保障国家大局的高度，抢抓难得历史机遇，立足基础锐意进取，充分发挥比较优势，加快补齐短板弱项，努力在推进农业农村现代化上走在全国前列，在建设农业强国上展现更大河南担当、贡献更多河南力量，这为新时期开创加快建设农业强省新局面、谱写新时代中原更加出彩的“三农”篇章制定了蓝图、指明了方向。

第一节　基础与优势

我国最主要的一条气候分界线——秦岭淮河一线，横贯河南省，因此，河南大部分地区主要属于亚热带季风气候，一年四季分明、日照充足、降水适宜、雨热同期，气候条件适宜各种粮食作物的生长。另外，河南省土地资源丰富，土层结构良好且耕层较深，有利于蓄水保肥，促进根系发育，适宜种植多种粮食作物，农业生产自然条件优势明显。党的十八大以来，随着农村各项强农惠农政策的贯彻落实，河南农业生产持续保持稳定健康的发展态势，已发展成为全国主要粮食生产基地和重要农产品加工基地。河南在农业供给保障、农业科技装备、农业经营体系、农产品加工业、农业竞争能力等方面具有坚实的基础和显著的优势。

一 粮食和重要农产品供给量大

一是河南作为粮食生产大省，是全国粮食生产核心区。粮食种植面积常年稳定在1.6亿亩以上，总产量连续6年稳定在1300亿斤以上，河南用占全国1/16的耕地，生产了占全国1/4的小麦、1/10的粮食，不仅保障了本省1亿人的吃饭问题，每年还调出原粮及制成品600亿斤，调出粮食居全国第二。

二是河南作为畜牧业大省，是全国生猪家禽主产省份、全国肉牛肉羊和奶业产业优势区。2022年全省肉产量655万吨，居全国第三，其中猪肉产量435万吨，居全国第三，禽蛋产量456万吨，居全国第一，牛奶产量213万吨，居全国第七。2022年全省净外调活猪及其产品折合生猪1694万头，猪禽外调居全国第一。

三是河南作为蔬菜生产大省，2022年全省蔬菜播种面积达2673.75万亩，居全国第一，蔬菜产量7660.37万吨，居全国第二，其中食用菌产量184万吨，西甜瓜产量1423万吨，均居全国第一。蔬菜类产品是全省第一大出口农产品，占全省农产品出口总额的58.2%，2022年出口额达106.1亿元，同比增长18.7%。

四是河南作为油料生产大省，2022年全省油料作物种植面积、产量分别为2389万亩、684万吨，分别位居全国第二和第一。其中，花生种植面积2000万亩、产量615万吨，分别占全国的1/4、1/3，芝麻播种面积172.84万亩、产量18.2万吨，产量占全国四成，花生和芝麻的种植面积和产量均居全国第一。

二 农业生产经营体系完备

农业供给保障方面，河南农业供给侧结构性改革起步早、成效大。已建成高标准农田8330万亩，主要粮食作物良种覆盖率约达97%，优势特色农业产值占比达57.8%，粮油加工转化率达80%，具备了产业规模优势、品种质量优势、储备能力优势。河南省农业专业合作社达到20万个，成员达到116.1万户，家庭农场达到27万家，省级重点龙头企业达到1067家。农业经营体系方面，河南土地流转与托管模式不断创新，农村电商发展迅速，农产品专业市场规模不断扩大，郑州商品交易所的粮食期货市场交易种类不断增加。农业品牌建设方面，河南从挖掘、注册、包装、宣传等方面不断加强农业品牌建设服务体系，特色品牌贡献率不断提高，2022 年河南 29 家食品企业商标获“中国驰名商标”，占全省中国驰名商标总数的 28%，57 家企业入围“中国食品工业企业 500 强”名单。农业生产抗风险能力较强，河南传统农区面积大，土地类型多，农业资源丰富，政策回旋余地足。2021 年 7 月特大洪涝灾害后，修复受灾高标准农田 246 万亩，通过适时晚收、机械减损、农业保险等救济措施，当年仍然完成了粮食总产量 1300 亿斤的目标。

三　农产品加工业基础好

河南通过加快农业供给侧结构性改革、坚持“三链同构”，农村一二三产业融合发展取得了较大成绩，构建了肉制品、面制品、乳制品、油脂、果蔬五大较为完整的产业链。其中肉类、果蔬和面粉加工能力位居全国第一，生产了全国 1/2 的火腿肠、1/3 的方便面、1/4 的馒头、3/5 的速冻汤圆和 7/10 的速冻水饺。2022 年底，全省规模以上农产品加工企业 6344 家，占全部规上工业企业总数的 31%，其中省级以上重点龙头企业 1169 家，国家级农业产业化重点龙头企业 102 家，数量居全国第二，农产品加工产业也是全省两个万亿产业之一。农产品加工业营业收入、利润总额、从业人员约占全部规上工业的 1/3。五大优势产业中，规模以上面制品企业 890 家，实现营业收入 1827. 9 亿元；规模以上肉制品企业 304 家，实现营业收入 1641 亿元；规模以上油脂企业 112 家，实现营业收入 354. 5 亿元；规模以上乳制品企业 26 家，实现营业收入 184. 7 亿元；规模以上果蔬企业 157 家，实现营业收入 141. 8 亿元。

四　乡村产业新模式新业态蓬勃兴起

河南新型农业经营主体蓬勃发展，农业供给侧结构性改革稳步推进。2022 年，河南省乡镇共有 91 个涉农产业园区、2. 15 万个农业企业、4. 09 万个家庭农场。有实际经营活动的农民专业合作社达到 8. 29 万个，比 2012 年增加了 2. 78 倍。合作社成员达到 116. 69 万个，比 2012 年增加了 6. 2%。2022 年，河南行政村中，农产品加工企业达到 9945 个。规模经营的耕地面积达到 111. 19 万公顷，占行政村耕地面积的 16. 4%。行政村种植规模户达

13.85 万户，畜禽养殖规模户达 9.56 万户。农民专业合作社、家庭农场、规模经营组织成为现代农业发展的重要力量。

为促进农村产业融合发展，拓宽农民增收致富渠道，助力乡村振兴，河南省积极推动休闲农业和乡村旅游发展，加快推进农村电子商务发展，带动传统产业转型升级。2022 年河南省开展休闲农业和乡村旅游的行政村有 1739 个，占行政村总数的 4%。开展休闲农业和乡村旅游的户数达 1.9 万户，开展网上销售农产品的户数达 4.19 万户。农业与休闲、旅游以及电商等行业的融合不断深化，已成为农民增收的有效途径。

五　农业科技装备支撑力强

一是新品种选育成效显著。小麦、玉米常规育种水平全国领先，育成了一批品质优、丰产性好及抗逆抗病性强的小麦新品种，推动河南粮食产量和品质稳步提升。河南小麦品种郑麦 9023、百农 AK58，玉米品种郑单 958、浚单 20 等先后获得国家科技进步一等奖，在保障国家粮食安全方面发挥了重要作用。河南拥有种畜禽场 495 家，先后培育出夏南牛、豫南黑猪、黄淮肉羊、豫粉 1 号蛋鸡等畜禽新品种，郑州鼎元等 4 个国家级种公牛站年生产冻精 900 万剂，占全国总量的 1/3。

二是农业科技创新平台建设步伐加快。河南通过构建“企业+高校+科研院所”的“产学研”模式，不断加强农业产业科技创新链建设。目前已经建成小麦国家工程实验室、花生遗传改良国家地方联合工程实验室、国家大豆改良中心郑州分中心、省部共建小麦玉米作物学国家重点实验室等。国家生物育种产业创新中心是全国农业领域唯一的国家级产业创新中心。神农种业实验室、龙湖现代免疫实验室、国家小麦技术创新中心等重大科技创新平台也正在加速建设。规划建设的中原农谷，也在加快构建科技创新高地。

三是农机装备水平逐年提升。河南农业物联网、无人机、大棚车间与智慧农业正在快速推广，农机装备处于全国前列。农业科技投入超过科技经费总额的 10%，种业创新水平全国领先。全省规模以上农机装备企业 200 余家、产业规模近 600 亿元、农机总动力 1.065 亿千瓦，均居全国第二，仅次于山东省。其中 80 马力以上拖拉机 22.6 万台，居全国第一。主要农作物耕种收综合机械化率达 87%，较全国平均水平高 15 个百分点。

六　城乡一体化建设日益完善

当前城市和工业对农村农业的作用发生了根本性的变化，由过去的“极化效应”转向“辐射效应”。通过以城带乡、以工补农，带动“三农”逐步由弱到强，实现城乡融合发展、一体化发展，是解决“三农”发展一系列矛盾的关键和核心，也是推进农业强省建设的根本途径。

党的十九大报告中指出，加快构建城乡融合发展的体制机制和政策体系，党的二十大报告中又强调，加快推进城乡融合发展。河南省积极统筹城乡发展规划和布局，不断推动城乡发展互相衔接、互相促进，加快乡镇行政区划调整，促进城乡一体化建设。2022 年河南省乡镇行政区划面积为 1528.36 万公顷，比 2012 年减少了 3.1%。从行政区划来看，2022 年有 599 个乡、1193 个镇和 716 个街道办事处，与 2012 年相比，减少了 233 个乡，增加了 173 个镇和 136 个街道办事处。撤乡设镇有效促进了企业和人群向城镇集中，强化了小城镇的中心带动作用，加快了城乡一体化的进程。撤镇设街道意味着城市发展将显著加快，行政效率大幅提高，基础设施建设得到进一步加强。在城乡一体化建设过程中，农村基础设施日益改善，2022 年，河南省乡镇的行政村中通宽带互联网的村为 4.23 万个，通有线电视的村为 4.1 万个、通自来水的村为 3.79 万个，占比分别为 99.9%、96.9% 和 89.6%，比 2012 年分别增长了 4.5%、12.6%、23.6%。通公共交通的村为 3.69 万个，进村道路为柏油和水泥的村达到 4.47 万个，村内主要道路为柏油和水泥的达到 4.45 万个，占比分别为 87.5%、99.9% 和 99.3%，基本实现了道路硬化。2022 年，河南省行政村共有 36.95 万个村民小组，其中 78.6%的村民小组主要道路有路灯，99.9%的村民小组通电，99.8%的村民小组通电话，98.6%的村民小组通公路，93.9%的村民小组安装了有线电视，32.9%的村民小组通天然气。农村公共基础设施已日渐完善，农村居民大部分已享受到城镇化的公共服务，城乡一体化建设成效显著，为河南农业强省建设打下了坚实基础。

七　乡村治理能力不断增强

乡村治理是建设农业强省的关键环节和重要保障，河南农业强省的高质量发展，离不开乡村治理的保驾护航。近年来，河南省把乡村治理作为建设农业强省的有力抓手，乡村治理能力显著提升。

2022 年，河南省行政村中，县级及以上先进基层党组织 8569 个，县级及以上民主法治示范村 6963 个，县级及以上文明村 14653 个。河南省村干部文化程度、福利待遇水平也不断提高。2022 年，河南省行政村共有 26.54 万名村干部，平均每个村 5.96 个；其中 5.9 万名女干部，占村干部总数的 22.3%。村支书平均年龄 50.79 岁，21.8%的村支书有大专及以上学历，村支书年平均工资达到 2.79 万元。95.8%的村支书兼任村主任。2022 年，平均每个村召开 8.9 次村民代表大会。乡风文明需要全体村民共同参与建设，村规民约有助于进一步激发群众参与乡村振兴和乡村治理的积极性和主动性，并在农村形成良好的乡风文明，2022 年全省 99.5%的村有村规民约，90.6%的村有村服务站。另外，河南通过不断加强数字乡村建设，推动乡村治理现代化转型，提升乡村治理效能。2022 年河南省电信业务总量完成 1007.7 亿元，居全国第 5 位，全省电信固定资产投资完成 194.5 亿元，居全国第 5 位。5G 基站总数达到 15.32 万个，居全国第 5 位，实现了乡镇和农村热点区域全覆盖。河南省在 5G 助力乡村振兴方面已经走在全国前列，利用 5G、物联网、云计算等新一代信息技术，切实降低乡村治理成本，增加乡村治理效能，从而有效助推河南建设农业强省。

第二节　短板与弱项

虽然河南省在资源禀赋、基础设施、乡村产业、乡村治理等方面存在着坚实的基础和显著的优势，但整体上看，河南农村经济基础和农业产业体系薄弱，高端资源匮乏，河南建设农业强省存在农产品多而不优、农业大而不强、农业产业链韧性不高、农业科技创新能力不足等明显的短板和弱项。

一　乡村经济基础薄弱

一是农民收入水平低。从城乡居民收入差距看，2022 年全省农民人均可支配收入达到 18697 元，比 2013 年增加了 9728 元。城乡收入比由 2013 年的 2.42∶1 缩小到 2022 年的 2.06∶1。但是城乡间收入的绝对差距仍在扩大，2022 年河南农村居民人均收入水平与城镇居民人均收入水平的绝对差距由 2012 年的 12917 元扩大到了 2022 年的 19787 元。从与全国农村居民人均可支配收入水平差距看，河南农村居民人均可支配收入水平在全国位次由 2013 年的 16 位降至 2021 年的 21 位，与全国农村居民的人均可支配收入差距由 2013 年的 461 元扩大到 2022 年的 1436 元；从收入结构看，河南省农村居民工资性收入和经营性收入低是导致收入差距拉大的主要因素。2022 年，河南农村居民人均可支配收入中工资性收入、经营净收入、财产净收入、转移净收入分别为 7025 元、6033 元、262 元和 5377 元，分别占总收入的 37.6%、32%、1.4%和 28.8%。全国农村居民四项收入分别为 8449 元、6971 元、509 元和 4203 元，分别占总收入的 42%、34.6%、2.5%和 20.9%。河南农村居民人均工资性收入比全国低 1424 元，人均经营性收入比全国低 938 元。

二是河南省乡村产业基础薄弱，体量普遍偏小。2022 年，河南省乡镇的工业企业数量、规模以上工业企业数量、住宿餐饮业企业数量、商品交易市场数量已连续四年呈减少趋势。村级产业发展滞后，收入来源相对单一，多数村没有经营性收入。2021 年，全省农村集体总收入和经营性收入分别为 266.4 亿元、71.3 亿元，同期江苏、浙江农村集体总收入分别为 536.9 亿元、706.4 亿元，是河南的 2 倍、2.7 倍，经营性收入分别为 164.9 亿元、349.4 亿元，是河南的 2.3 倍、4.9 倍。2022 年，河南省还有 21.5%的村集体无经营收益，黄淮海平原和南阳盆地等传统农区还有 1.38 万个村集体经营收入低于 5 万元。目前河南省有集体收入的村，经营收入仅占村集体收入的 26%，大部分以土地租赁、资产出租、上级补助、资源发包、征地补偿、资金入股、土地流转金等模式为主，活力不够、收益不高。

二　农业产业韧性不强

一是粮食结构单一且附加值低。2022 年河南粮食产量达到 1357.87 亿斤，居全国第二，但粮食工业总产值仅为 3009.3 亿元，同期山东粮食工业规模已经突破 5000 亿元。小麦产业中，利润率只有 2.6%的小麦粉加工仍是河南粮食产业的支柱产业，产值占粮食加工业总产值的 40%以上，而粮油深加工占比不到 10%。小麦粉加工中，又以普通粉占主导，高附加值的专用粉仅占 11%左右。

二是食品产业增长乏力，后劲不足。从产业规模来看，从 2006 年开始，河南省食品产业规模一直位居全国第二，仅次于山东。但自 2019 年开始出现下滑，排名跌至全国第四，到 2021 年跌至全国第六；从产业结构来看，2022 年河南农副食品加工业、食品制造业、饮料制造业、烟草制造业等规上企业营业收入在全省食品产业中占比分别为 56.5%、25.3%、12% 和 8.9%，代表精深加工的食品制造业、高附加值的饮料制造业和高税收的烟草制造业占比较低；从食品企业来看，2022 年全省规模以上农产品加工企业 6344 家，前 10 强营业收入超过百亿元的企业只有 3 家，山东 10 强全部为营收在百亿元级以上的企业，四川 10 强企业营收千亿元级以上 2 家、百亿至千亿元级企业有 5 家。河南 80%以上的食品企业均为小微型企业，技术水平普遍较低，市场竞争力不强；从产业创新来看，河南食品产业创新投入不足，创新能力弱，2022 年全省规上食品企业研发经费投入为 46.39 亿元，投入强度为 0.29%，低于山东省的 0.93%。近年来，随着营养食品、功能食品、休闲食品等逐渐成为市场消费热点，河南在食品产业新赛道聚焦不足、挖潜不够，老品牌年轻化不够，新品牌孵育缓慢、新品类发展滞后，没有享受到新消费下食品行业新品爆发、赛道转换的红利，缺乏像广东预制菜、山东淄博烧烤、福建精制茶等抢占新赛道的成功案例，食品产业优势有所弱化。

三是农业特色产业规模小，成长性不强。2021 年全国乡村特色产业十亿元镇数量山东有 63 个，河南 11 个；截至第二批全国“一村一品”示范村镇评选，山东有示范村镇 254 个，河南 184 个。此外，一些乡村地区立足自身地域优势，发展出一批特色加工制造业，如西平县水泉汪村的渔具渔网和于营村的打火机配件产业，沁阳市坞头村的头饰产业和博爱范村的搓澡巾产业等，在利用农村闲散劳动力、带动农民脱贫致富方面发挥了重要作用，但都存在产业链条短、科技含量低等问题，短期内难以成长为带动一方经济发展的主导产业。

三 农业科技创新能力不足

当前河南农业科技创新能力不足，难以支撑农业强省建设需要。主要表现在以下几个方面。

一是育种技术存在明显代差。种业研发仍以常规育种为主，生物育种尚处于起步阶段，分子辅助、基因编辑、分子设计等现代生物育种手段应用不足，处于以杂交选育和分子技术辅助选育为主的 V2.0 到 V3.0 阶段，与发达国家以模块化、流程化、工厂化、信息化为主要特征的 V4.0 相比存在代差。种业企业“弱、小、散”特征明显，2021 年全国农作物种业企业前 10 强中河南没有一家，全省前 20 强种子企业销售收入总额比隆平高科一家还低 20%。

二是农机技术装备水平不高。国产拖拉机平均无故障时间仅为国外同类产品的 30%~50%，收获机可靠性、作业效率、智能化程度等远远低于国外同类产品，无级变速器、转向驱动桥等关键零部件、电液控制及传感等关键技术主要依赖进口，蔬菜水果等设施农业领域的机械化设备研发仍处于起步阶段。食品制造装备国产化程度较低，关键技术受制于人。

三是农业集成技术创新与转化应用水平低。育种、种养、肥药、灌溉、加工、机械化、信息化等农业领域技术系统集成创新与应用不够，没有形成多个单项技术集成应用合力，无法实现“良种良法配套、农机农艺融合、生产生态协调、增产增效并重”目标。科技成果转化率低，2023 年 1 月，国家技术转移郑州中心展示现代农业技术成果 2254 项，仅 57 项达成合作意向。智慧农业还处于起步阶段，数字农业技术存在短板，农业机械智能化水平不高，土壤、气候、作物生长等多参数传感器设备投入费用高，涉农数据库的采集能力、数据挖掘及分析能力、数据及信息服务能力和治理能力还比较弱。

四是农科教一体化服务衔接不够。农业高校和科研院所的涉农学科体系化程度不高，与农业新科技结合不紧，与农业企业科技需求对接不够，科技成果向产业延伸的动力和能力不足。农技推广“三支队伍”功能弱化、知识老化，服务能力严重不足。人才下乡激励力度不够，农业从业人员受教育程度和科技素养普遍较低。

四　农业生产运营体系薄弱

一是高标准农田建设标准低。建设高标准农田是巩固和提高粮食生产能力、保障国家粮食安全的重要举措。近年来，河南累计投入财政资金 1037 亿元，建成高标准农田 8330 万亩，占全省耕地总面积的 74%，约占全国 9 亿亩高标准农田的 1/11，居全国第 2 位（第 1 位为黑龙江 1.0265 亿亩），对河南粮食产量 19 年连续丰收发挥了重要作用。但全省还有 1/3 的耕地没有实施过高标准农田建设，已建成的高标准农田建设标准也较低，在全省已建成的8330万亩高标准农田中，投资标准在1200元以下的5580万亩，标准在1500元的2750万亩。即使按照亩均1500元投资标准建设，高标准农田仅能解决基本的灌排问题，地埋管道尚不能实现全覆盖，田间道路不能满足大型农业机械化作业需要，多数项目县排水沟渠没有硬化。据调研组对滑县等16个县市57家新型经营主体调查，有11户反映存在机井数量不够、井电不配套或损毁无法使用等情况，占调查户数的19.3%。从省外经验看，高标准农田投资标准已逐步提升到4000元~5000元/亩，如浙江嘉兴市和江苏宜兴市示范区亩均投资标准都在5000元以上，广东省全域高标准农田建设投资达到每亩3000元以上，而河南省规划建设亩均投资4000元以上的高标准农田示范区刚刚起步。

二是高标准农田建用管机制不完善。按国家政策规定，高标准农田建设主体是县级人民政府，即由县级人民政府负责高标准农田规划和实施建设。问题在于土地所有权归村集体，承包经营权也即建成的高标准农田使用权归农户或流转土地的新型经营主体，造成建的人不用，用的人不建也不管。农户和经营主体普遍反映，高标准农田建设钱是政府拿的，怎么建是政府定的，建成了大家都可以用，大家对建设内容、建设质量无从关心也无法关心。调查发现，高标准农田建成移交乡村后，由于资产权属不明晰，管护主体责任不明确，设施损坏后得不到及时修复，部分原设计使用寿命15年的工程项目两三年就被损毁。

三是农业经营综合服务能力不足。第一，农产品专业化市场辐射面窄，仓储物流布局有待完善。例如河南杞县大蒜产量超过山东金乡，但是杞县大蒜还要经由金乡大蒜市场销往全国。第二，农业金融体系不健全，农户“融资难”“融资贵”情况普遍存在。2022年，全省农户农林牧渔业贷款和农民合作社贷款1780.2亿元，仅占涉农贷款的6.9%。第三，农业品牌建设体系不完善，河南“三品一标”种类虽然较多，但“重认证、轻服务”，由此造成全国知名农业地标品牌较少。

五　农业生产投入不足

近年来，河南对农业生产的投入力度持续加大，财政投入从2012年的551.7亿元增加到2022年的1113亿元，涉农贷款余额从2012年的1.8万亿元增加到2022年的2.6万亿元，但从河南粮食和重要农产品生产现代化建设的实际需求来看，财政金融的支持力度仍显不足。

一是财政投入不足。2022 年，全省 11 个粮食产量超 100 万吨的超级产粮大县，人均一般公共预算收入 1669 元，仅相当于全国平均水平的 21%；人均一般公共预算支出 6936 元，仅相当于全国平均水平的 45.9%。这些县区不仅难以落实农业项目配套资金，甚至挤占挪用上级补助的农业项目资金来保“吃饭”。农业设施投入标准低，高标准农田和水利建设投入缺口大，很多地区的农业投入虽然有相应政策要求，但低水平投入的覆盖面也严重不足。以土壤改良资金安排为例，河南每年投入土壤深松资金量仅能覆盖 10%的耕地面积，对全省耕地进行一轮深松需要 10 年的周期。

二是金融支持农业力度不足。截至 2022 年，全省农商行系统累计投入乡村振兴贷款余额 4903.9 亿元，其中对新型经营主体贷款余额仅 337.7 亿元，获贷率 6.89%。据专题调研组对中牟、扶沟等 15 个县（市）设施农业发展情况调查，148 个经营主体中 92 个主体有融资需求，占比达 62%，但获贷率较低，其中 30 家蔬菜种植主体的全部投资中银行贷款仅占 2.2%，31 家畜牧养殖主体全部投资中银行贷款只占 7.1%。许昌中科禽业年出栏仔猪 3.5 万头、商品猪 1.5 万头，银行授信贷款额度与实际需要差 1000 多万元，贷款年化利率高达 10.5%。土地承包权、住房财产权的抵押贷款手续复杂、落实难。另外政策性农业担保能力弱，省农信社最大担保能力约 250 亿元，担保能力缺口很大。

三是农业政策性保险覆盖面不够。养殖业、设施农业风险大，保险赔付率高，对支持政策的要求高。据对中原农险经营数据分析，中央补贴险种保费收入占该公司全部保费收入的 86%，地方政府特色养殖险、种植险补贴政策远不能满足产业发展需要。养殖险费率偏低，能繁母猪、育肥猪、奶牛、基础母牛 5 年综合成本率（不含大灾准备金）均超过 100%，其中奶牛、能繁母猪 5 年综合成本率分别为 167.6%和 147.6%，长期处于亏损状态，影响了政策性保险机构扩大保险覆盖面积极性。全省特色产业保险保费收入仅 8.34 亿元，占农险总保费的 11.97%，远低于广东省的 47.6 亿元和 58.5%。

第三节　战略与机遇

建设农业强省，面临难得历史机遇。习近平总书记指出，未来 5 年

“三农”工作要全面推进乡村振兴，到2035年基本实现农业现代化，到本世纪中叶建成农业强国。2023年中央一号文件要求“立足国情农情，体现中国特色，建设供给保障强、科技装备强、经营体系强、产业韧性强、竞争能力强的农业强国”，这为河南建设农业强省提供了坚持的方向和遵循的标准。河南要探索走出一条具有河南特色的农业强省建设之路，力争到2025年农业强省建设取得明显突破，到2035年基本建成农业强省，到本世纪中叶全面建成农业强省。

一 全面建设社会主义现代化国家新征程带来的机遇

全面建成小康社会之后，我国开启了全面建设社会主义现代化强国的新征程。全面推进中国式现代化建设，首先是实现经济基础的现代化，在生产力意义上表现为产业体系的现代化，其中就包括农业的现代化。没有农业现代化就难以实现中国式现代化，因此全面推进乡村振兴既是我国社会主义现代化建设重大任务的基本目标，也是中国式现代化道路得以发展的必备前提。没有农业农村现代化，社会主义现代化就是不全面的，必须把加快建设农业强省摆到建设社会主义现代化强国的重要位置。河南省作为农业农村大省，开启全面建设社会主义现代化强国新征程，将为河南省建设农业强省提供前所未有的发展平台和战略机遇。河南要以全面建设社会主义现代化强国新征程为契机，大力推动河南农业农村现代化建设，进而促进河南农业强省建设。

二 构建“双循环”新发展格局带来的机遇

构建新发展格局是党中央立足国内国外两个大局，根据当前我国发展新阶段、新环境、新条件、新问题，着眼于我国经济长期发展做出的全局性、系统性战略决策。“双循环”新发展格局的构建，一方面可促进现代农业全产业链条的形成，推动城乡之间的融合发展，改变城乡经济发展不平衡现状，为农村地区发展寻找相匹配的内生动力和出口导向动力。另一方面，“双循环”新发展格局的构建和实施有利于实现传统农业在资源观念、组织体系和业务运营模式方面的根本转变，从而促进乡村振兴。河南是农业大省、农村人口大省，既有4000多万农村人口的巨大改善性需求，又有每年上百万农民工市民化的巨大提升性需求，这些领域都有广阔的发展空间，且近年来农村市场发展活跃，因此构建新发展格局对河南建设农业强省来说是一个重大战略机遇。新发展格局为河南建设农业强省提供了良好的契机，一是构建新发展格局强调打通国内生产要素的循环堵点，形成国内统一大市场，实现国内生产要素的高效循环，这奠定了省域要素通畅循环的基调。二是构建新发展格局强调依托国内超大规模市场，形成虹吸国际生产要素的磁场，促进生产要素在国内国际两个大市场中安全、有序、自由流动，这为河南建设农业强省提供了合理开放的经济态势。

三　农业农村优先发展战略带来的机遇

党的二十大报告强调“要坚持农业农村优先发展”，再次释放了党中央重农强农的强烈信号，重申了“三农”在新时代、新征程中的基础性、战略性地位，也充分体现了党中央对“三农”工作一以贯之的高度重视。坚持农业农村优先发展有利于实现城乡工农关系重塑，能够大力促进要素在城乡间自由流动，因此对河南这个城乡发展不平衡且高端生产要素匮乏的农业大省来说，农业农村优先发展符合河南实际省情，对河南建设农业强省具有战略导向性意义。一方面。坚持农业农村优先发展，能够扭转河南长期以来“重工轻农、重城轻乡”的思维定式，建立起向农村倾斜的城乡融合发展体制机制，推动形成“工农互促、城乡互补、全面融合、共同繁荣”的新型城乡关系。另一方面，坚持农业农村优先发展，不仅能够促进要素在河南城乡间自由流动，而且能够激发生产要素的活力，从而为河南建设农业强省提供坚实、高效且优质的要素资源。所以，农业农村优先发展战略为河南建设农业强省带来了重大机遇。

四　赓续农耕文明带来的机遇

2022 年 12 月，中央农村工作会议就加快建设农业强国进行战略部署，其中明确提出“农业强国的中国特色”，应该包括“赓续农耕文明”。2023 年是贯彻党的二十大精神的开局之年，是中国式现代化开局之年，也是加快建设农业强国的起步之年。如何更好地赓续农耕文明，走出中国特色的农业强国之路，是农业强国开局的关键命题之一。这道题，应该由农业大省、粮食大省，同样也是历史文化大省的河南来解。河南地处黄河文化腹心地带，是黄河文化、农耕文明的集大成之地。河南在黄河文化、农耕文明中居于核心地位。可以说，农耕文明之“魂”，就在河南，“三农”之“魂”，就在河南。因此赓续农耕文明为河南建设农业强省带来了文化机遇。赓续农耕文明，保护中华优秀传统文化，加强乡村文化建设，丰富农民的精神文化生活在全面推进农业强省建设中具有重要的地位作用。河南建设农业强省，应善于从农耕文明中汲取养分，同时又要通过建设农业强省赓续农耕文明，让文明乡风、良好家风、淳朴民风润泽河南乡土大地，实现乡村物质文明与精神文明协调发展、农耕文明与城市文明交相辉映，建设形神兼备的农业强省。

五　河南“十大战略”带来的机遇

河南“十大战略”是在河南“十三五”战略成果的基础上的进一步巩固，更是一次新的蝶变，它是河南省“十四五”规划的具体体现，更是推动高质量高水平现代化河南建设的着力点，因此河南“十大战略”对河南建设农业强省具有重要意义。河南“十大战略”是河南新发展阶段的新方向、新举措和新路径，它的全面布局将大力推动河南农业强省发展，它的深入实施，将为河南省建设农业强省赢得多元化发展机遇。河南“十大战略”分别从产业发展、创新驱动、城市规划、乡村振兴、改革开放、民生等领域谋篇布局，包括：实施创新驱动、科教兴省、人才强省战略，实施优势再造战略，实施数字化转型战略，实施换道领跑战略，实施文旅文创融合战略，实施以人为核心的新型城镇化战略，实施乡村振兴战略，实施绿色低碳转型战略，实施制度型开放战略，实施全面深化改革战略。河南建设农业强省应结合河南“十大战略”的整体部署，敢为尝“先”，从科教、创新源头和人才强省抓起，在自身传统优势基础上实施优势再造战略，善于通过换道领跑提升区域竞争力，通过落实乡村振兴战略扎实推进农业强省建设。按照河南“十大战略”具体安排，河南建设农业强省要顺势而上，借力打力，锚定“两个确保”奋斗目标，积极挖掘和拓宽河南省“三农”自身优势和特色，真正实现河南省“三农”工作高质量发展。依托河南“十大战略”，河南农业强省建设不仅可以让河南省农民富起来、农业强起来，而且可以让农村的基础设施、公共服务和人文环境实现全面发展。因此，河南“十大战略”为河南建设农业强省带来了切实可行的路径机遇。

第四节　问题与挑战

当前，河南建设农业强省面临着前所未有的历史机遇，但是按照全面建设社会主义现代化强国和农业强国的目标要求，河南农业强省建设也面临诸多问题与挑战。由于历史原因且受制于粮食安全战略，现阶段河南建设农业强省面临诸多两难甚至多难问题，既有客观的历史发展问题，也有政策机制不完善的问题，同时还面临一系列传统及非传统风险。

一　农村土地结构限制农村二、三产业发展

河南作为全国第二粮食生产大省、口粮第一生产大省，基本农田占比高，粮食生产任务重，全省耕地面积中一般耕地仅占10%，低于全国平均水平9个百分点。在耕地面积、基本农田和粮食生产能力只能增加不能减少的背景下，满足农业结构调整和农村二、三产业发展用地需求的腾挪空间十分狭小。农村建设用地和一般耕地少，已成为制约设施农业、农业深加工、农村文旅等农村特色产业发展的突出问题，农民持续增收的产业发展空间也因此受限。

二　农业适度规模经营进入发展瓶颈期

近年来，河南农业适度规模经营取得了长足发展，截至2022年全省农业生产社会化服务组织达到12.6万家，年服务种植面积超过2亿亩次，服务农户1601万户次。但受多种因素制约，家庭农场、农民合作社发展质量不高，适度规模经营面积与耕地面积相比，入社社员数与总农户相比还存在较大差距。

一是土地流转不规范、不稳定问题突出。目前，河南土地流转大多是农户和经营主体直接签订简单协议或进行口头约定，并未按照规范和合同文本办理流转手续，且大多数合同以1~3年短期合同为主。在土地流转中，合同执行不规范问题还比较突出，相关部门监督、管理、服务、落实有待进一步加强。尤其是近年来随着粮价的上涨，农户不执行合同的情况时有发生，经营主体权益得不到保障，对扩大粮食生产规模信心不足。据对55家土地流转种植主体的典型调查，虽然49家与农户或村集体签订有流转合

同，但新型经营主体普遍反映土地流转不稳定，合同约束力十分有限。粮食生产中大型农业机械的购置和农业基础设施的改造、农田土壤结构的改良等都需要进行长期投资，由于土地流转不规范、不稳定，经营主体很难制订长期种养计划，不愿意购买大型农业机械和进行农业基础设施的投入，从而影响了适度规模经营的进一步发展。

二是新型农业经营主体总体实力不强。农业经营主体普遍存在整体规模小，实力不强，管理不规范，发展不稳定，带动力不强的情况。全省农民合作社入社农户仅占总承包农户的30%，每个合作社平均拥有社员27户，农户入社占比和平均拥有社员数量不仅低于全国水平（48%，35户），更是远低于山东、江苏、广东等农业发达省份水平。据对淇县、浚县等六县市相关数据分析，2022年底，六县市纳入名录系统的家庭农场10873家，其中种植面积在200亩以下的占33.6%，200~500亩的占40.1%，县级以上示范农场只有404家，仅占全部家庭农场的3.7%。六县市共有农民合作社6895家，种植面积在500亩以下的占38.8%，500~1000亩的占32.1%，县级以上示范社404家，仅占全部合作社的8.9%。

三 农村人口质量不高且结构失衡

近年来，河南农村人口结构发生深刻变化农村人口质量不高且结构失衡的问题阻碍了河南农业强省建设。

一是农村人口受教育程度低。根据第七次人口普查数据，全省乡村高中及以上文凭人口占比为12.03%，比全省平均水平低14.97个百分点。

二是乡村老龄化程度高。根据第七次人口普查资料，全省乡村16~59岁的劳动年龄人口2247.48万人，比2010年减少1321.56万人，劳动年龄人口占比由2010年的61.74%下降到2022年的50.3%。

三是特殊人群规模大。大量青壮年外出打工，农村留守老人、留守儿童、留守妇女等特殊人群规模大。据统计，截至2021年，全省行政村中留守老人、留守儿童、留守妇女多达512.40万人，占常住人口的7.2%，农村部分地区“空心化”严重，农民种地意愿不高，成为农业综合竞争力中的短板。

四是乡村人才流失严重。大批青壮年外出务工经商，农村基层组织干部文化程度多集中在初高中学历，他们知识结构单一且老化。截至2021年，全省村党支部书记和村委会主任中，初中及以下学历的分别有 18.2%和 43.0%；村党支部书记和村委会主任在 60 岁以上的分别有 9.0%和 14.9%。

四　村庄数量多分布散，规划统筹难度大

河南是典型的农业农村大省，全省农村空间形态整体呈现县域面积广、乡镇数量多、村庄数量多且分散度高的特点。2022 年，全省共有 1784 个乡镇、4.47 万个行政村、18.37 万个自然村，在全国各省（区、市）分别排第 3 位、第 2 位。乡村振兴战略实施以来，河南不断强化乡村规划引领和村庄建设管理，持续优化村庄布局，但整体仍然分散度高，规划统筹难度大。

一是村内空心与村外延伸并存。截至 2022 年，全省县域面积近 12 万平方公里，占全省总面积的 71.3%，村庄用地面积 2414.24 万亩，在全国排第 1 位，占全省城镇村及工矿用地总面积的 65.33%，且随着农村人口逐渐向城镇转移，村庄用地面积不减反增。据统计，全省农村常住人口由 2012 年的 5415 万人减少到 2021 年的 4304 万人，村庄用地面积由 2012 的 2357.6 万亩增加到 2021 年的 2414.24 万亩。一方面，村庄内部“有宅无房”“有房无人”的现象越来越多，村庄“空心化”“空巢化”日趋凸显；另一方面，宅基地建新不拆旧，村庄出现“沿路爬、村边长”等无序蔓延的现象。据中国社科院 2019 年调查数据，河南村庄空心率在 10%～15%；据国家统计局河南调查总队近期专门开展的村庄抽样调查，河南村庄常年无人居住的住宅占总户数的 8.8%。

二是农村建设用地少且统筹难度大。一方面，农村建设用地紧张，农村建设项目落地难。在乡村规划建设专项调研的 47 个村庄中，有 46 个村庄永久基本农田比例均达 93%以上，个别村几乎全部是基本农田。如，社旗县在村庄分类时，共识别出搬迁撤并类自然村 105 个，但永久基本农田的划定限制了村庄安置点的选择空间。另一方面，虽然有一些空闲地和闲置宅基地，但基本都散落在村内户间，分属不同农户，整块连片利用难度大。如禹州市火龙镇刘沟村有部分存量建设用地，但因碎小地块、村民意愿、政策要求等方面的制约，无法使用；宝丰县龙王沟乡村振兴示范区马场村零星闲置地均不到 300 平方米，整治难度很大，整治成本较高，无法集中使用。

三是乡村规划引领作用不强。乡村建设行动实施以来，河南启动了新

一轮乡村规划编制，目前初步完成村庄规划编制约 1.69 万个村，约占村庄总数的 38%。但长期以来农村地区无论是规划理念还是规划实践普遍缺乏，目前从规划的编制和实施来看，一方面，编制规划缺资金、缺人才，编制规划难。全省各县（市）已完成招标程序或签订合同的村庄规划 6201 个，合同总额为 7.67 亿元，平均每个村庄规划设计费用为 12.37 万元。同时，县乡财政普遍困难，村集体经济薄弱，乡村规划经费难以保障，一些村庄只是简单应付，一定程度上导致了“不求规划质量、只求完成任务”等问题。另一方面，规划实施难。多数已经形成的规划文本，虽然也对居民点建设、产业发展、公共服务、基础设施等作出安排，但对村庄一般耕地“碎片化”、闲置宅基地“散落”、基本农田围村等现实问题缺乏充分考虑，部分村庄规划只是机械套用城市规划理论和方法，导致其不实用、落地难。

第五节 规律与趋势

进入高质量发展新阶段、开启现代化建设新征程，河南农村现代化建设取得了一系列突破性进展和标志性成果。农业农村现代化发展蓬勃兴盛，美丽乡村建设日新月异，为河南推进农业强省建设提供了重要支撑。未来河南在建设农业强省的进程中，农业生产经营将呈现农产品多元化供给态势，科技创新驱动作用将更加凸显，农业适度规模经营质量将不断提高，乡村建设空间布局将呈现“县镇村”联动发展新格局，乡村产业将呈现特色化、品牌化、绿色化、融合化等转型升级高质高效发展新趋势，乡风民风将呈现文明和谐新风尚，乡村治理将呈现自治、法治、德治、数治“四治”融合新态势。

一 在农业生产经营方式上，呈现农产品多元化供给态势，科技创新驱动作用将更加凸显，农业适度规模经营质量将不断提高

构建多元化食物供给体系是增强农业竞争力的重要途径。第一，持续加快畜牧业产业转型发展，不断提高优质农畜产品的供给能力和竞争力，为树立大食物观、加快构建多元化食物供给体系提供重要支撑。第二，随着我国居民蔬菜消费升级，对特色品种和高端蔬菜需求增加，河南将大力

发展设施蔬菜，加快补上设施农业发展这一短板，不断调整优化品种结构、品质结构，增强蔬菜供给能力，为加快构建多元化食物供给体系提供重要保障。第三，河南是油料作物种植大省，花生种植面积和产量分别占全国的1/4和1/3，然而我国食用油供给缺口却很大，我国油料和食用植物油高度依赖国际市场，2022年食用植物油进口超过1000万吨，对外依存度接近70%，这为食用油加工业发展提供了重要契机。由此，河南将加快由花生种植大省向产业强省的转变，增强食用植物油供给能力，加快构建多元化食物供给体系。

科技创新驱动农业发展作用更加凸显。改革开放初期，河南粮食亩产只有300斤左右，到2022年，粮食单产已达840斤，粮食总产量也从不到300亿斤增加到2022年的1357.87亿斤。这其中，既有家庭联产承包责任制改革催生的制度绩效和国家对农业支持保护政策的效应，更有农业科技不断进步产生的技术红利。从全球范围来看，农业强国无一例外是农业科技创新强国，如美国的生物育种、荷兰的温室农业技术、德国的现代农机装备等，均处于全球领先地位。增强农业及其关联产业科技创新和产业创新能力，是建设农业强国的关键，河南人多地少，要增强粮食和重要农产品供给能力，必须向科技要产量、要质量、要效益，因此要不断加强农业及其关联产业的科技创新和产业创新能力。

发展适度规模经营是必由之路。发展适度规模经营是现代农业的方向。这是大国小农依托双层经营体制建设具有中国特色农业农村现代化的一项重要任务，河南是大国小农的缩影，小农户有1900多万户，户均耕地只有6亩左右、地块3~4块，把小农户引入现代农业的发展轨道，走出一条具有中国特色的农业适度规模经营之路，是增强河南农业经营体系的生动实践。因此河南将进一步强化村集体“统”的权能，落实好承包权，放活经营权，规范、支持土地流转，加快培育家庭农场、农民专业合作社、社会化服务组织等新型经营主体，促进土地适度规模经营高质量发展。

二　在乡村建设空间布局上，呈现城乡融合与村庄规划引领下的“县镇村”联动发展新格局，村庄布局将更趋集约化特色化

城市与乡村的关系，始终是一个国家或区域现代化过程中所要面临和解决的重大关系。德国“城乡等值化”发展理念和拉美国家“中等收入陷

阱”实践都表明：发展乡村服务单元，促进乡村有机更新，是实现农村现代化发展的重要方面。特别是在人口负增长和老龄化不断加剧的背景下，村庄规划对乡村振兴和乡村建设的引领和支撑作用进一步凸显，以县域为载体，将形成做强县城、做强中心集镇、做强中心村的“县镇村”联动发展新格局。在一部分村庄将深度实现城镇化的同时，一部分中心村、专业村将依托产业集聚、人口集中的优势，进一步释放市场潜力和集聚效应，向特色小镇或中心集镇演进。一部分生态或文化资源丰富的特色村，将进一步彰显其特色优势，向乡村旅游、农文旅融合演进，成为未来“逆城镇化”的目的地和网红打卡地。一部分村庄的“空心化”现象仍将持续甚至加剧。仍然承载重要农产品生产功能的传统村落，将依托工业化、城镇化等现代化成果，不断推进规模化、标准化、品牌化和市场化建设，拓展乡村生产、生活、生态领域，走出一条生产发达、生活美好、生态美丽的村庄集约化发展新路子。

三　在乡村产业发展上，呈现特色化、品牌化、绿色化、融合化等高质高效发展新趋势，农业多种功能和乡村多元价值将持续拓展提升

河南将加强产学研融合发展，助推河南“种业振兴”步入快车道。补齐“农机装备”短板，多种方式探索农业发展新模式。培育畜牧业龙头，带动产业链上下游共同发展。“预制菜”行业率先突围，河南将持续助力“食品工业”发展。不断促进特色种植业发展，农业特色产业前景持续向好。强化多元投入，农业的生态涵养、休闲体验、文化传承等多种功能将日益凸显，助力农业农村可持续发展。据统计，2022 年全省农业总产值 6948.30 亿元，其中十大优势特色农业产值 6112.81 亿元，占农林牧渔业总产值的 55.8%；农林牧渔专业及辅助性活动增加 352.02 亿元。随着技术进步和科技创新，未来的农村现代化建设，一是将更加注重以区域内自然、历史、文化条件为基础，发挥比较优势，以满足消费者对农产品差异性消费需求为目标，拓展农业多种功能，从传统农业生产向休闲旅游、生态康养、文化体验、科技创新、研学拓展等新兴业态转型。二是加快乡村产业特色化、差异化发展和赛道转换，形成特色化、品牌化、绿色化、融合化的乡村产业发展新格局，促进乡村经济、生态、文化等多元价值提升，推

动未来乡村发展从传统的农业经济向多元价值转变，并推动乡村生产生活方式向绿色低碳、安全健康转型。三是促进现代农业与现代制造业、现代服务业深度融合，引领农业社会化服务体系和现代农机装备、现代种业等产业高质量发展。

河南农业强省之路，一头连着农村，另一头连着城市，破题之路需要以农业农村的创新发展理念为引领，以传统的产业思维为基础，以河南深厚的文化底蕴为核心，打造出具有鲜明河南特色的发展模式，培育乡村新产业新业态，激活乡村振兴新动能，坚持因地制宜、分类指导，探索不同地区、不同产业的融合模式，这才是河南农业强省的应有之义。

四　在乡风民风上，呈现文明和谐新风尚，乡村文化的凝心铸魂、文明传承、价值活化等功能将持续彰显

乡风文明塑造了农村现代化建设的主体价值。河南各地将继续坚持党建引领，强化社会主义核心价值观，从建设文明乡风、良好家风、淳朴民风入手，推动乡村文明焕发新气象，为加快推进农村现代化建设注入了精神源泉。优秀乡村文化既能有效推动乡村非物质文化和“活态文化”的传承，又能强化对乡村历史古迹保护和有序开发，塑造乡村独特魅力和价值，推动乡村文旅产业发展，还能提振乡村精气神，增强乡村凝聚力，孕育社会好风尚。特别是在城乡飞速变迁的社会背景下，乡村承载着已然“市民化”群体的田园牧歌梦，打造乡土文化特色产业链，寄托乡愁乡韵乡情的文化空间，将是农业强省建设特色优势。

五　在乡村治理上，呈现自治、法治、德治、数治“四治”融合新态势，党组织的政治功能和组织功能将进一步强化

随着数字经济和乡村振兴的融合发展，乡村建设成为数字赋能的重要阵地。数字乡村建设大力发展了乡村基础设施和公共服务，形成了党组织领导下的自治、法治、德治、数治相结合的多维互动新机制，有效推动了乡村治理现代化转型，提升了乡村治理效能。另外，抓基层、强基础、固基本的工作导向将更加突出，党组织领导的基层治理体系将逐渐完善。河南将持续发挥农村基层党组织的战斗堡垒作用，充分发挥村党组织书记、村委会主任的带头作用，引导基层党员干部干在先、走在前，团结带领农

民群众听党话、感党恩、跟党走。实践证明，群众富不富，关键看支部，支部强不强，还看“领头羊”。只有坚持以党建引领基层治理，善于发动群众、依靠群众，才能把党的政治优势、组织优势、密切联系群众的优势，不断转化为全面推进农业强省建设的工作优势。

在乡村振兴进程中，广袤乡村的政治、经济、文化、社会、生态等多元价值不断上升，有力推动乡村功能的提升、乡村地位的攀升和城乡关系的重塑，为河南建设农业强省提供了重要支撑，使得河南有基础有条件乘势而上，探索走出一条体现中国特色、具有中原特点的农业强省发展之路。

第四章　国内外推进农业农村现代化的经验考察

在建设农业强省的道路上，河南总体优势突出，区位、交通、市场、耕地、气候等资源禀赋较好，小麦、玉米等粮食生产优势突出，花生、食用菌、中药材等特色农业地位凸显，肉类、禽蛋、牛奶等畜牧业基础扎实，面、肉、油、乳、果农产品加工业优势突出，这些优势决定了河南有能力、有条件建成农业强省。同时，对标农业发达省份，河南农业强省建设还面临资源环境约束趋紧、农业生产效率偏低、科技装备水平不高、城乡基础设施和公共服务差距明显、农民收入消费水平偏低等短板和弱项。造成这一困境的表象虽然是农业农村发展短板较多，但本质是农业农村内生发展动力不足，要想从根本上扭转这一现状，必须坚持农业农村优先发展，加快农业农村现代化，助力河南建设农业强省。他山之石可以攻玉，发达农业国家和国内农业先进省份在农业农村现代化发展过程中，都立足自身资源禀赋和特色优势，积累了不少成熟的、先进的经验可资借鉴。河南通过这些经验，立足河南“三农”工作实际，探索实现农业农村现代化之路。

第一节　发达国家农业农村现代化的主要探索与经验

现代化建设是一个世界性命题，无论是发达国家和地区还是发展中国家和地区，都要推进现代化建设。各个国家和地区由于资源禀赋不同、经济社会制度不同、技术条件不同，所选择的现代化发展模式、路径不同，发展步骤、发展重点不同，所遇到的难点、制约因素和存在的问题也不同。各个国家和地区所走过的农业农村现代化道路也千差万别，在此，根据既有资料，本章列述几个有一定代表性的国家农业农村现代化发展基础和路径，从中总结农业农村现代化发展规律和经验，以此指导河南农业强省建设。

一 以制度保障为重点的欧盟模式

欧盟在20世纪60年代就开始注重乡村发展，通过加强基础设施建设和提升农产品供给保障能力，构建了耕地保护、农业补贴、农业保险等一系列制度保障体系，促进了欧盟各国农业步入现代化进程。

英国在土地利用和保护方面有着悠久的历史。早在1938年，英国制定了《绿带法》，主要目的是控制城市扩张和保护农地。只有当政府认为其他区位无法替代并具有吸引投资和增加就业的建设活动时，绿带政策才会被松动。英国的土地利用规范遵循《城市、农村规划法》的指导，农地保护被纳入了该规划法的控制范围之内，旨在实现农地利用的综合效益。到了1971年，英国颁布的《城市、农村规划法》更进一步规定了土地开发的细节。该法明确规定，任何开发活动，包括地下和地面的建筑物、构筑物的新建、扩建和改建，都必须在开始前获得地方规划管理部门的批准。为控制城镇用地的过快增长，英国政府设定了目标，即通过旧城改造满足60%的新增住房需求。为此，地方政府开始制订土地供应年期计划，不仅规定了总土地供应量，还明确了每年的供应量，并设定了土地供给的优先级。

20世纪50年代中期，德国政府制定了《农业法》和《土地整治法》。其中，《农业法》允许土地的自由买卖和出租，《土地整治法》则促进了土地的调整和整合，从而为规模化生产和机械化经营创造了条件。二战后，德国进一步出台了《联邦土壤保护法》和《联邦土壤保护与污染场地条例》。前者强调了事前预防与事后控制的重要性，对土地财产的所有者和使用者进行了明确规定，要求他们预防土壤的有害性改变。后者则详细规定了关于污染场地的调查、评估和启动值标准等内容。20世纪80年代以后，英国的土地利用规划开始主要集中于大城市和中心城市，意在恢复中心城市功能，同时减轻城市边缘地区的土地开发压力，协调土地开发与农业用地和绿带保护的关系。综上所述，无论是英国还是德国，对土地的利用和保护都有着严格的规定和措施，以保障土地资源的合理和可持续利用。

在农业补贴方面，1957年欧共体签订了《罗马国家》，标志着欧共体的正式成立。随后，欧共体签订《建立农产品统一市场折中协议》。这一补贴政策的核心原则是共同缴费、共同收益。各成员国需按照规定缴纳不同的资金，这些资金主要被用于建立农业指导和保障基金，支持农业发展和提高农民收入，主要方式就是用于农业生产的价格补贴。进入 1992 年，欧盟调整了其农业补贴政策体系，由原先以价格支持为主转变为主要采取直接补贴。到了 2003 年，欧盟的农业补贴政策经历了进一步的改革。重点在于补贴不再基于产量，而是以土地面积为主要标准，同时考虑了如生态环境保护和粮食安全等其他因素。欧盟成员国在执行共同农业政策的同时，也维持了本国特有的补贴标准。以德国为例，其农业补贴可以细分为四部分：一是执行欧盟的共同补贴政策，包括直接补贴和市场补贴；二是政府提供的涉农社会事业补贴，例如农业社会保障、农业保险、农业生态保护等；三是针对特定地区的政府提供的补贴，如农业科技推广、农民培训、农业结构调整等；四是林业持续管理补贴，以加强林地管理。另外，英国的农业补贴分为与生产挂钩和不与生产挂钩两大类。与生产挂钩的补贴涵盖税收减免、作物种植、动物养殖等。而不与生产挂钩的补贴主要针对粗放式放养、农村发展、生态环境保护等。欧盟还对资金使用进行了明确规定，要求至少 25%的资金投入土地整治和乡村设施建设，而不少于 10%的资金用于支持农村多元化经济的发展，为新兴产业提供资金。

在农业保险方面，法国农业保险体系由三个主要部分构成。商业保险：由保险公司承保农业风险中的可保风险，主要覆盖因冰雹、风暴等对农作物和建筑物造成的损失。国家通过农业灾害保证基金对一些特定险种，例如水果和蔬菜的冰雹险、主要农作物的复合保险，进行保费补贴。国家农业灾害保证基金：该基金根据 1964 年 7 月 10 日的法律设立，旨在对农业生产中的不可保风险进行补偿，包括农作物收成和牲畜养殖损失。为此，1964 年，法国制定了《农业灾害法》，确立了国家农业灾害保证基金的角色，并明确其对农业灾害的补偿职责和对农业保险的补贴。此基金由农业部管理，资金来源分为两部分：一是农业保险税收，从农作物和牲畜保险业务以外的农业保险保费中抽取 11%，这部分资金每年约为 8000 万欧元；二是国家财政预算，与农业保险税相等。基金的年均支出为 1.5 亿欧元，包括直接补偿不可保的农业风险（满足农场损失超过 14%和受灾农作物损失超过 27%的条件）以及对保费的补贴。农业保护体制：根据 1982 年 7 月 13 日的法律设立了法国国家再保险公司，主要对因自然灾害造成的其他不可保风险进行补偿，包括对建筑物和机动车辆的损失。法国国家再保险公司提供再保险支持给承保这些风险的保险公司。基金对农业保险保费的补贴被视为国家补贴，同时，地方政府也提供相应的补贴。

二 以种业和机械化为关键的美国模式

从二战前后到 20 世纪 70 年代，美国完成了从传统农业向现代农业的转变。这一转变过程可以分为三个阶段：第一个阶段是农业机械化时期；第二个阶段是农业化学化时期，这一时期大量使用了化肥、农药和土壤改良剂；第三个阶段是农业良种化时期。虽然经历了这三个阶段的农业现代化，但美国农业发展并未停滞。随着计算机技术和生物技术的进步，接连出现了“精准农业”和“基因农业”。特别是很多特大型农场采用了“计算机集成自适应生产”。这种方法将市场信息、生产参数、资金和劳动力信息整合在一起，确定最佳的种植方案。在作物生长期，它会根据各地块的气候变化进行自适应的喷水、施肥和撒药，这使得农业生产更加工厂化和自动化。因此，美国的农业现代化水平持续提高，始终位于世界前沿。

美国农业在其转型发展中，逐渐确立了农业教育、科研和推广“三位一体”的综合发展模式。这一模式助推了美国农业的高速发展，使其长时间保持在世界领先地位。例如，美国大学的农业推广体系是在国家法律的支持下构建的。这些法律规定联邦政府和州政府在预算上必须保障州立大学的农业推广工作持续稳定的进行。因此，大学的农业推广便可以独立于政府的限制，根据农业的实际需求进行，确保其快速和高效。首先，政府的资金拨款是美国大学进行农业科研和推广的主要资金来源。以马里兰州为例，其科研推广资金中，联邦政府提供 15%，州政府提供 45%，而县政府提供 12%。其次，农民和工业协会也是美国大学农业科研和推广的重要投资方，其通常贡献约 20% 的总经费，最高可达到约 40%。以华盛顿州立大学的维纳奇试验站为例，当地工业协会贡献了 40% 的经费。这些资金通常是基于农产品销售额提取的，如 1 吨苹果的销售额中提取 1 美元，1 吨樱桃的销售额中提取 4 美元。而在马里兰州，大豆、玉米、小麦等农产品的推广资金也是基于销售额的某一比例提取的。最后，基金会的投资大约占总经费的 20%，这些经费主要用于农药等农业生产资料的试验。例如，华盛顿大学每年从果树企业得到 350 万美元作为科研和推广资金，其中 20 万美元专用于果树育种。此外，基金会还负责提供用于社会福利活动的资金，如捐款、建设和推广设施，以及组织社会活动等。

美国农业的优势主要得益于政府的财政支持以及农业科技的快速发展。当这一行业获得了充足的资金、先进的技术和优秀的人才时，它便会经历高速而稳定的增长。拜登政府已经通过《关于推动生物技术和生物制造创新以实现可持续、安全、可靠的美国生物经济》的行政命令，明确了推进生物技术和生物制造的策略。为了确保美国农民和生产者在全球的竞争力，美国农业部不断地提供工具、资源和科学研究。例如，2022 年夏季，为了帮助美国农民利用生物技术和生物制造的最新成果，美国农业部通过一个新的项目赠予了 5 亿美元，这笔钱用于支持美国创新及可持续的化肥生产。进一步地，集成种业产业链的现代化种业模式使得像美国这样的国家在国际种业市场中稳居领先地位，并催生了一些如杜邦先锋、孟山都和科迪华等跨国种业巨头。以先锋为例，该公司始建于 1926 年，是全球首家玉米种子公司。1999 年，它被杜邦全资购买，后更名为杜邦先锋。2019 年，杜邦先锋与陶氏农业部门合并，更名为科迪华。在 1998 年，先锋进入中国市场，利用其领先的玉米种子技术，在我国东北玉米主产区设立了铁岭先锋种子研究有限公司，为中国市场进行专门的育种和测试工作。它还与两家合资公司，即登海先锋和敦种先锋合作，进行种子的研发、生产和销售。它培育的“先玉 335”已经成为中国玉米主产区的主流种植品种。先锋公司拥有一座丰富多样的种质资源库，其中包括全球超过 60% 的玉米种质资源，并在全球 100 多个试验站进行资源共享。公司每年至少会将营收的 10% 投入研发育种中。先锋最大的优势在于其深入挖掘的核心种质资源。另外，它在销售渠道和售后服务方面也取得了创新性的成果。它实施了“新品种推广—高标准生产—市场营销—培训与售后服务”的整合策略，着重于长期的发展和品牌建设。先锋通过产品和程序的创新，为农民提供了高附加值的玉米，这也是其取得成功的关键因素。

三　以资源节约和技术密集型为抓手的日本模式

日本农业面临的困境是土地紧缺和农业资源的极度匮乏，这主要由于其人多地少的国情。为了实现农业农村现代化，日本主要依赖技术创新和大量的资本投入，目标是提高有限资源的使用效率。其中，农业的一个显著特点是全盘合作化的土地节约型模式，其通过农协联合分散的农户来形成劳动集约经营。为了促进农业现代化，日本在 1947 年进行了土地改革和农协重组，随后在 1961 年制定了《农业基本法》，政府为此提供了大量的财政支持。到 20 世纪 70 年代初，农业现代化已经取得了显著成果：农业机械化达到了 90%以上，中心化的水利、良种和栽培技术也得到了提高，稻谷的劳动生产率增长了近两倍，使得农户家庭收入与城市居民收入相当。经过半个多世纪的持续努力，日本农业已经实现了现代化。农户的收入已经超越了城市家庭，且农村的基础设施和公共服务与城市相差无几。据 2013 年日本公布的数据，日本农民的年均收入为 756 万日元（约合 49 万元人民币），这甚至超过了公务员和其他许多职业的收入。另外，由于日本农村地形以山地为主，且耕田地块不规整，大型机械使用率相对较低。因此，农业主要依赖小型和微型农业机械。日本农协为农业提供了全面的服务，推动了其快速发展，并因此在农业中起到了不可替代的作用。

日本政府在农林渔业等领域高度重视产学研和生产应用的合作交流。尤其在 2009~2020 年，日本政府发布了多份文件，强调要融合各个领域的知识、观念和技术来取得创新成果。这些文件还突出了加强国际合作的重要性，旨在与农业发达国家深化合作，同时支持发展中国家和地区的农业技术进步。为了促进技术的推广，政府还提出了优化国际开放环境、推动技术专利的转化与推广，并鼓励年轻人投身农业，为农业生产注入新活力。在上述政策推动下，日本农业的出口额逐年增长。2019 年，农业出口额达到了 9121 亿日元，与 2012 年相比增长了一倍。农业生产纯收入从 2014 年的 2.8 万亿日元增长到 2018 年的 3.5 万亿日元。在 2014~2018 年，每年加入农业相关行业的青壮年从业者数量超过了 2.4 万人。日本农协现已成为一家集经济和社会职能于一体的民间团体。它不仅负责组织农业生产、购置生产和生活资料、销售农产品等经济活动，还负责分发政府的补助金给农户或相关团体。同时，日本农协还代表农民向政府行政部门提出建议，确保农民的利益得到维护。

四 以特色精准农业为重心的以色列模式

以色列的农业以高效农业为主要发展模式。全球领先的滴灌技术和灌溉控制系统在以色列得到广泛应用。农业专家结合气象条件、土壤含水量和农作物需求量等因素，运用太阳能驱动的塑料管道进行灌溉，并适时调整含有肥料和药物的水量，对植物的根茎和叶子进行喷洒。与传统灌溉相比，这种技术能节约90%的水资源，节能50%，并且平均增产30%。在技术层面，以色列不仅引入了无人机、机器人和智能传感器等先进技术来实施高投入、高产出的资金密集型节水农业，而且还采取了多种措施来支持和协助农民拓展市场。此外，以色列的农业部、农业研究机构、农业研究开发基金以及其他部门如科技部和教育部都建立了生物技术研究基金。从2000年的约4.32亿美元投资，到2004年生物技术产业的投资已超过10亿美元，增长超过一倍。为了进一步推动农业的现代化，以色列农业部、财政部和创新局联手推进了数字化农产品交易市场的建设。在2020年中期，政府正式发布了这个交易市场，到2021年已在全国全面运营。该平台的大数据将为预测农产品的供需提供可靠的数据支持，帮助提高农产品价格的透明度，确保农产品的质量与价格之间的关联，并为中小企业和农民提供直接的采购渠道。

以色列的精准农业技术与美国相媲美，且具有鲜明的自身特色。首先，以色列拥有先进的自动化温室控制技术。从20世纪70年代起，其温室技术实现了完全的智能化与自动化。每个温室约1000平方米，从播种到收获的全过程都由电脑控制，基本无须人工介入。引入滴灌技术到温室中更进一步提升了花卉、蔬菜等农作物的产量。到2012年为止，尽管以色列的温室花卉种植面积只有约2000平方米，但90%以上的产品都被出口，这意味着在小面积的产出上获得了巨大的经济收益。其次，以色列在节水灌溉技术上有着显著的成就。自20世纪50年代开始，以色列大力推进水利建设，包括将北部的水资源引至沙漠深处，并通过地下水系统与全国联网。滴灌与喷灌成为节水灌溉的主要方法，现已经发展到第七代技术，并在温室、沙漠、绿化带等地区广泛应用。得益于全国范围的地下水网络，建立这些灌溉设施变得相对简单。此外，以色列也是污水处理技术的领导者，所有污水都会经过过滤和杀菌处理后，再用于非食用作物的灌溉。至今，以色列的节水灌溉率已达到90%以上，水资源的利用率则达到了惊人的98%，在全球排名首位。最后，以色列注重育种开发技术和水肥一体化技术的精准化。以色列不断根据市场需求开发高效、环保且能抵御病虫害的农作物种子，新品种的开发减少了农药和化肥的使用。到了20世纪90年代，随着技术的成熟，以色列成功地建立了节水型农业，完全采用了地表滴灌、地下滴灌、喷灌和微喷灌。并且，他们在滴灌管中混入肥料，真正实现了水肥一体化，这一技术基于对土壤质地和作物生长的精确监测。以以色列的耐特菲姆公司为例，其滴灌技术使得墨西哥的玉米产量增加了27%，同时用水量减少了66%。

五　以完善基础设施提升乡村建设的韩国模式

在20世纪70年代，韩国经济迅猛增长，但随之而来的城乡差距也逐渐扩大，使得乡村的发展相对滞后，成为一大问题。为应对这一挑战，韩国政府推出了一系列政策，如农民基本生活条件改善政策、居住环境改善政策以及产业优化布局政策。通过免费提供水泥、钢材等生产资料，成功调动了农民对乡村建设的热情。从财政角度看，1971~1978年，韩国政府在乡村生产性服务业的投入增加了7倍，整体上从中央到地方的财政总投入更是增长了82倍。在1970~1980年，政府的财政总投资高达27571亿韩元，为乡村的建设注入了巨大的资金支持。

为推进乡村的机械化生产，韩国政府将改善乡村道路基础设施放在了首位。通过建设村公路和桥梁，确保了每个村庄都能通车。此外，政府还大力改善了农民的住房、供水和电气化等基础设施，从而极大地提升了乡村的生产服务效率。通过推广动力机械，不仅节约了劳动力，还显著提高了农民的生活质量，成功地改变了韩国乡村基础设施不足的状况。

韩国政府为发挥农协在乡村建设中的作用，对农协进行了调整和完善。从1957年的三级农协机构——中央会、郡农会和单位农协，韩国政府在1981年将其调整为两级农协结构：中央会和单位农协，从而构建了一个更为完善的农民组织体系。农协不仅通过金融服务为农民打通了农业生产渠道，还提供了综合性的金融业务，如信用保证，帮助农民获取必要的农业生产服务信息、经验及信贷，进一步推动农业的现代化进程。

在政策扶持方面，2009年，韩国农林畜产食品部为支持归农归村，制定并推出了“归农归村综合对策”。这个对策主要围绕归农归村扶持体系的构建、线上和线下教育、创业咨询与资金援助以及乡村定居支持等方面展开。到了2013年，韩国农村振兴厅启动了《第一个农村振兴基本计划（2013~2017年）》，其中重点是引导人才和资金流向乡村，并强调乡村现代服务业的培育。2018 年,《第二个农村振兴基本计划（2018~2022 年）》由韩国农业振兴厅发布，其中明确了重视乡村生活性服务的方向。为了达到这一目标，政府投入 810 亿韩元来搭建 31 个相关网络，并每年实施 360 个示范项目。这些努力都旨在推动农业和乡村的现代化，同时保持乡土文化和促进持续发展。

第二节　国内发达地区农业农村现代化的主要探索与经验

近年来，我国浙江、江苏、山东、黑龙江、四川、台湾等地区农业农村现代化发展成效显著，涌现出了一批值得借鉴和推广的经验做法。其中，在乡村建设、人才引进、政策扶持、技术创新等方面积累了丰富的经验，为今后河南推进农业强省建设，助力强农、兴农、助农、富农提供了方向。

一　以机制创新驱动农业农村现代化的浙江模式

为推进农业农村现代化发展，浙江省通过开展“科技、资金进乡村，青年、乡贤回乡村”的行动，促使各类资源要素更多地流向农业和农村，创造了有利的条件。浙江省采取了以下措施来推进农业农村的现代化发展。

一是建立了产学研用协同创新机制，深入一线组织科技人才。通过完善科研院所技术团队与县（市、区）、乡镇（街道）及科技示范基地的联系制度，采用“1 个专家团队+1 个地方服务小组+N 个省级科技引领示范村（镇）”的模式进行推广。为了全面推进创新驱动的农业农村现代化，浙江省落实了超过 70 个农业农村的重大技术协同推广试点项目，并成功建设了 350 余个高品质绿色科技示范基地和 40 余家省级农业科技园区。创新了公益性农技推广服务方式，组织了“希望之光”服务乡村、专家博士生科技服务团进乡村、实用技术对接、科普大讲堂等活动。此外，为了支持科技人员转化科技成果，浙江省采用了专利许可、转让、技术入股等方式，还建立了健全的科研人员校企、院企共建双聘机制，并实施了股权分红等激励措施。选派了各级科技特派员到基层工作，确保充分发挥团队和法人科技特派员的作用。

二是在财政上加大了支农力度，确立农业农村为财政的优先保障领域。

这意味着更大比例的公共财政会投入“三农”相关领域，以确保财政投入与乡村振兴目标相匹配。作为这一策略的一部分，浙江省推进了“大专项+任务清单”改革，并整合了100亿元的资金，设立乡村农技推广服务提升奖补政策。同时，为了更好地支持乡村发展，浙江省制定了《浙江省乡村振兴投资基金管理办法》。根据这一办法，土地整治增减挂钩节余指标交易的收益会优先用于乡村的发展。浙江省还致力于发展普惠金融和绿色金融，增加了对农业农村领域的信贷支持。为了实现这一目标，浙江省政府与中国银行浙江省分公司以及其他两家金融机构签署了战略合作协议，总共签约了8000亿元的授信额度，从而为农业农村的现代化发展提供了有力的金融支持。浙江省还不断完善了以省农业信贷担保公司为主导，涉农担保公司为支持，以及村级互助担保组织为补充的农信担保体系。当前，涉农担保的在保余额已超过百亿元。

三是支持青年参与乡村振兴并回乡发展。首先，通过完善的“青创农场”培养体系，为入驻的青年提供了包括项目管理、技术指导、品牌培育和渠道推广在内的定制化服务。同时，鼓励返乡青年竞聘乡村职业经理人，推动了村庄及其集体经济的发展。其次，为拓宽乡村青年的融资渠道，省内推动了创业担保贷款的增量和扩面。还全面推进了农创客培育计划和“3030”新农人项目。此外，浙江省开展鼓励高校毕业生返乡创业创新活动。2020年，全省已经培育超过2800名青年“农创客”，并有100家被评为省级示范的“青创农场”，其中12名青年被评为全国乡村青年致富带头人。为进一步鼓励青年参与，浙江省政府实施了“青春助力乡村振兴”的专项行动，并创建了共青团助力乡村振兴的重点村。在这一框架下，动员了大量的青年志愿者让他们深入乡村进行植树、治理污染、保护水资源等生态环保实践，致力于创建青年助力的生态环保示范村。同时，浙江省推广了中国美术学院的“千村千生”模式，鼓励大学生参与村庄的规划设计、特色景观制作和人文引导。此外，浙江省还组织了青年在法律、科技、科普和文艺领域的工作者，利用乡村的文化礼堂等场所开展农技服务宣传活动。

二　以人才培养助力农业农村现代化的江苏模式

江苏省在推进农业农村现代化中，以人才建设为抓手，引导更多生产资源要素向农业农村流动，形成了农村一二三产业融合发展的产业体系。

一是依靠科技人才驱动发展。江苏省紧密结合人才、科技和经济，充分发挥科技人才在创新驱动发展中的核心作用，从而在实践中形成了乡村科技人才创新驱动发展的新模式。例如，句容市着重培育农业科技人才和技艺技能人才。通过多种途径，如农民实用技术培训、特色科普知识培训和走出国门的培训等，帮助大量农民掌握增收致富的技能，进而培育了一批科技专家和致富领头人。

二是以农民企业家为农业农村现代化发展的引领者，坚定地支持农业科技企业。为这些企业提供新的品种、技术、工艺和发展模式，从而有效地提高周边农户的农业生产效益。这些农业科技企业在连接农产品供应与市场需求之间起到了桥梁作用，探索出了由农民企业家主导的农业农村现代化的新模式。例如，连云港的西棘荡村在农民企业家的引导下，已从1999年建立的第一个尼龙颗粒加工厂发展到2017年投资1.2亿元建设的西棘荡农民创业园。目前，该村的人均年收入已达到3.01万元。

三是运用“互联网+”思维以及大数据、物联网和人工智能等技术，助力农业智慧型人才的融合。这些技术不仅提高了乡村现代服务业的装备水平，还扩展了基于互联网的农产品营销渠道，并建设了“智慧型”农业的产业链和人才链。例如，泰州市的市供销社主导农村电商平台的建设，与“供销e家”、淘宝、京东等第三方平台合作，使得年均农村电商交易额超过50亿元。

四是依托丰富的农业资源，构建农业科技园区。将涉农高校、科研院所、农业科技创业平台、农业科技企业以及农业科技人才整合到一起，进而打造成为区域内的农业科技产业发展高地。常熟市便是典型的例子，利用农业人才的优势来发展现代农业，形成了一个以国家农业科技园区为核心，以粮食、蔬菜和水产为三大支柱产业的“一核三带多园区”发展模式。在乡村建设方面，江苏省提倡“一村一品”的策略，进而形成各自独特的融合发展模式。具体来看，第一产业发展方面，如南通的顾庄盆景、常州的梅林村草坪以及镇江句容的唐陵村苗木等，它们从最初的农产品出发，逐渐发展成为重要的农业产业。在第二产业方面，常州的殷村以家具制造为核心，逐步建设了包括23家大小民营企业的富民工业园，工业总产值达到15.6亿元，并进一步推动以职教特色小镇为特色的“职教+”复合型产业体系的建设。在第三产业方面，如泰州的小杨村和常州的仙姑村，凭借自己的田园风光和深厚的文化历史，成功地推动了乡村旅游业的发展。

三　以稳定农业产业链实现农业农村现代化的山东模式

近年来，山东省细化实化推进农业农村现代化的重点工作，以高质量发展助推乡村全面振兴，使农业转型升级加快，农村面貌显著改善，农民生活水平大幅提升。

山东省近年来聚焦农业全产业链的高质量发展，实行了以农业产业特色化和产业集群集聚发展为核心的支持策略。在粮油、蔬菜、畜禽、水产、水果等优势产业中，培养了一系列产业链完备、驱动力强、品牌影响力大、利益关联紧密的全产业链主导链条，并坚决推行产业集群的集中发展。遵循“一县一园、一镇一业、一村一品”的方针，山东构建了区域性全产业链的发展平台，使之成为乡村产业发展的增长点。县级被引导以其优势产业为核心，建立省级的现代农业产业园。而乡镇则依据其地域的特色种植养殖业、特有加工业、独特的文旅业，创立了省级农业产业强镇。同时，村级以其传统的手工艺、食品业、小商品加工业等为基础，创建了省级的乡土产业名村。这些措施不仅推动了农业全产业链的高质量发展，还成功地建立了省级、市级和县级的全产业链主导链条。通过培育一系列的农业“链主”企业，山东省的农业产业链的韧性得到了显著的提升。

山东立足于区域资源和产业发展的大格局，推进“好品山东”区域品牌的建设，并引导企业利用区域品牌来促进自主品牌的发展。原先的区域品牌建设仅限于某些特定的产业或领域，现在已扩展到农业、工业、服务业等多个领域。为此，山东构建了一个包括产品、企业、行业、区域和地理标志在内的“4+1”品牌体系，这标志着全国区域品牌建设的新起点。在品牌建设过程中，特别强调了质量、创新、效益和绿色发展等关键指标。通过打造“好品山东”这一区域公共品牌，目的是改变之前的品牌“散、乱、小”和“单打独斗”的现状。这不仅为市场主体和广大消费者提供了一个关于山东区域公共品牌的清晰、明确的认知，还有效地塑造了自主品牌的形象，进一步放大了区域公共品牌的效应，并助力品牌实现高端化、提价和增值。

四 以农机规模化数字化推进农业农村现代化的黑龙江模式

在农机规模化方面，黑龙江是农机装备应用大省，“十四五”期间黑龙江农机化发展的主要任务是建立“两个体系”，即逐步完善农机化政策体系和建立粮食生产高质量机械化评价体系。目前，黑龙江省现代农机合作社数量达到1481个，国家和省委省政府的巨大投入和政策引导，成为黑龙江省农业机械化发展的坚实保障。近10年来，黑龙江省农村农机化投入363.7亿元，是新中国成立到2007年投入总和的2.26倍。黑龙江省总和农业机械化水平达到96.8%，比40年前提高57.9个百分点，高出全国平均水平30个百分点。

在农业数字化方面，随着数字经济的发展，黑龙江省采用数字技术来打通农技推广的“最后一公里”，逐年推进的机械智能化，正在加速智慧农业的新进程。自2013年起，黑龙江省就建立了全国首个省级农机调度管理指挥平台。随着不断的改进、开发和完善，该平台的功能也在不断延伸和拓展，目前已经具备了十大功能板块。通过物联网、大数据、云计算等新一代信息技术的应用，该平台实现了农机作业、精准统计、农机补贴、农机鉴定、农机监理等主要业务的网上办理，从而显著提升了全省农机信息化和智能化管理水平。近年来，北大荒集团以智能化为发展方向，在农机作业中广泛应用了卫星导航技术、卫星平地技术、智能变量喷雾技术、可变量侧深施肥技术、航化作业技术、收割机自动测产技术等。积极推动智慧农场作业试点建设，已经成功建立了六个无人化智慧农业先行示范区。计划到2025年，在卫星导航、智能控制、自动监测、精准变量施肥施药、无人驾驶等十个职能农机技术领域取得突破，实现数字农服平台在农机应用领域的全面覆盖，同时将无人化智慧农业先行示范区扩大到12个。

五 以打造地域特色促进农业农村现代化的四川模式

四川作为农业大省，经过不断的探索与实践，形成了农业观光、农事体验、主题公园、乡村休闲、传统村落、特色村寨等多元化的农业农村现代化发展体系。

一是在实施“旅游+”融合发展战略方面，四川省通过培育农业农村发展新业态，将农业农村现代化发展与新型城镇化、幸福美丽新村、农业产业基地、农村文化、扶贫开发、灾后重建等紧密结合起来。通过整合资源和生产要素，四川在延伸产业链、拓宽产业面、集聚产业群等方面做了很多的努力，从而催生了一批成规模、具有特色的农业农村发展新业态。

二是在优化发展模式方面，四川省通过培育现代农业产业基地，推进农业农村规模化发展，使休闲农业与乡村现代服务业从原本的分散经营模式逐步转向连片化、板块化、集群化的发展模式。例如成都的“五朵金花”、郫都区的农科村、西昌的“乡村八景”、武胜县的白坪—飞龙度假区等地，通过不断提升产业集聚程度，成功实现产业规模化带来的明显效益提升。

三是四川省结合当地特色，着力实现农业农村产品的多样化。各地政府积极引导乡村旅游经营主体，充分发挥独特的自然环境、人文环境和产业资源，遵循“科学规划、合理布局、注重特色、差异发展”的原则，创造了多种类型的农家乐产品，有效减少了相邻地区的同质化竞争。例如，长宁县依托蜀南竹海，在经营中坚持绿色健康理念，发展了健康休闲的养生山庄；洪雅县通过采用不同品种的水稻秧苗栽插，设计出巨幅稻田艺术画，成为备受关注的网红打卡圣地；丹巴县依托丰富的自然景观，以藏族文化为经营特色，推出了具有藏区特色民俗的旅游产品。这些举措都在促进农业农村产品多样化发展方面取得了积极成效。

四是四川省在农业农村现代化发展方面不断创新模式，为推动发展增添了动力。各地基层政府积极引导和鼓励创新，探索适合本地情况的农业农村现代化发展模式。例如，筠连县春风村创新采用“景区管委会+公司+农户”的发展模式，引入了陕西翰阳实业集团，共同打造了国家4A级乡村旅游景区。在此模式下，景区管委会负责统一管理，陕西翰阳国际旅行社负责引入客源，联合打造了“中国云上石漠·花海春风”品牌。这一创新模式促进了当地农户的多元化增收，通过房屋出租、参与公司劳务、自营等方式，为农村经济注入了新的活力。

第三节　国内外农业农村现代化发展类型与特征

通过分析各国及各地区农业农村现代化发展历程和水平，各个国家和地区农业农村现代化因发展基础不同，所走的道路和表现的特点也不同，但也具有一定的规律性和共性。

一　从动因看，有内发型和外援型农业农村现代化两种

内发型农业农村现代化，主要依靠本国、本地区的力量推进农业农村现代化建设，美国、日本、以色列基本属于此类。美国是在本国的工业化影响带动下，实现传统农业、近代农业向现代农业转变的。以色列和日本是科教立国的国家，通过技术创新和精细化方式，改造传统农业，发展现代农业。外援型农业农村现代化，主要是在外部的力量作用和引导下，借助外界的援助，启动农业农村现代化建设，走上农业农村现代化发展之路，韩国基本属于此类型。韩国农业农村现代化启动的基础和力量，主要源自日本和美国。大韩民国成立后，在美国的援助下，韩国进行了土地改革，使地主阶级逐步转变为新兴的工商业资本家，为韩国工业发展与 20 世纪 70 年代开展的新村运动奠定了基础。当然，外援型农业农村现代化，并非任何时候都是在外部的援助和作用下实现的，而是它启动的基础和力量主要来自外界，是在外界的帮助和引导下，实现传统农业改造和现代农业发展的。农业农村实现现代化，关键还要依靠内部的创造力和能量。

二　从起源看，有先发型和后发型农业农村现代化

先发型农业农村现代化，主要发生在欧美。英国、美国等西方国家，工业化起步早，经济、技术发展水平高，20 世纪前半叶，欧美国家借助工业力量武装农业，推行农业机械化、化学化、技术化，加速传统农业改造，最早实现农业农村现代化。后发型农业农村现代化，主要发生在新型工业化国家，如日本、韩国。这些国家和地区，农业农村现代化起步较晚，但发展迅速，在短时期内赶上了欧洲和北美国家的农业农村现代化水平，成为后发型农业农村现代化国家。

三　从资源禀赋看，有资源优势型和资源贫乏型农业农村现代化

资源优势型农业农村现代化发展模式主要代表有美国、加拿大、俄罗斯等国家。这些国家地广人稀、自然资源丰富、经济技术优越，广泛推广应用农业机械和技术，实现农业的快速发展和农村面貌的巨大改变。资源贫乏型农业农村现代化主要代表有日本、韩国和以色列。这些国家人多地

少、农业自然资源稀缺，非常注重资源的利用率和产出率，充分利用先进的科学技术、管理理念和物质装备，发展集约化、精细化、工厂化、设施化、高效化、优质化农业，推动现代农业发展和新农村建设。

四　从技术装备看，有机械技术型、生物技术型、生物机械技术型农业现代化

机械技术型农业现代化主要以美国、德国为代表。这些国家一方面工业化水平较高，物质技术装备农业能力强；另一方面，城市化率高，农业劳动力十分稀缺，劳动成本高，迫切需要而且有条件用机械技术替代农业劳动力。生物技术型以日本、荷兰、以色列等国为代表。这类国家表现为人多、水土资源稀缺，劳动力相对充足，经济实力雄厚，需要而且可以采取高密度的物质投入和生物技术发展农业，提高现代化水平。生物机械技术型农业现代化主要以英国、法国为代表。这类国家具有传统的小农经济结构，人地矛盾并不突出，从而选择了“机械技术+生物技术”的方式发展农业现代化。

五　从基础阶段看，有发达型、成长型和起步型农业农村现代化

各个国家和地区因情况不一，农业农村现代化发展水平也不同，有的国家和地区农业农村现代化已进入成熟阶段，成为发达的农业农村现代化；有的仍然处于成长阶段甚至刚刚起步，属于滞后的农业农村现代化。无论农业现代化还是农村现代化，涉及的方面比较多，有些方面发展快，进入了发达的现代化行列，有些方面现代化水平相距较远，处于滞后的境地。

六　从主观能动性看，有主动型和被动型农业农村现代化

主动型农业农村现代化，意指一个国家或地区顺应或紧跟世界农业农村现代化发展潮流，创造条件、创新机制，积极主动地改造传统农业，发展现代农业，建设新农村。被动型农业农村现代化意指封闭性国家或地区在外界力量迫使下发展现代农业，革新农村面貌，加快现代化进程，走上农业农村现代化之路。

第四节　国内外推进农业农村现代化的经验与启示

当前，在全面实施乡村振兴、建设农业强国的时代背景下，加快农业农村现代化发展是河南面临的重大课题。尽管河南在推进农业农村现代化的具体环境中与国内外发达国家和地区有所差异，但各国家和地区为解决相关问题采取的政策措施，特别是其发展理念和战略方向，对河南农业强省建设具有一定启示。

一　国内外农业农村现代化发展经验

（一）农业农村发展现代化是政府和农民持续追求的目标

农业农村现代化是国家现代化的重要组成部分。无论是发达国家还是发展中国家，无论是农业资源丰富国家、农业生产大国还是农业资源贫乏国家，对农业农村现代化建设均非常重视。即使像欧盟、美国、日本、以色列这些农业现代化水平极高的国家和地区，仍然在广度和深度上持续推进农业和农村进步。美国尽管在 20 世纪 40 年代基本实现农业机械化，60 年代全面实现农业机械化，但对农业机械的开发与应用没有止步，继续朝数字化、多功能化前进；农业虽然实现了机械化，但在良种、生态化等方面继续做出努力，农业农村现代化不断在发展在前进。

（二）政府支持和调控是农业农村现代化的关键

在现代化建设过程中，世界各国基本经历了先工业化后农业现代化、先城镇化后农村现代化的阶段。工业靠农业积累得以发展壮大，然后通过自身的产品和技术装备农业，为农业走上现代化之路提供了支持。可以说，工业化和城镇化既是“三农”问题形成的过程，也是“三农”问题解决的过程。没有工业提供的化肥、机械、电力设备以及各种播种机、插秧机、收割机和运输工具，就无法实现农业的机械化、电气化、水利化和化学化，从而也无法提高农业劳动生产率、土地利用率以及农民人均收入。不论是先发展工业的国家还是后发展工业的国家，农业现代化国家大多都是在工业化基础之上建立起来的。在工业对农业的支持和城市对农村的帮助过程中，政府起到了至关重要的作用。没有政府的有力支持，农业和农村现代化难以取得实质性进展。日本、韩国等国在快速实现工业化和城镇化的过程中，也曾经面临过由于过度剥夺农业而导致农业衰退的问题。但在工业化达到一定水平后，它们分别于 20 世纪 60 年代中期和 70 年代初期采取了反哺和保护农业的政策，使农业得以快速发展壮大起来。没有全面保护农业的政策，日本、韩国的农业不可能在如此短的时间内达到世界先进水平。美国在实现农业现代化后，仍然通过计划、信贷、法律等方面的调控措施来维护农业的基础地位，保障国民经济的协调平衡发展。

（三）生产现代化和经济现代化是其他领域现代化的基础和核心

发展生产，丰衣足食。没有物质财富的保障，任何现代化的建设都会成为无源之水。世界各国无一例外地不以生产现代化、经济现代化为先导和主阵地，以提高劳动生产率和资源产出率为出发点和落脚点。美国、以色列等国的农业现代化是从改善生产条件着手的。日本、韩国等国的农村现代化是以发展经济为切入点。当然，生产现代化、经济现代化并不意味着政治、社会领域也能现代化。在重视生产方面的现代化的同时，要兼顾生活方面的现代化；重视经济现代化的同时，要兼顾社会领域、政治领域的现代化建设，生活方面的现代化对生产现代化，政治、社会现代化对经济现代化发挥着重要的抑促作用。

（四）技术革新是农业农村现代化的不竭动力

科学技术是第一生产力。技术革新是农业农村现代化建设中起决定性作用的主导因素和力量源泉。美国、德国、日本、以色列等国的农业机械化、电气化、化学化、良种化是在技术革新中发展的，农业农村数字化、生态化等也是在技术革新中产生和发展的。后发农业现代化国家和地区，为了赶上先发农业现代化国家和地区，差不多都会引进别国的先进技术、设备、管理方法发展农业农村现代化。与此同时，不断开发关键技术、加大科技创新，创造新的生产要素，培育新的经济增长点和动力源，促进农业农村现代化快速发展。通过技术创新和制度创新驱动农业农村现代化发展，既是后发国家和地区的共同法宝，也是后发现代化国家和地区实现跨越的最佳捷径。

（五）农业农村现代化发展道路没有统一的范式

通观国外农业农村现代化发展模式，每个国家和地区基本上都是从本国、本地区的自然条件、经济社会发展水平出发来选择农业农村现代化发展道路的。后发现代化国家和地区在建设农业农村现代化过程中尽管会参照先发现代化国家和地区的发展方式，但都会根据本国的国情和区情加以取舍，推行符合国情和区情的农业农村现代化发展道路。美国人少地多选择机械技术型农业发展道路，日本、以色列人多地少选择生物技术型农业发展道路。不同国家和地区的现代化有不同的发展模式、发展重点也不同。农业农村现代化发展模式，在一个国家或地区是否适宜，衡量的标准不仅要看农业生产条件是否改善，农业生产效率是否高效，农村经济实力是否壮大，更要看农村社会发展是否和谐，人与环境是否协调。

二　国内外农业农村现代化发展对河南的启示

（一）巩固先进领域，优先发展见效快项目

农业农村现代化各个领域、各个项目的进度不一、难易不一，有的国家和地区先进，发展快难度较小；有的国家和地区滞后，发展缓慢难度颇大。作为工业化程度和经济实力还需进一步提升的河南来讲，与发达省份相比，对资金的需求显得尤为迫切，对资金的使用显得尤为珍贵，应将有限的资金用在刀刃上，提高资金产出效率。因此，在农业农村现代化发展项目和领域支持上，河南要对投入少、见效快、产出大的项目和领域予以优先考虑。过去的几十年，河南农业农村现代化有些领域发展得比较好，走在了全国前列，比如粮食生产方面远远超过沿海发达省市所定的目标值，这方面的现代化建设成就要加以巩固。对资金需求量不大、现阶段发展较为落后但又能较易较快实现现代化目标的领域和项目，比如农民思维观念、农业农村发展运行机制、农业农村经营管理等软件方面的现代化，应当先行发展，快速发展。

（二）发挥比较优势，广泛引进外生力量

农业是基础性产业，粮食是国家经济社会稳定与安全的战略物品，这两者河南都有显著的比较优势，不仅如此，河南原生态环境良好，有利于健康食品生产和旅游休闲产业发展；加上河南自身经济力量还有待提升，用于农业发展、农村建设的资金有限。因此，河南应紧紧依靠和抓住粮食生产优势、农业发展优势、农村山水秀美优势，顺势而为、乘势而上、广引外生力量，发展现代农业，建设现代农村。一要大力争取国家支持。这些年来随着国家对农业农村的重视，支农助农力度越来越大。河南的粮食和农业生产在我国均居于重要的地位，有较充足的理由获取国家支持，因此要通过国家战略项目助推农业农村现代化建设。二要尽力争取发达省市支持。发达省市经济实力强、现代化水平高，许多产业正朝内地转移；河南通过生态建设为发达省市的经济发展和现代化建设作出了不可磨灭的贡献，无论是从项目承接还是从生态补偿而言，河南应争取发达省市的支持，以改变农业农村落后面貌。三是要争取国际支持。目前不少国际组织和发达国家通过各种方式援助世界各地区的发展、支持生态环境和动植物保护，河南有一定的基础和条件，应当积极争取，为农业农村现代化建设添砖加瓦。

（三）增加物质投入，强化作业设施能力

一是要加大公共财政投入，改善农业农村基础设施。农业是基础性产业，在国民经济发展中的地位不言而喻。农业又是弱质性产业，受自然因素影响大，生产周期长、投资风险大，社会资本凝聚力不强，迫切需要公共财政的支持。目前，河南农业生产和农村发展的基础设施还很薄弱，严重制约着农业农村发展升级。因此要加大公共财政投入，通过财政积极支持，吸引社会资金参与高标准农田建设、农村水利建设。以改善农村生产、生活条件为切入点，补齐农村生态环境治理短板，提高农村园林化水平；着力加强农村道路、饮水、电网、通信等基础设施建设，全面提升农村道路等级和各领域现代化水平。

二是要加强农业先进装备，提高农村产业化水平。现代化的一个重要标志是生产资料尤其是生产工具的现代化。生产工具越先进，现代化水平

越高。当今社会，农业农村产业化发展日新月异，农机设施便捷性、功能性日益增强，在减轻农民劳动力负荷，提高农业农村劳动生产率方面发挥着重要作用。因此，要大力增加物质投入，努力改进生产工具，用先进的装备武装农业，用先进的装备助力农村发展。通过加大农机补贴，鼓励农户和农村企业积极购置新的机器，提高农业生产和农村作业机械化水平；要加快农资企业转型升级、创新发展，把发展设施农业作为转变农业经济发展方式与提升农业综合效益的主要手段；通过发展精准农业，优化配置水土、化肥、饲料等资源要素，提高生产资料使用率。要积极发展农用工业，源源不断地生产和提供农业产业及其加工业发展所需的物质原料和装备，加强农业生产及其产品加工生产能力，提高农业农村产业化水平。

（四）转变生产方式，提高产业竞争力

一是要优化产业结构，提高产业层次和产品档次。结构决定功能，功能决定效率。随着生产力的发展和生活方式转变，农业产业发展必须随之而变。就农业产业结构而言，在生产力水平低下，产品供给能力不高的年代，农业产业基本以种植业为主，种植业又以粮食作物为主；在工业完成原始积累，进入快速发展并日益成熟之时，以机械为主要代表的社会生产力显著增强，以营养健康为根本的生活消费方式发生转变，农业产业也将由种植业转向养殖业，由种养业转向加工业。欧美发达国家和我国先进地区，已经实现或正在推进这种转变，河南也要顺应这种转变，跟上时代步伐，增强市场竞争力。通过积极调整农业产业和产品结构，大力发展畜牧业和绿色有机食品。这是河南生产力进步的必然要求，是河南生态优势转化的有力展现。要积极调整农村产业结构，大力发展农副产品加工业，努力引进二、三产业企业，开发利用资源，做大做强农村二、三产业。要积极开发具有地方特色的产品和品牌，通过培育、嫁接、联合、扶持等方式，增强品牌凝聚力和影响力，提升品牌价值。

二是要加强科学技术研究，加速农业农村科技进步。科技创新是第一生产力，是推动农业农村经济不断进步的力量源泉。目前，科技对农业农村发展的比重越来越大。农业发达地区科技贡献率普遍在80%以上。河南农业科技贡献率与国外和国内发达地区相比较低，农业生产及其产品的科技含量不高。今后，河南应努力提升资源产出率，变资源型发展为技术型

发展，注重资源的再生产，提高资源的附加值。要加强科学技术研发，抓好科技园区和科技平台建设，努力提高物质产品和精神产品的技术含量，提高农村资源的投入产出比和资源价值，实现农业农村经济增长和社会进步。

三是要加快产业化发展，提高规模化程度。河南人均占有耕地面积少，农地细碎化现象突出，农业经营表现出较大的分散性，不利于现代农业生产资料的统筹使用，现代生产工具的功能全面发挥，规模效益不高、劳动生产率低。对这种“小而全”的经营方式，要进行一定程度的变革。要加快农村土地制度改革，促进农地流转，大力发展家庭农场，鼓励农地集中连片经营，最大限度地推行规模化经营，创造规模效应。要继续推进农业产业化经营，扭转农业产业链不完善等现象，把产加销各个环节有机联结起来，构成涵盖农业生产全过程的完整产业链，实现农村各类资源的优化配置，实现农村各种产业的协调发展，变低效产业为高效产业。

第五章　河南建设农业强省的总体思路

“强国必先强农，农强方能国强。”建设社会主义现代化强国是如此，建设现代化河南同样如此，没有农业强省就没有现代化河南；没有农业农村现代化，现代化河南也是不全面的。因此，河南需要强化系统观念，整体谋划乡村振兴、农业农村现代化和农业强省建设，把全面推进乡村振兴作为建设农业强省的重要任务，把实现农业现代化作为建设农业强省的基本要求，把实现农村现代化作为建设农业强省的内在要求和必要条件，突出目标导向、问题导向，强化规划引领，注重因地制宜、分类指导、分区施策，在乡村振兴中实现农业强省目标，为实现“两个确保”提供有力支撑。

第一节　主要思路

建设农业强省，既要充分体现国内外一般现代化农业强国或农业强省的共同特征，也要充分体现基于国情省情的中国特色和自身特点，扎实实施乡村振兴战略，一体推进农业农村现代化，加快建设宜居宜业和美乡村，促进农民农村共同富裕，干在实处、走在前列、更加出彩，为实现农业强省视域下的乡村功能愿景、锚定“两个确保”夯实坚实根基。

一　农业强省视域下的乡村功能愿景

乡村是城市建成区以外具有自然、社会、经济特征和生产、生活、生态、文化等多重功能的地域综合体，在农业大省现代化的进程中，广袤乡村的经济价值、生态价值、文化价值不断上升，进而推动乡村功能的优化和乡村地位的提高，促进城乡关系重塑。基于农业大省现代化目标和乡村功能拓展趋势，乡村功能愿景可以归纳为“五大空间”。

（一）高质高效生产空间

解决好吃饭问题，始终是治国理政的头等大事，也是农业农村传统功能之所在，尤其是当前粮食作为战略资源的属性更加突出。在“以我为主、立足国内、确保产能、适度进口、科技支撑”的粮食安全战略下，要确保谷物基本自给、口粮绝对安全，必须充分发挥乡村尤其是农业大省乡村在粮食和重要农产品供给方面的生产功能。当然，城乡居民对食品的消费需求在量的基础上，将更加注重质的需求，社会对中高端、多元化、个性化农产品的消费需求快速增长，这也推动农业发展势必从增产导向转向提质导向，推动乡村成为高质高效生产空间。

（二）宜居宜业生活空间

创造高品质生活，是现代化建设的重要出发点。随着城镇化的持续推进，一方面，部分城市居民在工作模式、生活模式上可能发生“逆城镇化”的转变，特别是一部分城市老龄人口更愿选择乡村田园式康养生活，而另一方面，即便城镇化率达到75%，全国仍有3亿多人生活在乡村，他们也需要更好地共享现代文明成果。同时，随着投入的持续加大，全域覆盖、普惠共享、城乡一体的基础设施服务网络将加快构建，交通运输、农田水利、农村饮水、乡村物流、宽带网络等基础设施建设将持续加强，医疗、教育、卫生等基本公共服务将持续改善，为乡村承载宜业宜居宜游的高品质生活提供有力支撑。

（三）绿色低碳生态空间

良好的生态环境是乡村最大优势和宝贵财富。环境好了，生活才能更好，乡村才能更具吸引力、农业才能更具竞争力。特别是在现代化的背景下，乡村提供生态产品和生态服务的功能将进一步彰显。从需求侧看，城乡居民对生态产品和生态服务的有效需求和支付意愿更加凸显，绿色发展理念更加深入人心；从供给侧看，生态建设和生态补偿力度不断加大，推动绿水青山、田园风光变成“聚宝盆”，打造村美人和、人与自然和谐相处的绿色低碳生态空间。

（四）乡愁乡韵文化空间

文化振兴是铸魂工程，优秀乡村文化既能推动乡村非物质文化和“活态文化”的传承，又能推动乡村文旅产业发展，还能够提振乡村精气神，增强乡村凝聚力，孕育社会好风尚。特别是在城乡飞速变迁的背景下，乡村承载着已然“市民化”群体的田园牧歌梦，突出乡村特色，保护好乡村传统历史，传承乡土文化，打造听乡音、尝乡味、看乡景、住乡居、忆乡愁的特色产业链，既能增强乡村发展活力，又能留住乡愁记忆，使乡村真正成为能寄托乡愁乡韵乡情的文化空间。

（五）创新创业创富空间

现代化的过程，也是城乡资源要素加速双向流动、优化配置的过程，随着乡村基础设施、公共服务的持续完善和提升，加之城市土地等成本的上升、互联网技术渗透和数字化转型的加速，乡村对创新创业要素的吸引力、竞争力逐步增强，以电商、乡村旅游等为代表的乡村新产业、新业态、新模式飞速发展，人回乡、企业回迁的“回归经济”加快兴起，带动人才回归、技术回乡、资金回流的“集合效应”，使乡村成为创新创业创富的重要空间载体，形成创新带创业、创业带就业、就业促增收、致富奔共富的良好局面。

二　农业强省建设主要目标

2022 年 12 月召开的中央农村工作会议提出，要立足国情农情，体现中国特色，建设供给保障强、科技装备强、经营体系强、产业韧性强、竞争能力强的农业强国。2023 年 2 月召开的省委农村工作会议提出建设农业强省的目标任务，即“到 2025 年，农业强省建设取得明显突破；到 2035 年，基本建成农业强省；到本世纪中叶，全面建成农业强省，实现农产品供给保障能力强，农业科技创新能力强，乡村产业竞争能力强，农民收入水平高，农村现代化水平高”。

因此，结合“五强”要求和“三强两高”目标任务，河南建设农业强省，需要重点突出以下几个方面：一是供给保障安全可靠，高标准农田建设持续推进，粮食产能稳定提升，重要农产品供给保障能力显著增强，粮食产业链、价值链、供应链协同发展，保障国家粮食安全贡献更加凸显；二是科技创新自立自强，农业科技整体实力全国领先，农业科技创新平台强、农业科技人才队伍强、农业科技创新主体强、农业科技支撑产业能力强，进入农业科技强省行列；三是设施装备配套完善，智能农机、科技推广体系加快发展，农业科技进步贡献率、主要农作物良种覆盖率、农作物耕种收综合机械化率、农业全产业链数字化持续提升；四是产业链条健全高端，农业产业集群发展，产品品牌效应和竞争优势明显，农产品加工转化率、农产品精深加工占比持续提高，乡村产业竞争力大幅提升；五是资源利用集约高效，化肥、农药减量增效，畜禽粪污综合利用率、高效节水灌溉面积持续提升，资源化利用水平显著提高；六是经营体系更加完善，新型农业经营主体进一步培育壮大，“大而强”“快而新”“专而精”等主体“雁阵”效应彰显，农业社会化服务体系更加健全高效，农户利益联结机制更加紧密，农业产业生态更加优化；七是农民农村共同富裕，农民收入持续稳定增长，城乡收入差距显著缩小，农村居民人均可支配收入达到全国平均水平；八是和美乡村宜居宜业，农村基础设施更加完善，城乡基本公共服务均等化持续推进，乡村基础设施完备度、公共服务便利度、人居环境舒适度持续提升。

三 农业强省建设路径选择

作为后发地区的农业大省，河南统筹城乡的任务更重、难度更大，需要补齐的短板弱项更多，更需要创新思路举措，完善政策举措。

（一）发挥后发优势规避后发劣势

河南在现代化新进程中，基于人多地少的基本省情和农业大省、大国大省经济体实际，在统筹城乡方面面临后发优势与后发劣势并存的局面，一方面，作为后发地区，河南可以充分借鉴先发地区的经验教训，充分利用科技革命、产业变革的机遇和条件，少走弯路、不走错路；另一方面，河南也面临后发地区选择空间收窄的制约，不能继续走先污染后治理的老路，特别是“粮、人、地”的三重约束，成为统筹城乡、推进现代化河南建设的内置前提和先决条件。比如，作为粮食生产大省，河南不仅解决了近亿河南人自己的吃饭问题，而且每年外调600亿斤原粮及其制成品，为保障国家粮食安全、重要农产品有效供给作出了突出贡献，在粮食比较收益偏低、发展机会成本高企的背景下，这既是河南的贡献，也是河南的奉献，更是作为国家粮食生产核心区推进现代化河南建设必须扛稳扛牢的必选任务。因此，河南必须积极探索粮食安全前置型、耕地保护红线和用地供需矛盾硬约束型的城乡融合发展模式，这既是统筹城乡的困难所在，也是探索新路子的“新”意所在。

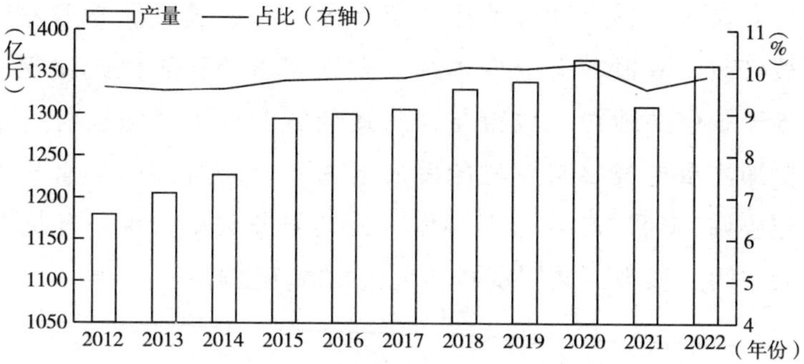

图 5-1　2012~2022 年河南粮食产量及占全国比重情况

（二）放大比较优势塑造发展胜势

河南是粮食生产大省、畜牧大省、经济作物大省、农产品加工大省、农村人力资源大省，农林牧渔业总产值突破万亿元、居全国第 2，农村劳动力转移就业 3182 万人、全国最多，这些都是河南统筹城乡发展的坚实基础和独特优势。特别是当前粮食作为战略资源的属性更加突出，广袤乡村的经济价值、生态价值、文化价值日益凸显，乡村作为消费市场和要素市场的重要作用日益显现。河南广大乡村积蓄着巨大内需潜力，既有基础设施补短板带来的投资需求，又有农村家电、汽车等迭代升级蕴含的消费需求；既有 4200 多万农村人口的巨大改善性需求，又有每年上百万农民工市民化的巨大提升性需求。人才、土地、资本等要素加速在城乡间双向流动，随着人回乡、钱回流、企业回迁的“回归经济”加快兴起，乡村将成为拓展内需的最大空间所在、高质量发展的最大潜力所在，也是基于现代化目标任务、依托发展基础、发挥独特优势、塑造发展胜势的战略重点和难点。

（三）打破路径依赖实现转型赶超

在以往的城乡发展过程中，城市往往被放在中心和主导地位、乡村被放在从属和被动地位，这导致乡村发展肌理被扭曲、多元性被破坏，也导致传统农业产业链短、价值链低、供应链弱。而正在全面起势的现代农业，产业链链条完善、循环畅通、运转高效，能够架起从田间地头直达百姓餐桌的高速通道，农村电商、乡村旅游、休闲康养等新业态新模式也正在全方位大规模向农村渗透，这些使传统资本导向型、城市优先型发展模式的路径依赖被打破，从根本上改变单纯以发展城市转移农民的路径，改变乡村从属服务于城市的地位，城市与乡村逐渐转变成为优势互补、平等交换的地位，更加注重把城镇与乡村的发展视为一个融合共生的有机整体，构筑基础设施协调布局、产业分工协作、公共服务共享、生态环境共治的城乡融合发展空间，实现向共同富裕和现代化的转型赶超。

第二节　基本原则

面对新形势新任务，要抢抓机遇、乘势而上，积极探索具有中国特色、体现河南特点的农业强省建设道路。

一　基础先行，稳粮提质

河南作为国家粮食生产核心区，保障国家粮食安全是农业生产首要目标。一要深入实施藏粮于地、藏粮于技战略，全面落实永久基本农田特殊保护制度，加快推进高标准粮田“百千万”建设工程，积极实施耕地质量保护与提升行动，大力开展高产创建和绿色增产模式攻关，巩固提升粮食产能。加快划定和建设粮食生产功能区和重要农产品生产保护区，完善农业支持保护体系，健全主产区利益补偿机制，调动地方政府重农抓粮和农民务农种粮的积极性。加强农田水利建设，实施农业节水行动，建设一批重大高效节水灌溉工程。二要深化农业供给侧结构性改革，制定和实施质量兴农战略规划，坚持优质化、特色化、品牌化发展，加快推进农业由增产导向转向提质导向。实施优质粮食工程，进一步优化粮食品质结构，在保障基本口粮安全的前提下，为消费者提供多元化的农产品，增强供给结构的适应性和灵活性。大力发展适销对路的优质农产品，大幅度提高优质农产品比重，推动特色农产品优势区创建。三要实施食品安全战略，完善农产品质量和食品安全标准体系，鼓励和引导龙头企业、农民专业合作社、家庭农场等经营主体率先实行标准化生产。推进质量兴农、品牌强农，加强农业投入品和农产品质量安全追溯体系建设，推进农产品质量安全县创建，建立农产品品牌目录制度，培育一批市场竞争力强的农业品牌。

二　产业先导，兴农富农

产业振兴是乡村振兴的基础，推动乡村振兴必须强化产业振兴的先导作用。但推进乡村产业振兴，必须因地制宜、突出特色，与农业供给侧结构性改革和产业扶贫相结合，以具有可持续发展的特色产业作为突破口，选准有可持续性、有市场效益、对环境造成影响小的产业，在量和质上同时下功夫，避免产业雷同、产能过剩。一要实施新型经营主体培育工程。着力培育一批示范家庭农场、示范合作社、重点龙头企业、社会化服务组织、示范农业产业化联合体。比如“公司+家庭农户”“公司+合作社”等模式的运用，结合精准扶贫项目，利用龙头企业的科技技术和管理先进性，培育农民在新产业上的积极性和生产力，形成企业、农民、社会的三赢。二要促进农业产业化联合体发展，实现小农户和现代农业发展有机衔接。一方面可以帮助打通从农业生产向加工、流通、销售、旅游等二、三产业环节连接的路径；另一方面可以通过提升农业产业价值链，完善订单保底收购、二次利润返还、股份分红等利益联结机制，示范带动普通农户共同发展，将其引入现代农业发展轨道。三要积极构建现代农业产业化供销体系，包括完善农产品市场流通网络体系，加强农产品产后分级、包装、营销，打造农产品销售公共服务平台，发展农产品电子商务。四要创造城市消费需求，培育农旅融合新产业新业态。推进“电子商务进万村”，搭建农产品销售平台，把空心村变成“淘宝村”。通过培育农村观光游、休闲游、养老度假、农业体验游等农旅融合新产业新业态，打开城市日益升级的消费需求，促进农业产业链、价值链延伸，推进农旅融合与巩固拓展脱贫攻坚成果相结合，带动农民增收致富。

三　绿色优先，布局优化

推进乡村绿色发展，发掘农业、农村多元功能与价值，打造人与自然和谐共生发展新格局，是生态文明建设深化落实的内在要求，更是新时期对经济和社会发展新动力的深刻反思和挖掘。一要以绿色发展引领生态振兴，统筹山水林田湖草系统治理，加强农村突出环境问题综合治理，建立市场化多元化生态补偿机制，增加农业生态产品和服务供给，实现百姓富、生态美的统一。二要深入实施绿色农业和农产品品牌化发展战略，依托农产品产供销产业链的建设，推广无公害、绿色、有机农产品品牌和标识及农产品地理标志，有助于加快绿色农业的标准化、透明化、规范化管理，倒逼农业生产主体参与绿色化、产业化经营，推广绿色农业、普及绿色理念，并提升对绿色农产品的社会认知，扩大市场需求。三要着力构建农业农村绿色发展体系，优化生产布局。以主体功能区规划为依据，推进乡村多功能性建设和专业化发展，对乡村进行分类，明确未来发展目标定位，宜农则农、宜退则退、宜居则居，在资源匮乏、生态脆弱、环境污染严重地区，加快开展退耕休耕轮作，减少低效产能、有害产能、过剩产能，形成水土资源、环境承载和农业生产、农民生活协调配合的空间格局。

四　开放带动，创新驱动

改革开放是决定当代中国命运的关键一招，创新是引领发展的第一动力，推进乡村振兴，必须强化开放带动、创新驱动。一要积极构建河南农业对外开放新格局。建立健全农业对外开放合作机制，加强合作交流平台建设。研究出台河南农业“走出去”的支持政策，鼓励各地加强与“一带一路”沿线国家和地区在农业投融资、农产品贸易、农业技术创新等领域开展合作。完善农业招商引资项目可行性研究评估制度，建立农业境外投资预警机制，强化农业投资风险管控。二要提升农业对外开放水平。实施特色优势农产品出口提升行动，为涉农企业产品出口提供便捷化服务，积极开展品牌农产品宣传推介，扩大高附加值农产品出口。培育具有国际竞争力的大粮商和农业企业集团，支持涉农企业在育种、加工、物流、仓储等领域开展对外投资，提高农业合作层次和效益。积极引进、消化、吸收国外先进农业技术和生产经验。三要深化农业农村创新及推广应用。积极创新农业科技研发推广体制机制，依托国家大数据综合试验区、郑洛新国家自主创新示范区等重大国家战略平台，深化农业科技创新引领行动，建立产学研融合的农业科技创新联盟，加强农业绿色生态、提质增效技术研发应用。实施优势牲畜和农作物种业创新工程。推进农业生产全程机械化试点示范，建设一批农业生产全程机械化示范县。大力发展数字农业、智慧农业，推进农业智能生产和智慧经营相结合。加快建设“河南农业智库”，全面落实乡村振兴人才培育实施方案。

五　文化引领，善治善成

乡村振兴，文化为魂，治理有效是基础。一要加强农村公共文化建设。高度重视农村义务教育，办好学前教育、普及高中阶段教育，推动农村义务教育均衡优质发展，改善贫困地区办学条件。加快完善文化基础设施，打造基层综合性文化服务中心，开展文化下乡、文化惠民活动，提高农村文化供给总量和质量，丰富农民精神文化生活。鼓励创作反映新时代乡村振兴实践的优秀文艺作品。二要加强乡风文明建设。深入实施公民道德建设工程，推进思想道德教育进村入户，深化农村精神文明建设。开展诚信农户创建活动，普及诚信理念、规则意识、契约精神。传承提升农村优秀传统文化，推进历史文化名镇名村和传统村落保护利用，打造富有地方特色的文化品牌。全面推进农村移风易俗行动，广泛开展“文明村镇”“文明家庭”等创建活动，培育文明乡风、良好家风、淳朴民风，不断提高乡村社会文明程度。三要加强乡村治理。坚持自治、法治、德治相结合，夯实农村基层基础，推进乡村治理能力现代化。强化农村基层党组织在乡村治理体系中的领导核心作用，实施农村带头人队伍整体优化提升行动。加强农村群众性自治组织建设，推行村级事务阳光工程，保障农民知情权、参与权、表达权、监督权。加强农村法治建设，大力推进“雪亮工程”，深入开展民主法治示范村创建活动。提高乡村德治水平，建立道德激励约束机制，引导农民自我管理、自我教育、自我提高。

六　深化改革，城乡融合

振兴乡村推动城乡融合是具有中国特色的发展路径。重塑城乡关系，推动城乡融合发展是乡村振兴的重中之重。城乡融合是要在保持乡村独立性、差异化前提下融合发展，充分发挥乡村的比较优势。因此，配套的城乡关系改革也势在必行。一要建立城乡要素双向流动的机制。通过创新机制体制，促进城乡资源要素双向流动、融合发展，更多地吸引城市的资源、资产、资金等要素向农村流动，建立城乡发展的共享机制。二要推动城市基础设施向乡村延伸，加强农村基础设施建设并完善公共服务。三要以特色小镇、田园综合体为载体，加快乡村振兴进程。把乡村优美环境、人文风俗、历史文化、特色资源等在空间上进行集中和集聚，推动特色产业发展，打造独具特色的小镇和田园综合体可以承载产业与人口，吸引城市资源要素的流入，承接城市消费的外溢，把小镇融合到乡村中，符合当前中央有关特色小镇发展理念，也从根本上增强了乡村的内生发展能力。四要借助城乡人口流动趋势，盘活乡村闲置建设用地。通过拆旧复垦盘活农村旧住宅、废弃宅基地、空心村等闲置建设用地，推行复垦指标跨省域交易，既破解城镇发展新增用地不足难题，又减少农村闲置、低效建设用地，增加农民收入，助力乡村振兴。

第三节　工作布局

统筹农业强省建设的总要求和各项目标任务，结合河南实际，推进农业强省建设需要围绕“三基、三业、四发展、四保障”，突出抓好关键环节。

一　夯实“三基”：基础设施、基本公共服务、基层治理

一是推动农业农村基础设施提档升级，加快推进高标准粮田建设，巩固提升农业综合生产能力，加快完善农村水、电、路、气、信息、物流、环保等设施，推动城乡基础设施互联互通，推进农村生活垃圾、生活污水治理、“厕所革命”，建设农民幸福美好家园。二是提升农村基本公共服务水平，推动城乡社会事业和社会保障一体化，加快建立以科技、教育、文化、卫生、社保、体育等为主要内容的公共服务体系，逐步实现城乡公共服务均等化。三是推动基层乡村治理能力和治理体系现代化，加强基层组织建设，健全乡村治理机制，创新基层管理体制，推进城乡社会治理一体化。

二 激活“三业”：产业、就业、创业

一是着力推动乡村产业振兴，加快构建现代农业产业体系、生产体系、经营体系，提高农业创新力、竞争力、全要素生产率，提高农业质量、效益、整体素质。二是着力推动农民就业，健全覆盖城乡的公共就业服务体系，大力开展职业技能培训，促进农民工多渠道转移就业，提高就业质量。三是着力推动农村创新创业，扶持农村新产业、新业态、新模式发展，积极引导新乡贤、农民工、大学生等回乡创业，激发农业农村内部活力和创造力。

三 推动“四发展”：优先发展、融合发展、绿色发展、创新发展

一是着力推进农业农村优先发展，做到干部配备优先考虑、要素配置优先满足、公共财政投入优先保障、公共服务优先安排，尤其是在资金投入、土地使用规划、金融创新等方面，坚持发展优先规划、项目优先布局、措施优先整合、政策优先落实。二是着力推进城乡融合发展，深化农业农村融合，将农业和农村作为整体考虑，统筹推进农业农村现代化；深化农村一二三产业融合，构建产业链条完整、功能多样、业态丰富、利益联结紧密、产城融合更加协调的发展新格局；深化城乡融合，坚持乡村振兴与新型城镇化相结合，通过资源要素融合、产业空间重构、基础设施提档升级、公共服务普惠共享，重塑新型城乡关系。三是着力推进绿色发展，优化生产布局，加大农业农村生态环境保护力度，加强农村突出环境问题综合治理，构建乡村绿色发展体系。四是着力推进创新发展，大力推进科技创新、产业业态创新、发展模式创新、乡村治理创新、农业农村支持体系创新等，在深化城乡改革联动互促中推进农村土地制度改革和农村集体产权制度改革，建立健全城乡融合发展体制机制和政策体系。

四 筑牢“四保障”：人、地、钱、文四要素

一是着力推动乡村人才振兴，加快培育新型农业经营主体，打造一支强大的乡村振兴人才队伍和“三农”工作队伍，激励新乡贤等各类人才在农村广阔天地大施所能、大展才华、大显身手。二是着力探索乡村振兴的

用地保障机制，深化农村土地制度改革，完善农业设施用地管理政策，优化城乡建设用地和乡村建设用地布局，探索盘活农村闲置宅基地和闲置农房的有效途径，用足用活新增耕地指标和城乡建设用地增减挂钩节余指标跨省域调节机制。三是着力强化投入保障，改革财政支农投入机制，加快农村金融创新，鼓励和引导社会资本参与乡村振兴，激发农民投资积极性。四是着力推动乡村文化振兴，突出乡村特色，传承乡土文化、留住乡愁记忆，大力培育文明乡风、良好家风、淳朴民风。

第四节　战略要领

立足新形势、新需求，建设现代农业强省，既要跳出“三农”看“三农”，又要聚焦“三农”抓“三农”，加快推进以人为核心的新型城镇化，深入实施乡村振兴战略，多措并举、同向发力，筑牢实现“两个确保”、促进共同富裕和现代化的基本盘，推动干在实处、奋勇争先、走在前列、更加出彩。

一　锚定一个目标

河南要在乡村振兴中实现农业强省目标，即保证农产品供给保障能力强、农业科技创新能力强、乡村产业竞争能力强、农民收入水平高、农村现代化水平高。为此，河南需要准确把握发展趋势，科学审视农业的作用、乡村的价值，把城乡融合发展、乡村振兴、农业农村现代化、农业强省等有机统一于新时代新征程“三农”工作全过程，全方位夯实粮食安全根基，推动乡村全面振兴，加快建设宜居宜业和美乡村，走出一条具有河南特色的统筹城乡、共同富裕新路子。

二　强化双轮驱动

用好科技这一利器和改革关键一招，协同推进科技创新和制度创新，激发统筹城乡的动力活力。加快推进种业振兴、农机装备创新和农业科技创新体系重塑重构，打造种业强省、农机装备制造强省、国家现代农业科技创新高地，打造专业化、职业化、现代化农业从业者队伍，提升农业创新体系整体效能，持续塑造现代农业新动能新优势。着力深化农业农村改革，统筹推进农村土地制度改革、农村金融改革、集体林权制度改革等，积极发展新型农村集体经济，培育壮大新型农业经营主体，健全城乡融合发展体制机制和政策体系，以机制创新、制度变革赋能城乡深度融合。

三　坚守三条底线

一是坚守保障国家粮食安全底线，树立大食物观，抓好耕地和种子两个要害，健全农民种粮挣钱得利、地方抓粮担责尽义的机制保障，守牢耕地红线，加强高标准农田建设，构建多元化食物供给体系。二是坚守不发生规模性返贫底线，巩固拓展脱贫攻坚成果，强化防止返贫监测帮扶机制的预警响应作用，推动帮扶政策落实，消除返贫致贫风险隐患，着眼过渡期后的政策衔接并轨，建立健全农村低收入人口和欠发达地区常态化帮扶机制，增强脱贫地区和脱贫群众内生发展能力。三是坚守农民利益不受损底线，完善联农带农机制，注重把产业增值收益更多留给农民，坚持土地公有制性质不改变，确保农民利益不受损。

四　突出四个抓手

一是基础建设，加强农业基础设施和农村公共服务设施建设，尤其是乡村产业基础设施建设，提升仓储烘干、冷链保鲜、现代物流、农机装备、加工装备、信息技术水平，大力发展设施农业。二是业态创新，持续推动高效种养业和绿色食品业转型升级，加快发展预制菜、休闲食品、特色功能食品，积极培育“互联网+”“旅游+”“生态+”等新产业新业态，促进农业与旅游、文化、康养、体育等深度融合。三是绿色发展，实施绿色低碳转型战略，坚持绿色生产、绿色技术、绿色生活、绿色制度一体推进，发展绿色低碳农业，加快发展种养有机结合的循环农业，推进农业绿色发展先行区建设，加强农业面源污染治理，推进农业生产废弃物资源化利用，推广乡村绿色建筑、绿色消费等，促进农业农村绿色发展。四是数字乡村，加快推进农业信息化和数字乡村建设，大力发展智慧农业和农村电子商务，加快推进农产品流通现代化，让农产品卖得出、卖得好。促进信息化与乡村治理深度融合，提升乡村治理智能化、精细化、专业化水平。

五　处理五个关系

一是政府与市场的关系。统筹城乡的一个重要方面就是畅通城乡要素流动，这就要求必须树立市场导向，遵循市场规律，充分发挥市场决定性作用，破除妨碍城乡要素平等交换、双向流动的制度壁垒，促进发展要素、各类服务更多下乡，尤其是要率先在县域内破除城乡二元结构。同时，农业农村的基础性地位和滞后性现状，也决定了必须更好发挥有为政府的作用，推动农业农村优先发展。二是农业与农村的关系。统筹城乡不仅要发展乡村产业，更要补上农村发展短板，需要一体推进农业现代化和农村现代化，持续提高村庄规划布局合理度、基础设施完备度、公共服务便利度、人居环境舒适度，实现乡村由表及里、形神兼备的全面提升。三是城市与乡村的关系。顺应农业转移人口市民化、返乡创业热潮涌动的趋势，强化城乡融合、产业融合、产村融合、镇村融合、数实融合等，构建工农互促、城乡互补、协调发展、共同繁荣的新型工农城乡关系。尤其要以县域为重要切入点，逐步在县域内打破城乡界限，推动农民在工农之间自主选择、自由转换，在城乡之间双向流动、进退有据，把县域打造成连接工农、融合城乡的重要纽带。四是塑形与铸魂的关系。统筹城乡加强乡村建设，不仅要见物见硬件，在基础设施、村容村貌等方面“塑形”提“颜值”，逐步让农村基本具备现代生活条件，而且要见人见“软件”，在公共服务、乡风文明、乡村治理等方面“铸魂”提“气质”。五是历史主动与战略定力的关系。统筹城乡是一项长期而艰巨的历史任务，既要强化历史主动，尽力而为、锲而不舍，有力有序有效推进，多做打基础、利长远的事情，又要保持战略定力，保持足够历史耐心，量力而行、循序渐进、稳扎稳打。

第六章　扛稳粮食安全重任

民以食为天，国无粮则乱。党的十八大以来，党中央高度重视粮食生产和粮食安全问题，提出了“谷物基本自给、口粮绝对安全”的新粮食安全观，确立了“以我为主、立足国内、确保产能、适度进口、科技支撑”的国家粮食安全战略。习近平总书记就保障国家粮食安全也作出了一系列重要论述，如“解决好吃饭问题始终是治国理政的头等大事”“中国人的饭碗任何时候都要牢牢端在自己手中”等，为探索中国特色粮食安全之路提供了根本遵循、指明了正确方向。作为全国重要的粮食生产核心区，河南素有“国人粮仓”的美誉，粮食生产既是河南的王牌优势，又是河南必须担起的如山之责。近年来，河南始终把保障国家粮食安全作为重大政治责任放在心上、扛在肩上、落在干上，努力让中国碗里盛更多优质河南粮，为保障我国粮食安全发挥了重要作用。新时期新征程，面对复杂严峻的形势，河南将持续打好粮食生产这张王牌，发挥好粮食生产在农业强省建设中的“压舱石”作用，进一步以新担当新作为更好扛稳扛牢粮食安全重任。

第一节　新时期粮食安全的内涵拓展与战略要义

粮食安全是一个动态发展的概念，新时期粮食安全的内涵不断充实和丰富，是粮食供需状况变化、人们生活水平提高和社会经济发展的必然选择和要求。粮食安全关乎国计民生，特别是在百年未有之大变局、气候变化交织叠加的背景下，牢记国之大者、扛稳扛牢粮食安全重任，具有深远的战略意义。只有农业强起来，粮食安全有完全保障，稳大局、应变局、开新局才有充足底气和战略主动。

一 新时期粮食安全的内涵拓展

国内所说的粮食安全，在国外一般指的都是食物安全。粮食是中国特有的概念，国际上只有食物和谷物的概念，其中食物的概念和内涵最丰富，包括粮食、蔬菜、水果、油料、肉、蛋、奶、糖等所有可供食用的农产品和食品[①]。联合国粮农组织定义的谷物概念与国内的粮食概念类似，包括稻谷类、麦类、粗粮类以及补充主食用的薯类和豆类。在国内，粮食包括谷类、薯类和豆类，不同的是，在我国属于粮食范畴的大豆在国外被界定为油料。

（一）粮食安全内涵的演变

联合国粮农组织在 1974 年召开的世界粮食大会上首次提出“Food Security”的概念，即“保证任何人在任何时候都能够得到为了生存和健康所需要的食物”，同时提到，一个国家的粮食储备要相当于当年粮食消费量的 17%～18%，这被视为是粮食安全线，其中 12%～13%为粮食储备警戒线[②]。之后，粮食安全（食物安全）的内涵不断拓展。1983 年联合国粮农组织提出粮食安全的目标是“确保所有人在任何时候既能买得到又能买得起所需要的基本食品”；1996 年召开的世界粮食峰会进一步提出，“所有人在任何时候都能够在物质上和经济上获得足够、安全和富有营养的食物，来满足其积极和健康生活的膳食需要和食物选择”，可见，粮食安全的概念开始关注营养、安全和消费者偏好等，从对基本生活的保障提升到了对生活品质的追求。

在我国，传统的粮食安全是以单纯追求总量增长或以解决温饱为中心的粮食保障模式，主要关注粮食数量供给、储备安全及可获得性，几乎不考虑粮食质量和经济效益。传统的粮食安全战略让我国“吃不饱”的问题彻底成为历史，但是随着粮食连年丰收、居民收入水平持续提高和消费结构不断转型，传统粮食安全的概念已经难以适应国家和个体层面对粮食的需求和变化。尤其是在建设农业强国的战略背景下，构建营养、绿色、多

① 张云华：《读懂中国农业》，上海远东出版社，2015。

② 这里的粮食指的是谷物。

元、开放的新时代粮食安全观势在必行，需要从多维度、多层次、全产业、全方位解读粮食安全的新内涵。

（二）新时期粮食安全内涵及拓展

新时期粮食安全不仅包括粮食数量安全，也包括粮食质量和粮食产业的安全，要产得出、供得上、调得动，涉及粮食生产、流通、消费等整个粮食系统的可持续性，其保障对象、责任主体、目标和范围也在不断升级，其中，粮食安全的保障对象从确保宏观粮食安全向兼顾微观个体需求转变，粮食安全的责任主体从“压产区”到“一盘棋”转变，粮食安全的保障目标从“促产出”向“强产能”、从“重数量”向“提质量”转变，粮食安全保障范围从“顾全面”向“保重点”、从传统的“口粮观”向“大食物观”转变。

具体来讲，新时期粮食安全内涵有以下几个要点：一是粮食数量安全。要求数量充足、粮源稳定，让每个人尤其是低收入群体不管什么时候都能吃得饱，这是粮食安全最基本的内涵。新时期粮食安全不再单纯强调产出，但不是不需要数量，相反只有数量得到保障，才有空间和能力去提升粮食品质。当然，也不是所有的粮食品种都要保，而是遵循“谷物基本自给、口粮绝对安全”的要求。二是粮食质量安全。要求绿色优质，就是在保持粮食产能稳定的基础上，坚持节约高效、绿色低碳的粮食生产、流通和消费模式，增加更多高品质粮食产品供给，让人们不仅吃得饱，还要吃得好、吃得营养、吃得健康。三是粮食产业安全。粮食产业是涉及生产、收购、储备、物流、加工、销售、消费等多个方面、多个环节的系统工程。虽然我国主要粮食种类的产量完全可以实现自给自足，但并不意味着我国的粮食竞争力就强。新时期保障粮食安全不仅要抓好生产，还要坚持“产购储加销”全链条系统思维，实现产需对接、适度加工、绿色收储、高效流通、健康消费，提高产业链的竞争力和韧性，在更高水平上保障国家粮食安全。因此，保障粮食产业安全是从更深的层次来把握粮食安全内涵。四是树立“大食物观”。“大食物观”是顺应人民群众膳食结构变化趋势和对美好生活的追求，在保障粮食稳定供给的同时，多渠道、多途径保障肉蛋奶蔬果等各类食物有效供给的观念。因此，“大食物观”与国际上粮食安全的概念更为一致，是从更广的维度上来把握粮食安全。

二 新时期粮食安全的战略要义

仓廪实，天下安。作为国之大者、民之要者，粮食安全是稳住国内发展基本盘、切实保障和改善民生的重要支撑，是经济社会稳定发展的“压舱石”，也是建设农业强国的首要任务。在各种矛盾风险的易发和多发时期，保障粮食的稳定安全供给，具有更为重要的战略意义和现实意义。

（一）粮食安全是保障国家安全的重要基石

洪范八政，食为政首。粮食事关国运民生，与社会的和谐、政治的稳定、经济的持续发展息息相关。古往今来，粮食安全都是治国安邦的头等大事，是经济社会发展的“定海神针”，只有掌握粮食安全主动权，才能掌控经济社会发展这个大局。新时期粮食安全与能源安全、金融安全一起并称为三大经济安全，是国家不可替代、不可逾越、不可轻视的生命线。保障国家粮食安全是实现经济发展、社会稳定、国家安全的重要基础，这不只是经济问题，更是政治问题。只有有能力解决自己吃饭问题的国家，才能成为这个世界上真正强大的、没有软肋的国家。中国是世界上最大的粮食生产国和消费国，14 亿多的人口规模超过现有发达国家人口总和，人多地少是我国的基本国情农情，如果粮食方面出了问题，一切都无从谈起。正因如此，中国也被称为是全球粮食安全的关键“稳定器”，中国粮食生产的稳健增长已成为全球粮食安全的基石。倘若粮食受制于人，必然被别人牵着鼻子走，靠别人解决吃饭问题，是靠不住的。因为一有风吹草动，粮食出口大国就会缩减甚至停止对外出口。随着全球性粮食危机正在逼近，越来越多的国家开始转向粮食贸易保护主义。因此，尽管“适度进口”可以弥补国内资源短缺、缓解资源环境压力、优化粮食供给结构，但要确保国家粮食安全，实现粮食供需平衡，必须坚持“以我为主、立足国内”，将粮食安全纳入国家安全大局，把饭碗牢牢端在自己手里，以新安全格局保障新发展格局，确保经济社会发展行稳致远。

（二）粮食安全是建设农业强国的首要任务

建设农业强国需要基于我国国情农情、体现中国特色，而确保粮食安全是中国特色的具体体现。农业强国的核心要义是能够依靠自身力量解决吃饭问题，实现粮食等主要农产品供给保障安全可靠。2022 年中央农村工作会议提出，保障粮食和重要农产品稳定安全供给始终是建设农业强国的头等大事，再次彰显了粮食安全的极端重要性。从目标导向看，农业强国表现为“五个强”，其中供给保障强，主要就是指粮食安全保障能力强，这是农业强国建设的首要目标和底线任务，也是建设中国特色农业强国的基础性评判标准①。无论现代农业的范围如何拓展、功能如何强化，粮食生产的地位和作用都不会改变，始终是建设农业强国的基础和核心。高水平可持续的粮食安全保障体系，不仅可以为食者造福，让城乡居民吃得安全、吃得健康，也可以为耕者谋利，增加种粮农民收入，还可以为业者护航，促进粮食产业转型升级、提质增效，不断增强人民群众的获得感、幸福感、安全感。可见，立足加快建设农业强国的新要求与新任务，如何更好地保障粮食安全是首要课题，决定着我国农业强国建设的基础的牢固。

（三）粮食安全是应对风险挑战的坚实支撑

手中有粮，心中不慌。过去几年我国粮食供给保障体系经受住了新冠疫情带来的巨大考验，有效化解了潜在的粮食危机。越是面对风险挑战，越要稳住农业，越要确保粮食和重要副食品安全。因为一旦在突发事件中发生粮食生产及供给危机，会放大事件负面效应，而且易引发次生危机，加剧社会不稳定性。粮食安全的逻辑就在于以确定性应对不确定性，是一个国家应对风险挑战的先手棋，是其他一切应对举措的基础。当前，世界进入新的动荡变革期，局部冲突、严重贸易摩擦、公共卫生事件、区域性环境污染事故等日益呈多发重发态势，我国发展的外部环境更趋严峻，需要应对的风险挑战、需要解决的矛盾和问题比以往更加错综复杂。从国内看，改革发展稳定的任务艰巨繁重，发展不平衡不充分问题仍然突出，后疫情时代经济下行压力进一步加大。只有确保粮食安全，才能为保供给、稳物价、稳预期、增信心提供有力支撑，为有效应对国内外风险挑战增添充足的底气，从而经受住风高浪急甚至惊涛骇浪的重大考验。

① 薛洲、高强：《从农业大国迈向农业强国：挑战、动力与策略》，《南京农业大学学报》（社会科学版）2023 年第 1 期。

第二节　新时期河南扛稳粮食安全重任的现状分析

习近平总书记对河南农业特别是粮食生产高度重视，党的十八大以来，习近平总书记先后5次到河南视察、多次参加河南代表团审议，指出粮食生产这个优势、这张王牌任何时候都不能丢；要坚持农业科技自立自强，从培育好种子做起；要牢牢抓住粮食这个核心竞争力，深入推进优质粮食工程，在乡村振兴中实现农业强省目标。这些重要指示鼓舞和激励着中原人民多种粮、种好粮。河南牢记嘱托，把粮食生产摆在重中之重的位置，围绕打造全国重要粮食生产核心区，不断推进粮食生产大省向粮食产业强省转变，“国人粮仓”“国人厨房”“世人餐桌”的地位不断提升。

一　粮食产量和质量实现双提升

近年来，河南粮食生产从单纯追求数量转变为着力提升单产、质量和效益并重的发展方式，粮食生产优势进一步彰显，实现了量增质升，让中国碗装上了更多优质“河南粮”。

（一）粮食产量高基点上增长

河南粮食产量于2013年、2017年先后迈上1200亿斤、1300亿斤两个新台阶，并在2020年实现高基点上的新突破，达到1365.16亿斤。2021年，尽管全省粮食总产量受特大洪涝灾害影响，较上年有所减少，但仍超1300亿斤。2022年，河南粮食总产量达到1357.87亿斤，比上年增产49.03亿斤，其中，夏粮生产再创新高达到762.61亿斤，秋粮产量595.26亿斤（见图6-1），比上年恢复性增加47亿斤，增长8.6%。河南粮食总产量连续6年稳定在1300亿斤以上，并再次迈上1350亿斤台阶，充分发挥了中原粮仓的“压舱石”和“稳定器”作用。

（二）粮食播种面积稳中有增

播种面积稳中有增，奠定了粮食丰产基础。2012~2022年，全省粮食作物播种面积从15651.84万亩增加到16167.52万亩，增加515.68万亩，年

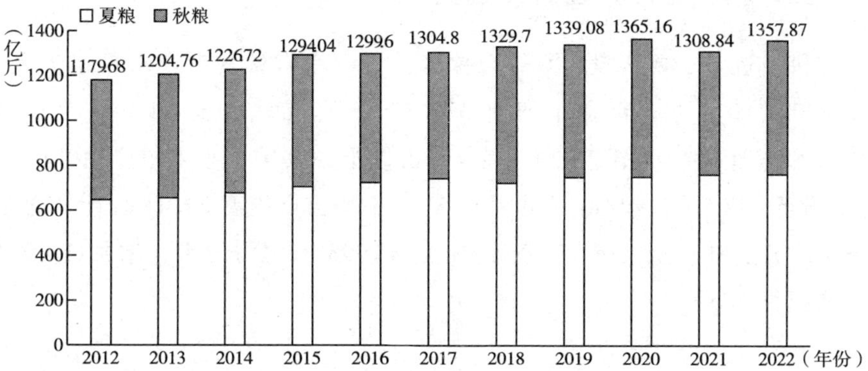

图 6-1　2012~2022 年河南省粮食产量情况

资料来源：《河南统计年鉴 2022》《2022 年河南省国民经济和社会发展统计公报》。

均增加 51.57 万亩（见图 6-2），并自 2013 年开始连续 10 年稳定在 1.6 亿亩以上，粮食作物播种面积位居全国第二，仅次于黑龙江省；小麦播种面积从 8203.2 万亩增加到 8523.68 万亩，增加 320.48 万亩，增幅为 4%，2016 年以来小麦播种面积稳定在 8500 万亩，位居全国第一；玉米播种面积从 5347 万亩到 5786.28 万亩，增加 439.28 万亩，增幅为 8.2%。

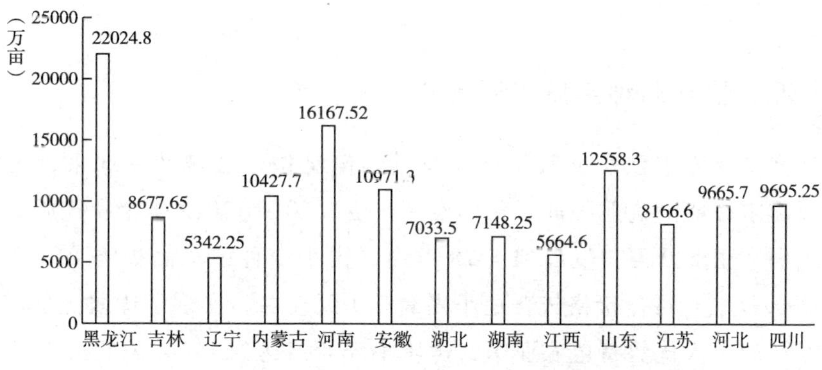

图 6-2　2022 年 13 个粮食主产区粮食播种面积

资料来源：国家统计局网站。

（三）粮食亩均产出持续高企

在科技进步、要素投入等综合保障下，河南省粮食单产水平稳步提升，2012~2022 年，全省粮食单产由 376.85 公斤/亩增加至 419.94 公斤/亩，2018 年以来连续 5 年稳定在 400 公斤/亩以上，其中，小麦单产由 392.9 公斤/亩增至 447.31 公斤/亩（见图 6-3），平均亩产提高 54.41 公斤，增幅为 13.8%；玉米单产从 376.17 公斤/亩增至 393.18 公斤/亩，增加 17 公斤/亩，增幅为 4.5%。

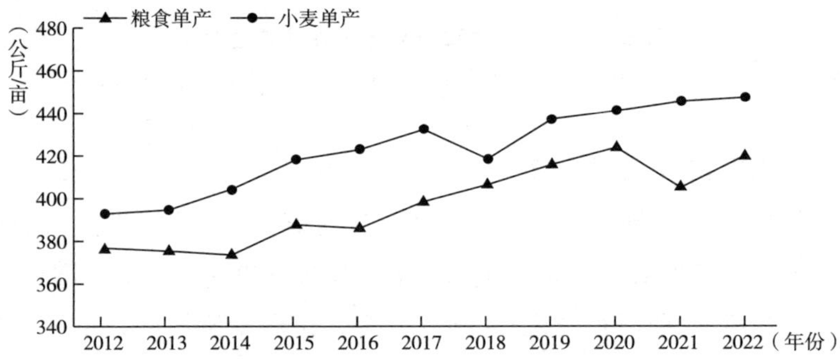

图 6-3　2012~2022 年河南省粮食单产和小麦单产情况

资料来源：《河南统计年鉴 2022》《2022 年河南省国民经济和社会发展统计公报》。

（四）粮食品种品质不断优化

河南把保障粮食安全和深化农业供给侧结构性改革统一起来，大力发展市场需求旺盛的优质强筋、弱筋专用小麦，2016~2022 年全省优质专用小麦播种面积由 600 万亩发展到 1628 万亩，占小麦种植总面积的 19%，订单率在 90%以上，每斤价格较普通小麦高 0.1 元左右，实现了优质优价。2022 年，在河南十大优势特色农业中，优质小麦产值达到 1164.10 亿元，约比上年增加 221 亿元（见图 6-4）。

（五）河南粮食生产优势明显

一是谷物占比大。全省谷物产量在 1300 亿斤以上，占粮食总产量的 97%，比全国占比高 4 个百分点。二是口粮占比大。2021 年全省小麦、水

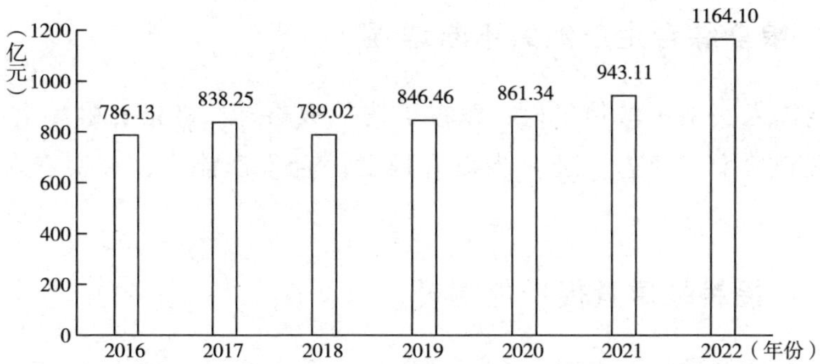

图 6-4　2016~2022 年河南省优质小麦产值情况

资料来源：《河南统计年鉴 2022》《河南省农业统计月报》。

稻两大口粮种植面积达到 9448.38 万亩，占全省粮食种植面积的 58.5%；口粮总产量为 855.78 亿斤，占粮食总产量的 65.4%，占全国口粮总产量的 1/8 左右，连续多年位居全国第一。其中，小麦占全国的比重由 2012 年的 26.3%提高到 2022 年的 28.1%，增加 1.8 个百分点（见图 6-5）。三是夏粮占比大。2022 年河南夏粮生产再创新高，达到 762.61 亿斤，占全年粮食总产量的 56.2%，占全国夏粮总产量的 46.1%，连续 8 年稳定在 700 亿斤以上。四是粮食调出量大。河南用全国 1/16 的耕地生产了全国 1/10 的粮食、1/4 的小麦，人均粮食占有量 695 公斤，比全国平均水平高 225 公斤，不仅解决了本省 1 亿人的吃饭问题，每年还调出原粮及其制成品 600 亿斤左右，是全国 5 个粮食净调出省份之一，为保障国家粮食安全展现了河南担当。

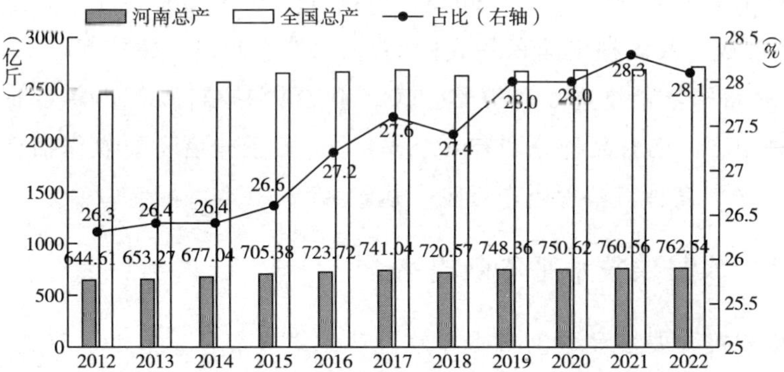

图 6-5　2012~2022 年河南省小麦总产及占全国比例

资料来源：《中国统计年鉴 2022》《2022 年国民经济和社会发展统计公报》。

二　粮食综合生产能力不断增强

河南深入实施“藏粮于地、藏粮于技”战略，积极拓展粮食生产空间，不断挖掘粮食增产潜力，进一步提升粮食综合生产能力，夯实农业强省建设基础。

（一）提耕地质量促产能提升

河南持续推进中低产田改造，全省耕地质量等级达到 4.41 级，比全国平均水平高 0.35 级，耕地质量的提升为粮食稳产高产提供了重要支撑。河南率先在全国开展大规模高标准农田建设，不断加大对农田水利、农机作业配套设施等的支持力度和灾后重建力度，越来越多的“望天田”变成了旱涝保收的“高产田”，平均每亩耕地提升粮食产能 150 斤左右。截至 2022 年，全省累计投入 1155 亿元，建成高标准农田 8330 万亩，居全国第二，累计新增粮食产能 240 亿斤。同步抓好高效节水灌溉示范区建设，发展高效节水灌溉 2426 万亩，打造高标准农田“升级版”。

（二）种子“芯片”越来越强

作为育种、繁种、用种、供种大省，河南聚焦国家种业、粮食安全重大需求，着力实施种质资源保护利用等六大行动，着力打造现代种业强省，在打好种业翻身仗上展现河南担当。河南农作物供种能力约占全国 1/10，制种面积居全国首位，小麦繁种基地规模常年稳定在 430 万亩。小麦、玉米常规育种水平全国领先，郑麦 9023、矮抗 58、郑麦 366、百农 207 和郑单 958 等先后成为我国种植面积最大的品种，郑麦 9023、矮抗 58、郑单 958、浚单 20 获得国家科技进步一等奖。2021 年全国种植面积前 10 名的小麦和玉米品种中，河南省品种分别有 6 个、4 个。目前全省主要农作物良种覆盖率超过 97%，良种对粮食增产贡献率达到 45%。

（三）农机农技水平不断提高

河南积极开展粮食绿色高质高效行动，集成节种、节水、节肥、节药、节能技术，开展试验示范。大力推进农业机械化，农业物联网、大数据、绿色防控、智能农机等新技术新装备发展方兴未艾。全省农业科技进步贡献率达到 64. 1%，高于全国平均水平 2. 6 个百分点；主要农作物耕种收综合机械化率达到 87%，高于全国平均水平 14 个百分点，其中小麦综合机械化率在 99%以上，为粮食丰收赢得了主动。

（四）适度规模经营持续推进

近年来，河南加快新型农业经营体系建设，持续推进适度规模经营，促进小农户和现代农业有机衔接，通过规模经营节本增效、挖掘增产潜力。全省农民专业合作社、家庭农场分别发展到 19. 8 万家、26. 2 万家，适度规模经营面积占家庭承包耕地面积的比重达到 69. 3%。社会化服务组织达 12. 5 万家，提供了从耕到收全过程托管服务，托管服务覆盖 1575. 9 万农户，农民种粮更省事省心。

三　粮食产业高质量发展步伐加快

河南是全国粮食生产大省，也是粮食加工第一大省，在产好粮、储好粮的基础上，不断在用好粮、卖好粮上下功夫，“为耕者谋利、为食者造福”，大力发展粮食产业经济，加快建设粮食经济强省。

（一）优质粮食工程深入实施

作为全国第一批优质粮食工程重点支持省份，河南不断加大投资力度，实施包括构建粮食产后服务体系、粮食质检体系和“中国好粮油”行动等在内的优质粮食工程，培育了一批竞争力和影响力较强的大型粮食企业。2021 年河南在全国率先印发新一轮优质粮食工程实施方案，明确深入开展粮食绿色仓储、品种品质品牌、质量追溯、机械装备、应急保障能力、节约减损健康消费“六大提升行动”。通过加强粮油品牌建设，56 家企业的 111 个产品入选 2022 年“河南好粮油”名单。

（二）“三链同构”加快推进

河南以“粮头食尾”“农头工尾”为抓手，不断延伸粮食产业链、提升价值链、打造供应链，持续推进食品业转型升级、高质量发展，培育出了一批特色食品产业集群，形成了以白象、想念等为代表的面及面制品产业集群，以三全、思念等为代表的冷链食品产业集群。河南粮油加工转化率达到80%，主食产业化率达到65%，面粉加工能力达5846万吨，面粉、挂面、方便面产量均居全国第一位，是全国最大的速冻食品生产基地。拥有省级以上面制品产业化龙头企业295家，占全省总数的25%，其中国家级企业31家。中粮、五得利、益海嘉里、华龙、今麦郎等一批大型面制品加工企业在河南布局，也涌现出了一批以千味央厨、仲景食品、锅圈食汇、嗨吃家、豫道等为代表的新生代企业。在市面上常见的面食中，全国1/3的方便面、1/4的馒头、3/5的速冻汤圆、7/10的速冻水饺均来自河南。相关部门统计显示，2022年河南省粮食产业总产值突破3000亿元，全省规模以上食品工业企业实现营业收入7518亿元，占规上工业营业收入的11.9%，产品出口到130多个国家和地区，河南作为"国人粮仓""国人厨房""世人餐桌"的地位不断提升。

（三）农业供给侧结构性改革不断深化

河南在保证粮食生产的基础上，深入推进"四优四化"，大力发展十大优势特色农业，着力打造"一县一业""一村一品"。优势特色农业不断壮大，产值占比达55.8%。食用菌、花生等产量均位居全国第一。作为生猪养殖和调出大省，2022年末全省生猪出栏量居全国第三位、存栏量居全国第一位，双汇、牧原已分别成为中国最大的猪肉加工、生猪养殖基地，更好地满足了人民群众多元化的食物消费需求。

四 稳粮抓粮相关举措成效显著

河南严格落实粮食安全和耕地保护党政同责，牢牢守住耕地红线，将有限的耕地优先用于粮食生产，不断强化粮食生产动力，稳粮抓粮举措成效显著。

（一）压实粮食安全党政同责

河南制定了落实粮食安全党政同责的规定方案和具体考核办法，全面压实地方党委和政府特别是一把手抓粮食生产的政治责任，发挥党委把方向、管大局、抓落实的制度优势，逐渐打好稳粮抓粮的制度基础，形成党政共抓粮食生产的强大合力，把保障国家粮食安全的决策部署真正落到实处，不断提升河南粮食安全综合保障能力。

（二）全力守牢耕地保护红线

河南落实最严格的耕地保护制度，严格落实永久基本农田特殊保护制度和耕地占补平衡制度，连续 23 年实现耕地占补平衡，实际划定耕地保有量和永久基本农田均稳定在国家规定的目标任务之上。全面开展耕地保卫战专项行动，大力清理整治大棚房、乱占耕地建房等问题，坚决遏制耕地“非农化”、防止“非粮化”。近年来耕地面积稳定在 1.1 亿亩以上，仅次于黑龙江、内蒙古，居全国第三位，粮食播种面积稳定在 1.6 亿亩以上。全国“十三五”时期耕地保护目标考核中，自然资源部反馈河南考核结果位居全国前列。

（三）强农惠农支持力度加大

河南全面落实耕地地力保护补贴、农机购置补贴、小麦稻谷最低收购价等惠农政策，完善省级财政奖补政策，加大补贴力度和产粮大县奖补力度，三大主粮完全成本保险政策实现全覆盖。“十三五”期间中央财政支持河南农业专项转移支付资金 945.39 亿元。近年来，全省土地出让收入用于“三农”支出 1435.7 亿元，落实粮油大县奖励资金 292.46 亿元，耕地地力保护、农机购置补贴资金 739.92 亿元。2021 年河南一些地方遭受特大暴雨灾害，省政府在下达首批 30 亿元中央财力补助资金中，对受灾地区改种种子补助 2.69 亿元，同时，农险兑付 3 亿多元，切实减轻农民负担。

第三节　新时期河南扛稳粮食安全重任的形势和挑战

整体上看，河南粮食生产态势良好，但扛稳粮食安全重任形势仍然严峻。从国际上看，粮食市场动荡不安，粮食进口不确定性增加，依靠国际市场解决我国粮食需求的空间越来越小。从国内看，粮食产能供需长期处于紧平衡状态，粮食供需结构性矛盾突出，在全国保粮大局中的河南粮食核心区的地位和作用更加重要，同时粮食增产难度也越来越大。在国际市场环境、粮食供需状况以及资源环境均已发生重大变化的新形势下，构建新时期粮食安全保障体系面临着诸多挑战，保障粮食安全这根弦一刻也不能放松。

一 新时期河南扛稳粮食安全重任的形势

受严重疫情、经济下行、极端天气、地缘冲突等因素影响，全球粮食生产、供应链系统面临的不稳定、不确定、难预料因素增多，国际粮食安全风险增多，我国面临粮食生产成本与进口成本上涨的双重压力，保供稳粮任务十分艰巨。从国内粮食供求格局看，粮食发展和安全面临的形势也不容忽视。

（一）粮食产需处于“紧平衡”状态

粮食需求增长受人口规模、消费结构、城镇化水平等几个关键驱动因素的影响。虽然国内粮食连年丰收，人口也呈现出负增长趋势，但随着工业化城镇化的推进、城镇人口增加和城乡居民消费结构升级等，从中长期来看，粮食总需求量还将进一步提升，毕竟我国有这么多人口，粮食产需仍将维持“紧平衡”态势。随着经济社会发展和消费需求升级，虽然人均口粮消费有所下降，但间接消费的粮食越来越多了。因为肉蛋奶等食物以及精深加工食品也是由粮食转化而来，而且生产这些食物需要消耗更多的粮食，如3斤多粮食才能转化为1斤猪肉。近年来生物质能源发展迅速，生物质能源工业对玉米、大豆等粮食品种的需求加大，粮食需求增长也明显加快。粮食不足仍是我们随时可能面对的问题。

（二）粮食供需矛盾日益凸显

当前，粮食供需结构正发生改变。在粮食品种结构上，普通小麦和稻谷等口粮供大于求，库存成本高，而优质专用小麦、大豆、饲料粮等供不应求，绿色生态优质高端农产品供给不足。随着城乡居民收入水平提升，饮食更加注重丰富、安全、营养和美味，主食所占比例在不断下降，膳食结构升级换代已经成为一种不可逆转的趋势。目前粮食生产能够解决“吃得饱”的问题，但难以适应人们对高质量、多样化食物需求的不断增加，供需不匹配、结构不平衡的矛盾日益凸显，也对河南在更高层次上保障粮食安全提出了新的要求和目标，传统的粮食生产布局面临调整。未来粮食发展不能一味追求产量，稳中求强求优是形势所需。

（三）河南保粮作用愈发重要

近年来，全国粮食产区持续萎缩、粮食调出省持续减少，2003 年全国有 13 个粮食调出省，到 2008 年减少到 8 个，到 2015 年减少到 6 个，到 2017 年粮食净调出省仅剩河南、黑龙江、内蒙古、吉林、安徽 5 个省份。粮食生产存在“北进南退”现象，预计未来一段时期粮食生产还会继续向北方核心产区集中。从粮食流通形势看，跨区域粮食流通量将进一步增加，主产区与主销区空间距离拉大，“北粮南运”的流通和平衡压力越来越大。作为全国的人口大省、粮食生产核心区和粮食净调出省份，河南在全国保粮大局中地位更加重要。特别在作为口粮的小麦和水稻生产上，河南省口粮产量居全国第一位，稳定粮食种植面积和产量，持续抓好河南粮食核心区建设，对保障“口粮绝对安全”具有特殊重要意义。当前，国家开始启动新一轮千亿斤粮食产能提升行动，河南也是此次新一轮粮食产能提升行动的重点地区。

（四）粮食增产难度越来越大

当粮食产量达到相当高的标准时，再往上增长的难度是比较大的。从全国来看，自 2015 年起，粮食产量已经连续八年在 1.3 万亿斤徘徊。河南省粮食产量从 1100 亿斤到 1200 亿斤、从 1200 亿斤到 1300 亿斤都只用了 4 年时间，但是在 1300 亿斤这个台阶上已保持了 6 年。关于对接新一轮粮食产能提升行动，2023 年河南省政府工作报告指出，确保粮食播种面积稳定在 1.61 亿亩以上，力争到 2025 年粮食产能达到 1400 亿斤。在当前资源环境和技术水平硬约束下，粮食生产能力或已接近极限，粮食持续增产势头面临停滞，成本优势渐失、种粮收益下降、政策空间紧缩，粮食生产回旋余地减少，未来“谁来种粮”“如何种粮”的困境亟须破解，粮食增产难度越来越大。

二 新时期河南扛稳粮食安全重任的挑战

新时期河南扛稳粮食安全面临着资源环境约束加剧、粮食生产动力不足、科技创新应用推广差距明显、粮食产业发展水平不高等方面的挑战，确保粮食安全的根基还不稳固，推进农业高质量发展还有许多卡点瓶颈。

（一）粮食生产资源约束趋紧

一是耕地资源紧张。国土“三调”数据显示，受城镇化进程、农业结构调整、生态修复等因素影响，10年间河南省耕地面积减少1017万亩，年均减少101.7万亩，已越来越逼近永久基本农田红线。目前全省人均耕地仅有1.1亩，比全国平均水平低20%。耕地后备资源不足，耕地后备资源宜耕总面积为121.34万亩，仅占耕地总量的1.08%，靠扩大粮食面积增加粮食总量基本没有空间。二是耕地质量仍有待提高。全省中低产田仍占较大比重。土地的高强度利用、缺少休耕轮作等，导致部分耕地土壤质量退化，土壤有机质含量低于全国平均水平，耕层厚度普遍较浅。农业面源污染加剧，化肥农药过量使用，畜禽粪污和农作物秸秆资源化利用率低，局部地区土壤酸化和重金属污染问题显现，要提升土壤肥力是一个缓慢的过程。三是水资源较为短缺。河南属于极度缺水省份，水资源不足全国平均水平的1/5，局部地区地表水、地下水过度开发。据测算，全省到2030年将缺水34.7亿立方米。目前农业水资源实际利用量已超过水资源的可持续利用量，短缺与浪费并存，农业用水严重不足且利用率低，节水灌溉面积仅占耕地面积的32%，低于全国平均水平13个百分点，重度干旱面积大约占到1/6。四是极端天气增多。受全球气候变化影响，近年来极端天气增多，农业气象灾害发生频率显著增加，灾害异常性和不可预见性越来越大。比如2021年特大暴雨洪涝灾害以及2023年夏收时的“烂场雨”，严重影响了河南粮食产量和质量。粮食生产“靠天吃饭”的局面没有发生根本改变，有效应对灾害的能力仍然薄弱。

（二）粮食生产动力依然不足

一是粮食生产成本高、比较收益低。由于土地、劳动和农资等种粮投入要素价格大幅增加，粮价提升空间有限，农民种粮收益受到挤压。以小麦为例，2022年河南小麦亩均生产成本571.45元，较上年增加48.65元，增长9.3%。近两年得益于价格的上升，种粮收益有所增加，但远不及种植特色经济作物收益高，这也是导致耕地“非粮化”的重要原因。二是引导种粮抓粮缺乏有效手段。现在推行的粮食支持保护政策已滞后于形势变化的需求，粮食最低收购价也很难引导粮食生产真正做到优质优价。粮食直补只给予土地承包户，通过流转土地从事粮食生产的新型经营主体难以获取。粮食主产区利益补偿机制尚不健全，难以长期维持粮食主产区种粮抓粮积极性。三是生产兼业化粗放化，对耕地的保护性投入呈减少态势。随着农村劳动力大量外出务工，种粮兼业化程度不断提高，承包地为农户带来的收入越来越少，作为农民最后的退路，土地的社会保障功能逐渐超越其生产功能。为避免繁重的田间劳动，农民多会通过降低复种指数、减少粮食播种面积来减轻劳动投入，从而造成农业生产率和土地利用率下降。

（三）科技创新推广差距明显

一是在育种方面，由于研发投入大、周期长，新品种研发滞后，优质、高产、抗逆品种少，在种质资源创新、生物育种技术等方面尚有不少短板，与先进省份相比存在明显差距。利用常规育种手段培育的品种，存在明显同质化，增产潜力基本发挥到极限，而在小麦优质专用、抗赤霉病，玉米易籽粒机收，大豆高产、抗病、抗逆等品种选育上未取得关键性突破，制约了粮食单产提升。目前河南粮食单产水平与世界先进水平相比还有不小差距，且平均单产与高产田差距同样较大。农作物种质资源库建设和种业创新主体培育与河南农业大省地位不匹配，就连最具优势的小麦作物，也没有种业企业进入国家农作物优势阵型名单中。二是在农业机械化发展方面，丘陵山区农机供给不足，谷物联合收割机等传统主流机具和装备水平不高。农机装备企业生产水平、制造工艺相对落后，数字化、智能化水平有待提升。三是在技术集成推广方面，距“良种良法配套、农机农艺融合、生产生态协调、增产增效并重”的目标还有较大差距，配套技术组装集成度不足。比如，大豆—玉米带状复合种植在推广中，适宜品种选择、种植密度、机收、病虫草害防治等问题尚未有效解决。现有农技推广机构人才技术培训不足，部分种粮农民科技文化素质较低，接受新事物能力较弱，也限制了农业新品种新技术的推广应用。

（四）粮食产业大而不强不优

河南粮食产量不断创出新高，但经济效益并未明显增加，品牌优势不突出，价值链水平低，粮食的弱质产业性质没有从根本上改变。粮食产业呈现“大群体、小规模”，龙头企业少、带动力不强。以小麦加工为例，虽然全省小麦粉加工能力和产量居全国首位，但日处理500吨以上的小麦粉加工企业数量仅占企业总数的30.7%，面粉加工产能多为省外企业做的贡献，小麦精深加工企业也只占企业总数的30%，远低于发达国家80%的水平。目前河南粮油加工企业中，还没有一家年产值超过100亿元的企业，没有一家大型粮食企业进入“中国500强”，没有一个面粉品牌成为中国知名品牌，这与河南作为全国第一粮食加工大省的地位极不相称。此外，河南省在生物育种、粮食加工、仓储物流、粮食口岸、期货交易等方面的资源优势，缺少统筹融合，综合优势发挥不够，制约了粮食核心竞争力的提升。受经济下行压力等因素影响，部分食品加工企业受冲击较大。由于粮食产业发展比较滞后，带动乡村发展、农民增收能力较弱，也难以提升种粮抓粮积极性和主动性。

第四节　新时期河南扛稳粮食安全重任的路径选择

加快建设农业强省、实现乡村振兴，在更高水平上扛稳扛牢粮食安全重任，需要立足现有基础，主动应对新形势新挑战，在大食物观和总体国家安全观下，顺应高品质生活需求和高水平安全保障，坚持产量产能、数量质量、生产生态一起抓，一方面解决当下粮食“产得出”的问题，提高综合供给能力，另一方面解决未来“供得上”的问题，强化从生态、资源到产业的全要素、全域化、全环节、全链条、全方位保障，不断夯实农业强省根基。

一　强化基础支撑，全要素打好高效供给基础

对于粮食生产而言，耕地是根本，科技是关键，水利是命脉。扛稳粮食安全重任要紧抓耕地和种子两大要害，坚持藏粮于地、藏粮于技、藏粮于水，积极拓展粮食生产空间，确保粮食产能跃上新台阶。一是聚焦藏粮于地，加快新时期粮食核心区建设。压实耕地保护责任，全面落实新一轮国土空间规划明确的耕地和永久基本农田保护任务，确保耕地红线不被突破。分类分区域大规模开展高标准农田建设和提质改造，实施耕地质量提升工程，真正把耕地特别是永久基本农田建成适宜耕作、旱涝保收、高产

稳产、生态友好的现代化良田，形成一批“一季千斤、两季吨粮”的高产粮田。二是聚焦藏粮于技，提高粮食综合生产能力。加快破解农业种质资源保护开发利用、种源关键核心技术联合攻关等问题，抓好制种大县和区域性良种繁育基地建设，选育推广粮食优良品种，建设现代种业强省。推动农机装备向全程全面、高效高质发展，着力解决机械收获、高效植保、产地烘干、秸秆处理等环节技术难题，提高装备信息化水平。推进良种良法配套、农机农艺融合。三是聚焦藏粮于水，改善农田水利条件。推进灌区续建配套和现代化改造，提升现有农田灌排设施。加强丘陵旱区供水补源，提高渠灌保障能力。加强节水改造和用水管理，破解水资源保护、利用效率提升、污染治理等问题。

二　强化优粮优产，全域化打造专业生产格局

围绕市场多元化、专用化需求，立足品种培优、品质提升、品牌打造，进一步调整优化生产结构。科学布局强筋、中筋、弱筋小麦种植，因地制宜地发展青贮玉米、鲜食玉米，持续发展绿色优质水稻、再生稻，推进订单种植，增加优质粮食供应，提高产品质量和效益。以农业资源环境承载力为基准，综合考虑自然条件、产业发展等因素，因地制宜地构建产业优势区域和专业生产格局，推动布局区域化、经营规模化、生产标准化、发展专业化，促进“优粮优产”。在豫北传统粮食高产区，积极发展优质强筋小麦和优质粳稻，打造重要的优质专用小麦生产基地和沿黄优质水稻产业带；在豫中东地区，积极发展优质专用小麦和优质饲料玉米；在豫西丘陵旱作区，积极推广耐旱小麦品种，大力发展谷子、红薯、小杂豆等耐旱、耐瘠薄作物；在豫南地区，积极发展稻田综合种养和再生稻，以及优质弱筋小麦和酒用小麦。在此基础上，推动优质粮专种专收专储专用，构建集优质原种推广、优质粮种植基地、优质粮储加销、主食产业精深加工、现代农业商贸等于一体的产业发展模式。

三　强化绿色发展，全环节挖掘减损降耗潜力

绿色发展是农业发展观的一场深刻革命，也是增加绿色优质农产品供给、保证粮食安全可持续发展的必由之路。要着眼于挖掘粮食全环节全链条节约减损降耗潜力，加快构建节约高效、绿色低碳、科学健康的粮食生

产、流通和消费模式。一是推进粮食生产绿色低碳转型。不能再走以前那种大水大肥的资源消耗型老路子，要通过生态保护和科技赋能，积极发展节种、节水、节肥、节药生产模式和种养结合等粮食循环经济模式，推进秸秆科学还田、测土配方施肥及水肥一体化，在地下水漏斗区、重金属污染区、生态严重退化区等区域，建立健全休耕轮作制度，走资源节约、环境友好的绿色发展新路子。二是推进粮食减损降耗。牢固树立"减损就是增产"意识，在粮食播种、收割、烘干、储藏、运输、加工等环节，加强工艺改进和农机装备升级，推动精量适量播种，降低机收损耗率，加强产后烘干，改善粮食储藏运输条件，引导口粮适度加工，提高粮油加工转化率和副产物综合利用率。三是遏制消费环节浪费。坚持节约优先，增强全民节约意识，营造爱粮节粮、健康消费的新风尚，减少"餐桌上的浪费"，持续深化粮食节约行动。四是提升粮食防灾减灾能力。加快建设绿色数字农田，提升智能化气象服务能力和突发自然灾害应急处置能力，推进自然灾害防治体系和防治能力现代化，减少因气候变化和自然灾害造成的粮食减产减质。

四　强化产业赋能，全链条拓展粮食增值空间

产业强，粮食安。粮食产业链越坚韧，粮食安全基础就越牢固，因此，扛稳扛牢粮食安全重任，必须坚持"三链同构"、三产融合，在粮食生产、仓储运输、食品加工、农机装备、农业科技、农产品期货等关键环节协同发力，让粮食生产这张王牌更加闪亮、这个优势更加明显。一是深化"三链同构""五优联动"。着力培育小麦、玉米、水稻、红薯、大豆等优势特色产业链，推进粮食产业延链补链强链优链，加快从抓粮食生产到抓粮食全产业链、从抓粮食产品到抓粮食产业体系、从聚焦粮食产业链到聚焦产业链供应链价值链"三链同构"的转变，实现优粮、优产、优购、优储、优加、优销"五优联动"。二是深化供需协同、产销对接。一方面，强化需求导向、市场导向，积极扩大农业农村投资，推进产业创新、业态创新、产品创新，开发符合不同消费层次个性化、定制化产品；另一方面，积极扩大有效需求，加快完善社会保障和公共服务，着力提振消费者信心，为扩大内需、开拓市场释放潜力和活力。三是深化产业融合、提质升级。聚焦粮食产业发展中高端、关键环节，推进农业与旅游、教育、文创、康养

等产业深度融合和产村产镇融合，建设现代农业产业园、农业产业强镇、优势特色产业集群，促进全产业链首尾相连、上下衔接、前后呼应，实现串珠成线、块状成带，不断提升粮食产业链供应链现代化水平，加快培育粮食系列品牌，打造国家粮食安全产业带。四是深化集群成链、格局重塑。立足县域布局粮食产地初加工、精深加工和综合利用加工，优化县域产业链空间布局，改变农村卖原料、城市搞加工的格局，把产业链主体留在县城，把增值收益更多留在县域，打造以农业为起点的全产业链，形成县城、中心乡镇、中心村层级明显、功能有机衔接的乡村产业结构布局和乡村产业体系。

五　强化多元保障，全方位践行“大食物观”

在确保粮食供给的基础上，让食物品类更加丰富、食物结构更加优化、食物供给更有保障，是建设农业强省的重要内容，也是对新时期保障粮食安全的客观要求。河南要扛稳粮食安全重任，就必须顺应新阶段居民饮食结构变化趋势，以“大食物观”统筹保障粮食安全，多方位、多途径、多渠道开发食物资源，加快构建粮经饲统筹、农林牧渔结合、植物动物微生物并举的多样性供给体系，更好满足人们对美好生活的需要。一是持续深化农业供给侧结构性改革。在保障粮食尤其是口粮小麦、稻谷安全的基础上，加快推动高效种养业转型升级，以十大优势特色农业基地建设为依托，进一步优化农业产业结构、品种结构、品质结构，促进粮食生产和高效农业发展相统一，推动居民膳食营养结构进一步优化。二是向整个国土资源要食物。粮食是大田作物，对耕地依赖程度高。河南要树立大资源观，在保护生态环境、可持续发展的前提下，除依靠耕地资源生产食物之外，还可以向山水林草湖要食物，将食物生产向整个国土资源拓展，减少与粮争地，给约束日益趋紧的耕地减压松绑，为粮食安全争取更大的发展空间。三是创新食物生产方式。拓展粮田功能，探索稻田养鱼、稻虾共生等农业发展新模式。加强科技赋能食物，缓解传统种养业带来的环境资源压力。向设施农业要食物，探索发展智慧农业、立体农业、植物工厂；发展生物科技、生物产业，向植物动物微生物要热量、蛋白质，为百姓餐桌提供更多选择。

第五节　新时期河南扛稳粮食安全重任的对策建议

遵循新时期河南扛稳粮食安全重任的路径选择，针对当前粮食生产中的关键环节和突出问题，需要持续加大对粮食生产的扶持力度，发展多种形式的适度规模经营，加快推进粮食精深加工和品牌化，依靠科技创新提高粮食单产，健全粮食安全治理体系，筑牢粮食安全多维防火墙。

一　加大对粮食生产扶持力度，激发三个积极性

任何一个产业的收益率如果长期低于社会平均利润水平，就难以具备单纯依靠自身力量实现持续健康发展的基础，作为关系国计民生但弱质低效的粮食生产尤其如此。要强化义利并举，调动和激发地方党委政府重农抓粮、农民务农种粮、工商资本投农营粮的积极性，形成粮食安全高质量保障的合力。一是调动和激发地方党委政府重农抓粮积极性。既要落实地方粮食安全主体责任，又要强化粮食主产区利益补偿。争取中央进一步加大对粮食主产省的转移支付力度，加大对粮食净调出省份的奖补力度，对产粮大县加强奖励政策的落实力度。优化粮食主产区利益补偿资源的配置，促进粮食就地生产加工转化，将粮食主产区的粮食资源优势转化为产业优势。二是调动和激发农民务农种粮积极性。强化政策保本、保险兜底、经营增效，完善最低收购价制度，稳定和加强对种粮农民的补贴办法，扩大完全成本保险和收入保险试点范围，形成农业大灾有托底、农户收益有保障的新型农业保险体系，保障种粮农民合理收益，稳定粮食种植面积。三是调动和激发工商资本投农营粮积极性。优化乡村营商环境，稳定种粮预期、增强种粮信心，鼓励龙头企业等市场主体积极开展涉农涉粮服务，除了流转土地直接从事农业经营之外，通过订单农业、托管服务、加工物流、产品营销等方式带动种粮农户进入现代市场体系。

二　加强主体培育，发展多种形式适度规模经营

从目前几种主要的粮食经营方式看，大量分散经营的小农户老龄化、兼业化现象严重，难以适应现代种粮方式和先进生产技术，种粮大户、家

庭农场等新型经营主体更利于标准化、规范化生产。在积极扶持培育新型农业经营主体的基础上，应重点发展面向小农户的农业社会化服务组织，带动小农户进行粮食适度规模化、集约化经营。一是培育壮大新型农业经营主体。以农民合作社和家庭农场两类新型农业经营主体为重点，实施发展质量提升行动，稳步提升发展质量效益、增强服务带动效应。深化农村承包地“三权分置”改革，进一步放活土地经营权，引导土地经营权有序向合作社、家庭农场等新型农业经营主体流转，规范土地流转交易行为。二是加快发展粮食生产专业化社会化服务体系。大力发展覆盖产前、产中、产后全过程的粮食生产性服务，努力解决粮农一家一户办不了、办不好、办起来不合算的问题。通过发展土地集中型和半托管、全托管、代耕代种、联耕联种等服务集中型适度规模经营，带动小农户发展现代粮食生产。将粮食生产全过程中有服务需求的环节划分为一系列服务项目，如深耕、播种、日常管理、收割、烘干、储存、初加工、流通销售、秸秆还田等，制成“服务菜单”，以服务规模化带动生产规模化。三是推动实施小农户能力提升行动。加强新型职业农民培育，鼓励小农户参加相关粮食生产技能提升培训活动。支持小农户以组建合伙农场的方式联合开展耕种生产，并接受统一防治等农业生产性服务，逐步融入现代农业发展。

三 做大做强粮食产业，构建现代粮食储运体系

一是加快推进粮食精深加工和主食产业化。巩固河南速冻米面食品产业优势，大力发展冷链食品、休闲食品、特色功能食品、预制菜等，加强数字赋能、品牌培育，开发中高档主食加工产品，打造绿色食品产业集群。推动小麦和玉米制品精深加工，真正将大豆“吃干榨净、物尽其用”，打造“农粮食”融合发展模式。二是壮大粮食产业主体。着力解决粮食加工企业小、弱、散问题，扶持龙头企业增强产品研发、精深加工、市场开拓等能力，合理引导企业合并。支持经济实力强、联农带农紧的龙头企业与农民合作社、家庭农场、小农户共同构建粮食产业化联合体，培育多主体参与的产业发展共同体和利益共同体。三是提升粮食品牌影响力。针对河南省粮食加工企业品牌效应不强的状况，在与国内外粮食企业的激烈竞争中，应着力推动粮食品牌从数量优势向质量优势转变，打造具有较高市场竞争能力的地方特色粮油产品和品牌。推进“互联网+粮食”行动，助力河南优

势粮油品牌走向国内市场，从“卖原粮”向“卖产品”、从“卖大路货”向“卖品牌产品”转型，提升粮食产业品牌影响力。四是完善粮食储运体系。粮食储备是保障粮食安全的最后一道防线，要优化储备布局，大力建设现代仓储体系，逐步建立粮食加工企业社会责任储备，推广绿色储粮和科技储粮。充分发挥中原交通优势，畅通粮食流通渠道，完善多元化联运物流体系。建设布局合理、辐射全国的农产品市场交易体系，打造全国重要的口粮生产供给中心、粮食储运交易中心、粮食期货价格中心。统筹强化粮食产购储加销协同保障，促进粮食安全各环节协调联动。

四　加快构建技术支持体系，提高粮食单产水平

国家新一轮粮食产能提升行动把提高单产作为主攻方向，而农业技术是提升粮食单产的关键。新时期河南要扛稳粮食安全重任，实现新一轮粮食产能提升目标，必须加强粮食产业技术创新和服务体系建设，走依靠科技提高粮食单产的内涵式发展道路。一是加强技术创新。加大对河南涉农涉粮高等院校和科研单位的支持力度，加快国家生物育种中心等重点农业科研项目建设，积极扶持种业发展。开展小麦、玉米超高产新品种选育及超级水稻的新品种开发，加快小麦、玉米重点实验室等高水平创新平台建设。开展病虫害防治科技创新，推进病虫害防治智能化、专业化、绿色化。二是推动重大技术集成。整合良田、良种、农机、农艺等各方面优势资源，构建适合区域保肥改土与产能提升的高效综合技术模式。加强综合性优质高产、超高产配套栽培技术的集成研究与示范，加快研发推广玉米高产密植栽培技术、小麦玉米连作高产栽培技术、稻麦连作高产栽培技术等。建立技术措施集成创新平台，集成运用整套增产技术模式。三是强化技术转化和示范推广。着重解决农业科研生产“两张皮”问题，因地制宜地提出技术指导方案和操作办法，引导农民进行全程规范化、标准化种植，充分发挥家庭农场、合作社等新型农业经营主体的引领作用，示范带动小农户运用高产品种技术，把粮食增产潜力转化为现实产量。

五　聚焦主体责任落实，健全粮食安全治理体系

一是严格落实粮食安全党政同责。坚持五级书记一起抓粮食安全，压实地方主体责任，把保障粮食安全作为河南建设农业强省和实施乡村振兴

战略的首要任务抓实抓好，及时研究解决粮食安全重大问题，推动出台和落实保障粮食安全政策。完善粮食安全责任和耕地保护责任目标落实情况的考核监督机制，将考核结果作为领导干部考核奖惩和调整使用的重要参考，以及农业强省和乡村振兴考核实绩的重要依据。二是健全粮食安全治理体系。坚持以党建引领粮食安全治理，建立县乡村三级粮食安全治理体系，组织开展粮食安全治理试点建设和示范村镇创建。深入实施数字粮食安全行动，打造网格化管理、精细化服务、信息化支撑的粮食安全治理平台。推动粮食安全由政策治理向法治治理转变，制定修订相关法律规章，加快出台河南省粮食安全保障条例，完善相关配套规章制度，为耕地保护和粮食生产提供法治保障，充分发挥法治在保障粮食安全中固根本、稳预期、利长远的重要作用。

第七章　推进乡村特色产业高质量发展

高质量发展是党的二十大报告对未来经济发展思路的根本要求，在乡村振兴工作中也有具体体现。与历年中央一号文件相比，2023 年中央一号文件强调了乡村产业“高质量发展”，提出做大做强农产品加工流通业、加快发展现代乡村服务业、培育乡村新产业新业态、培育壮大县域富民产业四个方面的任务。乡村特色产业高质量发展反映了乡村经济内涵的丰富性，针对“推动乡村产业高质量发展”，以特色产业为主导整合其他优势资源促进乡村产业发展，不仅特色鲜明，也能丰富乡村产业的内核，这是推进河南建设农业强省的重要条件和主要内容。河南各区域在自然环境及人文环境上存在着明显的区别，每个地方都拥有独特的资源和优势，一些乡村的交通位置优越，有些乡村则位于城市周边或郊区，还有一些乡村在历史和人文资源上十分富饶，也有的乡村具有适宜发展某一种独有产业的自然环境，等等。显然，这些优势可能会共存，如果某地区同时拥有多种优势性资源，那就意味着它具备了各产业交融发展的条件。因此，就更应注重选取优势主导产业。

目前，在科技创新为产业赋能注智的同时，河南不断强化互联网思维、全产业链思维，进一步结合实际、精准施策，聚焦品种、品质、品牌大力发展乡村特色产业。紧盯特色产业上下游融合发展，不仅有助于推动特色农业产业产量提升、农产品品质升级、农业产业链条延伸，而且能够有效增加农民收益，加快构建现代乡村产业体系，最终实现农业农村共同富裕。

第一节　河南乡村特色产业高质量发展的基础与可行性

推动农业高质量发展，首先就要发展乡村特色产业，这是构建现代化的农业生产体系、在保障粮食安全的同时促进农民增收的有效途径。河南省是农业大省，农业大省如何走现代农业发展道路、培育新型农业主体，是关乎国家农业安全的重要议题。目前，河南在出台振兴特色优势产业政策，促进乡村发展的实施方面优化产业布局，打造特色优势产业集群，促进县镇村协同发展、深化三产融合、完善产业链条等方面获得了长足的发展，有效激活了农村经济发展主体、要素和市场，释放出乡村振兴发展的新动能，涌现出了一批创新产业模式、带动周边就业的优质特色企业，真正让特色产业成为发展乡村绿色和生态经济的强劲动力。

一　完善的政策体系为乡村特色产业高质量发展提供制度保障

继全面建成小康社会取得决定性胜利后，我国乡村振兴发展战略也取得了重要进展，制度结构和政策体系已经初步建立。现阶段乡村振兴的根本立足点就是基本实现农业农村现代化和农业农村共同富裕。从乡村产业发展的角度来看，乡村产业高质量发展是乡村经济繁荣的重要表现，是国民经济高质量发展的重要组成，能够发挥缩小城乡贫富差距、增强村民福祉等重要作用。

同时农村特色产业的延伸性十分丰富，涵盖了诸如农村特色游览、健康养生、乡土文化、特色种养、特色手工艺品等多样化类别，这就需要各地方政府针对本地地域优势，主动孵化新兴产业，大力推进诸如乡村电子商务、现代民宿、乡村旅游、健康养老等新业态、新模式。充分扩大农业产业发展的各类功能和形态，形成符合市场要求、功能多元、产业多元化融合的乡村特色产业体系，为农民增收致富提供有效路径及政策保障。

近年来，有关部门也在持续出台政策对乡村特色产业发展予以指导和支持。如 2020 年 3 月发布的《中共中央国务院关于实现巩固拓展脱贫攻坚成果同乡村振兴有效衔接的意见》中提出“支持脱贫地区乡村特色产业发展壮大”；2021 年 4 月，农业农村部、国家发改委等十部门发布的《关于推动脱贫地区特色产业可持续发展的指导意见》中也提到“实施特色种养业提升行动”等指导意见；《关于推进农村一二三产业融合发展的实施意见》等政策文件也提到要“推动各地因地制宜选择优势和特色产业，大力发展农村电商、现代民宿、乡村旅游、养生健康等新业态、新模式”。

2022 年，党的二十大再度明确我国“发展不平衡不充分问题仍然突出，推进高质量发展还有许多卡点瓶颈”“高质量发展是全面建设社会主义现代化国家的首要任务”“发展乡村特色产业，拓宽农民增收致富渠道”。

2021 年 5 月 12~13 日，习近平总书记在南阳考察调研，了解当地依托月季、艾草等资源优势发展特色产业等情况，并强调要善于挖掘和利用本地优势资源，把发展特色产业做成地方实体经济的一大实招，要加强良种技术攻关，发展技术密集型产业，推进产学研有机结合，靠中国种子来保障中国粮食安全，寄予河南殷切期望。

按照 2023 年的中央一号文件部署：“拓展传统农业范畴到更大范围的乡村产业范畴，既突出明确在一产基础上做好二、三产业，做大做强农产品加工流通业、加快发展现代乡村服务业；又明确了培育乡村新产业新业态，并通过完善县乡村产业布局来培育壮大县域富民产业。”各地方政府都应明确实现农业大国的目标，把推动乡村产业的整合和发展作为核心任务，兼顾国家现代农业产业园区、优势特色产业集群以及农业产业强镇的发展实际，坚定地完成稳产保供的主要任务，强调地方储粮和科技储粮，特别关注耕地和种子两个关键环节，专注于“优质土特产”的开发，挖掘乡土资源，凸显各区域特色，推动乡村产业全方位提升。进一步优化乡村产业的结构，聚集关键发展元素，培育龙头企业、补充产业链、发展新业态、树立品牌形象，完善以农业联合体为主体、龙头企业带动的利益联结机制，提高市场竞争力和持续发展的能力，将乡村特色产业打造成生态富民产业，为加快建设农业强国和实现乡村全面振兴、农业农村现代化提供有力政策支撑。

二　信息产业为乡村特色产业发展提供了底层技术支撑

近年来，河南省在推动乡村数字产业发展方面进行了积极有益的探索，逐渐形成了农业全产业型数字农业发展模式、“大田种植”数字农业发展模式、产业园区智慧农业发展模式等几种较为典型的数字农业发展模式。2022 年 1 月 12 日，国务院印发了《“十四五”数字经济发展规划的通知》要求“大力提升农业数字化水平，推进‘三农’综合信息服务，创新发展智慧农业，提升农业生产、加工、销售、物流等各环节数字化水平”。文件的出台为河南乡村特色产业数字化高质量发展提供了明确的方向和政策指引。乡村数字产业是农业现代化的高级阶段，乡村特色产业数字化是数字经济高质量发展的重要范畴。经过几年来的“数字乡村”建设，目前河南乡村特色产业数字化发展已经初具雏形。

（一）基本实现了农村基础通信网络全覆盖

河南是农业大省和人口大省，拥有海量数据资源、丰富的应用场景和广阔市场需求，新型基础设施设备较好，以5G网络为代表的新一代信息技术已经实现了乡镇以上和农村热点区域全覆盖。全省移动网络、基础通信网络已实现全部下乡，农村宽带和无线网络接入能力及速率得到显著提升，初步打通了通向“三农”的信息高速公路。目前，5G、数据中心等新型基础设施建设加速落地，新基建和新一代数字技术耦合发展，为河南农业特色产业高质量发展提供了底层支撑。

（二）农业领域信息技术应用进展迅速

近年来，人工智能、云计算、大数据等新型数字技术不断应用于农业生产和管理，全球定位系统、地理信息系统、遥感系统逐步被应用于提高农业科学决策水平和农业生产设施装备的数智化水平。从2017年开始，河南省部分地区就成功运用遥感技术，实现了“按图承保、按图理赔和按图管理”，克服了一直困惑着河南省农业保险产品估产难、定损难的情况。2020年7月，河南农业农村厅与阿里巴巴集团签订了合作协议，围绕河南省的产业数字化、数字产业化、数字生态化、乡村数字化治理、电商服务等应用领域开展合作，为推进数字农村建设和提升农产品高质量提供全面、多层次的信息技术服务和产品服务。

（三）电商成为乡村产业价值链发展的有效解决方案

农产品上行发展相对滞后是河南农业特色产业发展的主要瓶颈。新一轮产业革命和信息技术的快速迭代特别是移动互联网的普及应用以及社会数字化持续深化，催生出各类新型电商平台。在此背景下，河南各地区大胆探索和尝试利用直播的方式进行带货，政府主要领导（“网红县长”邱学明等）、网红达人、致富带头人纷纷化身“带货达人”，成为田间地头特色农产品的代言人。目前，河南各地持续推进电子商务发展，构建了较为完备的电商生态体系，通过“互联网+种植基地+深加工基地+合作社+实体店”的模式，形成了电商带动农产品销售，进而推动形成乡村特色产业高质量发展的良好局面，同时，以“直播带货”为代表的新型农村电商迅速成为特色农产品销售的重要方式。

三 新载体、新平台助力乡村特色产业持续发展

乡村特色产业的高质量发展，有助于打造一条集城乡一体化发展、农业综合开发、农村综合改革于一体的新模式和新路径。近年来，国家非常重视田园综合体、农村产业融合发展示范园、现代农业产业园区、农业产业强镇等新载体、新平台的建设，这些新平台都肩负着促进农业内容融合、延伸农业产业链、拓展农业多种功能、发展农业新型业态等多模式融合等方面的使命。2023 年 3 月 20 日，农业农村部、财政部发布的《关于做好 2023 年继续统筹推进农业产业融合发展工作的通知》提到，2023 年在对以前年度符合条件的项目给予延续支持的基础上，中央财政支持新创建 50 个国家现代农业产业园、40 个优势特色产业集群、200 个农业产业强镇，推动乡村产业布局更优化、结构更合理、链条更完整、业态更丰富，示范引领带动乡村特色产业高质量发展。

作为农业技术集成、科技成果转化及现代农业生产的现代农业园区是实现传统农业向现代农业转变的重要载体。培育国家层面的农业产业园区更有利于提高特色农产品的市场竞争力，在实践中，河南省的国家级现代农业产业园建设壮大了优势主导产业，培育了延津小麦、泌阳夏南牛、灵宝苹果、内乡生猪、清丰食用菌、兰考蜜瓜、孟津西瓜等全国知名品牌。

如图 7-1 所示，作为一种新型的可持续发展模式，田园综合体能够集循环农业、创意农业、农事体验于一体，以空间创新带动产业优化、链条延伸，核心在于“农业、文旅、地产”一、二、三产业深度融合发展。在国家政策的大力支持和社会资本的关注下，河南省田园综合体行业市场规模呈现爆发式增长，其中“农业+文旅+地产”融合发展模式成为乡村旅游升级的重要方向，是城乡联动发展的新引擎。

2018 年以来，农业农村部、财政部启动实施了农业产业强镇示范建设。要求在镇（乡）行政区域范围内，聚焦农业主导产业，聚集资源要素，强调小镇建设要强化创新引领，延长产业链，提升价值链，能够形成具有一定规模的就业和经济增长，同时还要兼具文化、社会功能，能够成为一个集产业、文化、旅游和社区功能于一体的新型部落体。

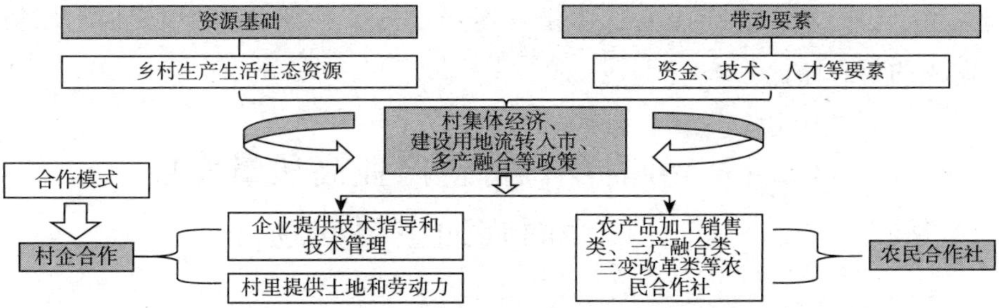

图 7-1 以乡村特色产业为核心的田园综合体发展模式

河南省培育有优质小麦、果蔬、花生、草畜、食用菌、中药材等十大优势特色农产品基地，在河南省内打造以乡村特色产业为主导产业的小镇特别强调要以优势产业为支撑，以“三产”融合发展项目为依托，不断延长产业链条，大力培育新型农业经营主体和家庭农场，推动家庭农场成为特色农业的重要生产者、小镇建设的重要参与者，打造形成“优势互补、相得益彰、各有千秋”的特色产业小镇。

四 新型经营主体、农业产业化联合体新模式逐步形成

培育新型农业经营主体，是建设现代农业的前进方向和必由之路。这也是破解“未来谁来种地”问题的迫切需要。2020 年以来，河南持续开展农民合作社质量提升整县推进试点，把培育农民合作社发展作为构建现代农业产业体系的重要内容，将家庭农场纳入农业农村部门名录管理，加强示范引领，优化政策扶持，强化指导服务，全省农民合作社保持规范运行、健康发展的良好势头。截至 2022 年底，全省已有农民合作社 20.1 万家，居全国第 2，家庭农场 26.2 万个；截至 2022 年底，全省农业生产社会化服务组织达到 12.7 万个，服务小农户 1585.6 万户，生产托管服务面积达 1.86 亿亩次。目前，在河南乡村特色产业领域，一大批新型经营主体正在向全产业链、全价值链方向发展，通过股份合作、农业产业化联合体等新型模式与小农户建立起了紧密型的利益联结机制，形成了龙头企业引领、新型经营主体为主、广大农民广泛参与的融合发展格局。截至 2023 年，全省各县域基本上都培育有 2~3 个特色主导产业，近 1/2 的小农户与新型经营主体建立了紧密利益联结关系，通过“基地+工厂+终端+信息化管理系统”全

产业链经营模式，“企业+合作社+农户”“企业+家庭农场”等模式，构建起共生、协同发展的产业生态体系，逐步走出了一条龙头企业引导乡村产业振兴的新思路。

第二节　河南乡村特色产业高质量发展面临的主要问题

目前，由于河南乡村特色产业发展仍然存在着基础设施尚待完善，农业从业人员匮乏、年龄老化，新型职业农民力量不足等不利因素，该领域仍然面临着产业链上下游之间联系偏弱、技术创新能力不足、产品附加值较低、产业竞争力不够、协同创新效应偏弱等问题，主要表现为第一产业供应链技术水平不高，导致农产品供需不匹配，传统旅游业模式单一，且乡村二、三产业发展缓慢；终端物流网点和运输线路覆盖不足，致使特色农产品优势区存在“最初一公里”衔接不畅的问题。此外，冷链运输体系发展薄弱、物流信息化水平滞后等短板，也阻碍了河南特色优势农产品外销变现的步伐。

一　基础设施特别是数字基础设施依然薄弱

在传统要素市场方面，土地、资金、技术、人才、市场等支撑尚需完善，用地难、贷款难等问题突出。农村基础设施还存在明显薄弱环节，尤其是道路、网络通信、仓储、冷链、物流等基础设施建设滞后，与城镇基础设施互联互通衔接性不强。

信息基础设施是乡村特色产业数字化最基本的前提。虽然目前河南省的农村基础通信网络已经基本覆盖，但是和数字农业相适配的信息基础设施还远未形成。首先，现有的农村基础通信网络有待进一步更新升级。河南在农业信息基础设施方面存在一定的滞后性，特别是 4G 通信技术和 3S 系统在农业大数据应用方面，仍然存在大量低效和重复建设现象。其次，新型数字资源基础设施建设也亟须提升。无论是试点项目、试点区域还是数字农业发展较快的地方，大部分农村地区依旧没有完备的物联网系统。GPS、GIS、遥感技术、5G 技术等的整合程度不高，导致一体化的数据收集和预警监测系统的建立变得困难，农业的可视化管理也陷入困境。最后，覆盖全省的统一的农业大数据平台有待完善。尽管覆盖全省的省、市、县三级农业信息网络已有初步建设，但由于网络建设仍处于起步阶段，农业数据资源存在严重的分割和碎片化问题，统一的数据管理平台尚待构建，因此数据的收集、整合、交流、共享、应用以及开发的整个流程和机制目前仍不完善。

二　乡村现代产业体系尚未建立

从河南的乡村产业发展实际来看，乡村经济的多元化使得各地区能充分利用其乡村资源，降低产业的市场风险和自然风险，丰富乡村产业类型，专业化和多元化相结合，使各乡村能优势互补，错位发展，有利于全省乡村产业的高质量发展。尽管农村产业取得了快速发展，但是农业农村发展不平衡不充分问题仍然非常突出，实现乡村特色产业高质量发展仍然面临较大的挑战，如乡村产业发展缺乏特色，同质化竞争问题较为严重；乡村产业的层次低、规模小、布局散现象比较普遍；乡村产业发展内生动力不足等。

（一）龙头企业规模小、带动能力不强

截至2021年底，全省省级以上重点龙头企业970家，其中国家重点龙头企业102家，数量居全国第2位，但是全省经营收入超百亿的省级以上龙头企业仅7家，近3年营业收入超百亿的农产品生产企业仅双汇、牧原2家，50亿级企业5家，20亿级企业18家，以上企业占全省农产品加工企业总数的1.9%，龙头企业示范带动作用明显不足。农民合作社和家庭农场整体经济实力、带动能力和可持续发展能力不够强。农业产业综合效益低，2022年全省农民人均可支配收入18697元，在全国排名第18，比全国平均水平低1436元，其中经营性收入低947元。

（二）农产品精深加工转化不足，下游产业链延伸滞后

目前河南农产品精深加工仅占全部农产品加工的25%左右，低温奶及高附加值乳品仅占乳品总量的28%左右；农产品加工增值率为25%，仅为发达国家1/3左右。漯河市是全省食品加工强市，拥有农产品（食品）加工企业3000多家，但规模以上企业占比仅为7.1%，农产品初级加工产品仍

占主导地位。产业链条较短，目前全省农产品加工转化率为70%，低于发达国家15个百分点；高附加值精深加工的农产品仅占20%左右。以小麦加工为例，全省小麦粉加工能力和产量虽然位居全国首位，但精深加工小麦的比重只有30%，远低于发达国家80%的水平，90%以上的面粉是普通粉；方便面和速冻食品的比重分别为70%和45%。配套服务业发展较慢，呈现二产与一产结构不协调，三产比重偏低现象。

（三）品牌分散、市场认知度不高

部分县域主导产业定位不明晰、特色资源挖掘不深入，产业产品雷同，缺乏个性特色，缺乏区域品牌。“肉、面、油、乳、果蔬”五大产业中，除肉制品的双汇，面制品的三全、思念等一批全国知名品牌外，其他三大产业全国知名品牌非常少。尤其是粮油加工龙头企业少、带动力不强，目前河南还没有一家大型粮食企业进入“中国500强”，没有一个面粉品牌成为中国知名品牌；河南是油料生产大省，在2022年10月中国粮食行业协会公布的食用油加工企业50强名单中，全省仅有2家企业上榜，这与河南作为粮油大省的地位极不相称。除了大宗农产品的深加工外，植物基、预制菜、功能食品等新消费热点涌现，也亟须培育一批细分领域“独角兽”和“新势力”企业。

（四）特色农产品信息流通差，“卖难卖贵”现象时有发生

由于地域分散，我国农业在发展过程中的信息传递与交流受到限制，信息流通不畅。信息技术的不断发展与电子商务在农业中的广泛应用，使得农产品的相关信息可以较以往实现快速传播。但由于我国农村地区发展速度较城镇缓慢，小农户获取信息较为滞后，城镇农产品需求信息不能快速准确地到达农村，小农户不能有效获得市场需求信息，对农产品市场的未来走向无法进行合理的判断，导致小农户盲目种植与生产。小农户与消费者“各自为政”，使得小农户生产效率低下，时常遭受许多由信息不对称导致的非必要经济损失。

三　特色农产品物流体系不完善

目前河南农产品的主要生产主体仍然是小农户，然而随着国民生活水

平的不断提高，我国居民对于特色农产品的需求量愈发庞大，建设现代化农产品流通体系已经迫在眉睫，但“小农户、大市场”的现象严重制约了河南特色农产品流通体系的进一步发展。

农产品流通包括农产品收购、运输、储存、销售等环节，是促进农业再生产的一种经济活动，尤其是鲜活农产品对运输方式、储存环境、流通效率要求极高。而“小生产对接大市场”仍是当前河南农产品流通的基本格局，具体体现为终端物流网点和运输线路覆盖不足，致使特色农产品优势产区仍然存在着“最初一公里”衔接不畅的问题。此外，冷链运输体系发展薄弱、物流信息化水平滞后等短板，也阻碍了河南特色优势农产品外销变现的步伐。另外，河南农产品流通体系建设还存在组织化、集约化程度不高等短板，导致特色农产品供应链的改造艰巨复杂，还有较长的路要走。

四　特色农产品电商生态体系尚未建立

在中央一号文件多次提出要完善农产品出村进城工程的要求后，我国农村电商得到了显著的发展，为解决农产品流通体系目前的困境提出了新的解决方案。虽然农村电商得到了快速的发展，但是小农户接收信息能力、抗风险能力相对较弱导致参与电商意愿较小，无法实现推进农产品线上销售的进一步发展。

从表 7-1 中可以看出，华东、华南地区在农产品销售数字化领域居于领先地位，而通过农民电商合作社带动农产品电子商务发展将成为一大趋势。分区域看，华东、华南地区农产品网络零售额处于绝对领先的地位，2021 年华东、华南地区农产品网络零售额分别为 1635.7 亿元、989.8 亿元，其中不乏直播电商、社区团购等新业态带来的贡献。特别是近年来农村电商合作社蓬勃发展，力求将电子商务平台、农业头部企业、县域网商、农民合作社、农户有效衔接，构建起了农产品电子商务生态体系。但从农产品电商发展现状方面来看，在县域农产品网络零售额排名前 10 的省份中河南位居第十，农产品网络零售前 10 的县域中河南没有，农产品网络零售额前 100 的县域中河南仅有 3 个，尽管河南省近年来农产品电商增幅迅猛，但与东部地区还存在一定的差距，“数商兴农”依然是河南未来几年的重点和难点。

表 7-1 全国县域数字农业农村电商发展情况

县域农产品网络零售额TOP10省份	广东，浙江，江苏，北京，山东，福建，四川，内蒙古，安徽，河南
农产品网络零售TOP10县域	浙江萧山区、福建安溪县、江苏沭阳县、浙江平湖市、西藏堆龙德庆区、山东莱阳市、上海奉贤区、内蒙古和林格尔县、内蒙古土默特左旗、江苏宿豫区
拥有TOP100县域农产品网络零售额最多的省份	江苏（23个）山东（14个）浙江（13个）福建（11个）四川（8个）广东（7个）湖南（3个）河南（3个）内蒙古（3个）云南（2个）北京（2个）

资料来源：农业农村部信息中心、中国国际电子商务中心《2022全国县域数字农业农村电子商务发展报告》。

第三节 河南乡村特色产业高质量发展的路径选择

党的二十大报告强调构建现代化产业体系。乡村特色产业现代化也是构建现代化产业体系的组成部分。2023年中央一号文件首次提出的“推动乡村产业高质量发展”，包括了“做大做强农产品加工流通业”“加快发展现代乡村服务业”“培育乡村新产业新业态”，对于农村地区来说，农产品加工流通业是基本盘，乡村服务业是必要延伸，乡村新产业新业态是重要增量。

一 营造数字化生态政策环境，助力农业数字化生态加速形成

从政策支持的视角看，各地方政府应深刻认识到数字经济已经成为驱动经济发展的重要动能，实现农业产业数字化转型，需要政策、企业、金融协同发力。在顶层设计方面，政策应着力于营造开放、健康、安全的数字生态以推动数字经济和实体经济深度融合，加快培育新兴农业数字化产业形态、丰富支撑农业数字化转型的产业化体系、做强做优做大农业数字化产业、推动传统生产要素（劳动力、技术、资本和土地）以及数字要素（大数据、人工智能、物联网、云计算）生产化，以“数字化信息”重塑新的社会关系。充分发挥物联网、云计算、数字赋能优势，推动农业产业深度整合，特别是围绕促进农产品供应链的短链化，农业产业治理体系的扁

平化，以及围绕市场营销过程中精准化识别农产品“供给方与需求方”信用及信用支撑体系，全面助推农业产业转型升级。鼓励市场创新与完善监管体系并重，完善贯彻相关监管体系，从数据安全等领域着手，在确保数字产业高质量发展的同时确保国家信息安全。

（一）打造网络协同效应，助推特色农业产业价值链升级

关联性特征决定了数字化不是农业产业链上单个经营主体的行为，需要从生态系统角度看待和实施这种经济活动。而生态系统内主体具有共生演化关系，在共生逻辑的驱动下，价值链呈现参与主体多元化、流程扁平化和模式生态化特征，农业产业链各经营主体通过资源互补建立持续的合作关系才能在系统内占据有利地位并推动系统不断演化。产业上下游关联企业在提供服务的同时，着力于向开放的价值网络转型，并提供产业整体解决方案，管理数字化、个性化定制不断涌现，各经营主体协作所产生的网络协同效应才能进一步提升用户黏性。

（二）赋能特色农业产业链，构建农业价值链生态体系

双循环背景下，农业供给端会迎来新一轮的变革和重构，这种变革一方面借助数字化来优化农业产业，用数字化打通以用户为中心的“研—产—供—销—服”全链路，帮助传统乡村产业做全链路的升级。另一方面，农业生产由消费端转向消费端与生产端“双轮驱动”，探索利用数据联盟链方式来构建新型供应链协作网络，降低供应链的信任成本，两方面结合，才有可能完成乡村产业价值链的升级与再造。

（三）以数字化增强乡村特色产业韧性与活力

2023 年 2 月，中共中央政治局第二次集体学习时强调，新发展格局要以现代化产业体系为基础，经济循环畅通需要各产业有序链接、高效畅通，要打造自主可控、安全可靠、竞争力强的现代化产业体系，要增强产业链供应链的竞争力和安全性，以自主可控、高质量的供给适应满足现有需求，创造引领新的需求。运用数字技术推动现代农业发展，让数字农业成为新的经济增长点和乡村特色产业转型升级的支点。一是推动资源集中化，加快构建空天地一体化数据资源采集体系，提高农业数据采集、使用效率；

二是推动数据产业化，加快培育“政用产学研”一体化智慧农业创新产业体系；三是推动服务便民化，加快推进各种便民服务上线，为农村居民提供足不出村的便捷服务。

（四）推进乡村特色产业数字化转型，构建数字化发展环境

数字化环境已逐步成为全社会实施数字化转型的关键因素、实施平台和价值实现途径。需要各级政府把握时机，围绕乡村特色产业，创立“一村一品”微型经济圈、“农业产业强镇”小型经济圈、“现代农业产业园区”中型经济圈和“特色产业优势集群”大型经济圈，打造“点、线、面”融为一体、功能互补的乡村特色产业“循环”发展模式。在尊重自然集聚规律的同时，利用政府的推动力加快实现“循环”发展模式，加速农业特色产业从传统的地方特色向大规模产业的转变，确保空间布局从“等分布”的模式逐步转向“集群发展”的模式，进而实现从“同类型竞争”到“合作共赢”的经营主体关系转变。

二　构建现代产业体系，做强乡村特色产业

党的十八大以来，习近平总书记一直高度重视发展乡村产业，在全国各地考察调研时，多次点赞乡村特色产业，强调要加快构建现代乡村产业体系。在新的发展阶段，推动农村特色产业质量的提升，需要着力重构农业产业发展的三大体系。一是拓展产业体系，重点创新资源和乡村产业发展路径。二是夯实生产体系，确定提高生产效率、建设高质量产业体系的目标，推进农村产业基地化，推进动力支撑装备智能化，提高基础设施水平；围绕生产环节构建特色产业社会化服务体系，围绕智慧产业发展需求建设全产业链大数据。三是创新经营体系，重点是强化科学化产业发展的组织方式，建立起分工合理的利益联结机制，打造产业综合竞争力，以特色农产品产业集群为平台，以龙头企业为引领构建起良好的产业生态。

（一）通过现代科技构建乡村特色产业体系

要加强现代农业科技推广应用和技术培训，把种粮大户组织起来，积极发展绿色农业、生态农业、高效农业。乡村产业结构的优化调整少不了农业科技的创新，强化农业科技与物质装备支撑是推进农业现代化建设的

基本保障。“十四五”期间，农业科技创新的着力点在以下几个方面：积极培育推广地方特色良种，健全农技推广网络，推行“科研试验基地+区域示范基地+基层推广服务体系+农户”的农技推广服务新模式，强化农业科技和装备支撑，推动农业由增产导向向提质导向转变。加快推进国家生物育种产业创新中心、国家农机装备创新中心建设，提升现代种业发展水平，规划建设国家级小麦种质资源库，创建国家农业高新技术产业示范区。加大农业水利设施建设力度，全面改善农业基础设施条件。加快推进农业机械化全程全面发展，持续加大农机补贴力度，持续做好主要农作物生产全程机械化示范县创建工作，提升主要农作物生产全程机械化水平。

（二）打造乡村特色产业信息化平台

河南乡村特色产业高质量发展需要注重信息化平台的打造，以信息化、数字化、标准化为基础进行基于规模化的农资农艺农械匹配、基于技术集成系统的创新成果高效转化，以国家生物育种产业创新中心为基础，聚合郑州农业科技力量，建设现代种业产业园、国家级制种基地等一批重大科技平台，打造“中原农谷”。加快国家农机装备创新中心等重大载体建设，提升仓储烘干、冷链保鲜、农机装备、信息技术水平。实施数字农业建设工程，实现跨环节全链条的多主体协同融合发展，是河南省突破乡村特色产业现代化发展瓶颈的关键。

（三）构建政产学研用协同的农业科技创新路径

农业科技创新要抓住种子和耕地“两个要害”，突破农业科技创新瓶颈，加快实现农业发展由资源要素驱动向创新驱动转变。从顶层设计方面，要支持农业领域龙头企业加强与国家实验室、国家科研机构、高水平研究型大学等机构的合作，共同打造乡村特色产业领域国家战略科技力量。同时要充分尊重企业的市场主体地位，支持企业牵头整合集聚创新资源，形成跨领域、大协作、高强度的创新基地，支持建设省级乡村特色产业特别是种业创新中心，加强行业关键共性技术攻关。

三　通过业态模式创新，推动特色农产品流通改造

碎片化的供需信息造成中国农产品流通成本高企，通过模式创新来降

低信息成本是农产品流通革命的最底层逻辑。中国农业整体是小农经济供给体系，这导致供给信息的碎片化，而“绿叶菜、鲜猪肉、口味多元化”的消费特征，决定了需求信息的碎片化。碎片化的供需信息造就了中国多层次的农产品分销体系，不仅带来易腐农产品量的巨大浪费，更是通过价格波动让农民承受“丰产不丰收”的巨大风险，也限制了农业效率的提升。

（一）借助电商平台打造协同性农产品供应链

稳定的农产品供应链是特色农业产业高质量发展的基础与底层支撑，要想提升特色农产品供应能力，需要加强农产品生产、加工、包装、仓储、运输等各个环节的建设。首先需要借助电商平台缩短农产品供应链，解决农户与消费者之间的信息隔断问题，解决卖难买贵难题。其次需要构建农村物流网络，贴近农产品生产地建设物流基地，完善农产品物流配套服务，减少农产品物流环节的损耗。对于后者而言，既可以培育当地农村物流经营主体，又可以加强与大型物流公司的有效衔接，完善城乡物流服务体系。再次建立全流程运营服务体系。售前环节应完善内容生产与包装，提升消费者购买欲望；售中环节应借助平台搭建购物场景，降低消费成本并触发消费行为。售后环节应加强售后服务意识，及时解决用户退货、投诉等相关问题，提升客户信任，塑造当地优良口碑进而提升客户回购率。最后强化多渠道特色农产品质量监管。政府可联合电商平台对农产品进行准入审核与产品抽检，保障食品安全与农产品质量合格。电商平台可让公众参与农业生产监督活动，提高消费者对农产品质量的信任。

（二）把“电商企业+农户”打造成小农户参与电商价值链的有效路径

得益于“互联网+”的驱动，无论是一开始的“淘宝村”和最早的“互联网+农业”创业者，还是如今的农业从业者都通过互联网的销售实现高达几万亿元的收益，利用互联网提升农业、农村以及农民的收益方式已然成为推动农业及农村高品质发展的主要途径。首先，传统电商以及新型电商大幅度削减了小农业从业者参与市场的费用，缩短了农产品经营者和市场的距离；其次，电商平台也使得产业链得以延伸。通过把农产品电商引入农村市场，有效解决了农业产业链中的各环节的冗余问题，从而让农业产业链展现出更强的韧性。大量实践经验表明，得益于政府对农村地区交通、物流等基础设施的迅速改善，在数字化赋能中国乡村价值链的过程中，电子商务特别是新型电商已经成为释放农村内需潜力、促进农民持续增收、推进乡村全面振兴的重要路径。

依托订单农业或合作社等形成的“电商企业+农户”是农产品电商发展中实现供应链主体长期稳定收益的有效路径。生产规模较小、抗风险能力较弱、信息素质较低等是中国小农户的普遍特征，这也导致大部分小农户不具备直接参与电商创业的前提条件。近年来，新型电商的崛起使流量成本不断提高，进一步增加了小农户电商创业的难度。对特色农产品电商企业而言，由于农业生产成本高昂、周期性较长且风险系数较大等因素，大部分企业往往无法实现自产自销。但是，依托村庄代办或批发市场采购的农产品往往千篇一律，又不具备竞争力。因此，“电商企业+农户”的发展模式，一方面能够帮助小农户参与电商发展，规范生产，保障收益；另一方面能够帮助电商企业以更低的成本获得质量更高、数量更加稳定的货源，促进企业发展。

（三）通过新型电商平台提高农产品流通的组织化程度

新型电商平台以消费者兴趣点为引领，以内容为依托，通过凸显长尾效应，在一定程度上助力农业经营主体提高收入、降低农业经营主体生产生活成本、提升农业经营主体能力素养，从源头助力特色农产品出村进城，促进地方农特产业发展。新型电商平台助力打造乡村特色产业集群，通过开展相关助农直播活动，打造助农内容传播平台，帮助乡村地区梳理特色产业，以农特产品销售为主导，构建合理产销关系，带动当地农产品生产、加工、运输等一系列企业发展，从而形成多类型的产业融合，帮助当地特色农产品销售获得资源优势、效率优势，从而提高乡村农业在市场中的竞争力。大力发展农产品电子商务、订单农业等新业态新模式，充分发挥流通对生产的引导作用，推动农业生产主体以市场需求为导向组织生产。进一步而言，新型电商平台打破以往乡村以农业为主的发展现状，结合乡村独特特征实现生态农业、现代农业发展，从而强化农业产业收益，实现农业、文化、旅游业共同促进、共同发展。

第四节　河南乡村特色产业高质量发展的对策建议

在数字经济加快渗透各行各业、推动产业发展变革的趋势下，乡村特色产业高质量发展迎来关键驱动力。农业农村部在《关于拓展农业多种功能促进乡村产业高质量发展的指导意见》中提出，鼓励各地拓展农业多种功能、挖掘乡村多元价值，重点发展农产品加工、乡村休闲旅游、农村电商等产业。“十四五”期间，河南省应在推动乡村特色产业生产经营模式转变、健全培育机制上下功夫，把现代产业发展理念和组织方式引入现代农业，推动乡村特色产业结构由“生产导向”向“消费导向”转变。实践中，近年来河南省以优质小麦、优质花生、优质草畜、优质林果为重点，同时兼顾蔬菜、花木、茶叶、食用菌、中药材和水产品，发挥优势，建设有规模化“十大优势特色农林产品生产基地”，从全产业链角度出发，着力延链补链强链，在品种布局优化、生产品质提升、技术标准制定、品牌体系建设、冷链保鲜、渠道拓展、电商培育、精深加工、农旅融合等方面发力，力图打造全球最具竞争力的产业带。启动实施乡村振兴特色优势产业培育工程，动员和聚合社会力量，通过培育重点企业、强化科技支撑、扩大市场销售、对接金融资源等工作，服务和促进特色优势产业高质量发展。

一　以数字技术驱动河南乡村特色产业高质量发展

2022 年 1 月 12 日，国务院印发了《“十四五”数字经济发展规划的通知》要求“大力提升农业数字化水平，推进‘三农’综合信息服务，创新发展智慧农业，提升农业生产、加工、销售、物流等各环节数字化水平”。在“大国小农”的基本国情下，以构建农业物联网、发展精准种植和养殖、推广农产品数字营销等为重点，推动数字经济与传统乡村特色产业深度融合，能够充分彰显数字技术对农村经济发展的放大、叠加、倍增作用。

河南是农业大省，拥有海量数据资源、丰富应用场景和广阔市场需求，新基建基础较好，5G 网络已经实现了乡镇以上和农村热点区域全覆盖。为实现到 2025 年农业生产数字化率达 30%以上的战略目标，“十四五”期间，河南需要加速构建先进、开放、共享的农业新型信息基础设施体系，为加快农业特色产业数字化转型提供底层技术支撑；构建覆盖农业特色全产业链、全价值链的生产和服务体系，利用信息流打通特色产业链，运用价值链整合产业链，用数字化打通“产—供—销—服”全链路（见图 7-2），推动河南特色农业产业产供销协同生态链加速形成，为构建乡村特色产业数字经济新生态提供有力支撑。

（一）构建数字化生态系统推动乡村特色产业产供销协同机制形成

产业链的关联性特征决定了数字化转型不是农业产业链上单个经营主体的行为，需要从整个生态系统的角度看待和实施这种经济活动。乡村特色产业的产业链上各经营主体需要通过资源互补建立持续的合作关系，利用数据资源推动生产、流通、服务、消费全价值链协同，进而实现多主体协同创新、资源共享和产业共生，唯有这样，才能解决乡村特色产业数字化转型过程中的协调困境和转型面临的人力资源瓶颈。

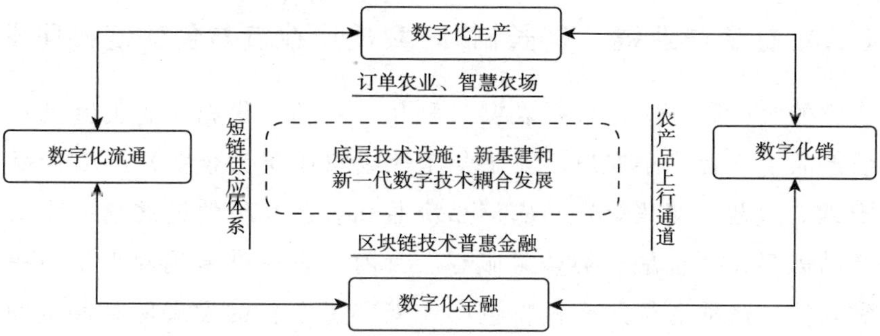

图 7-2　数字技术打通“产—供—销—服”全链路

一是在生产环节，乡村特色产业生产链的数字化可以提高农业生产效率。2021 年的中央一号文件强调，发展智慧农业，建立农业农村大数据体系，推动新一代信息技术与农业生产经营深度融合。近年来，土地流转面积的持续增加促进了土地集中化、规模化生产，刺激农业生产者对智慧农业需求释放。此外，在自动化技术、人工智能技术等高新科技持续革新背景下，河南特色产业数字化进度不断加速，农业数字化应成为乡村特色产业高效生产的核心驱动力。

二是在流通环节，构建数字化物流体系可以提升农产品物流服务效率。

碎片化的供需信息是河南农产品流通高成本（供需信息匹配成本、供需信息错配成本）的核心来源，叠加冷链物流技术水平不足，这些因素的存在加剧了省内农产品流通链条的短板。新一代信息技术在物流领域中的应用，通过流通模式创新，推动农产品流通行业逐步向信息化、透明化发展。

三是在销售环节，农产品交易数字化驱动农业产业链的数字化升级。新型信息基础设施提升了实时信息连接和数据处理能力，数字经济催生出的社交电商、社区团购和直播电商等新型电商模式在农村市场的扩展打破了农产品上行的诸多壁垒，让远离客源市场、没有地缘优势的地区也能搭上互联网的快车从而获得迅速发展。

四是在服务环节，数字技术赋能传统金融，进一步提高了金融服务的普惠性。在数字技术的赋能下，以农业供应链金融为代表的数字普惠金融服务链条更加顺畅，在服务“三农”、巩固拓展脱贫攻坚成果等场景，新服务、新产品不断涌现，可以为传统普惠金融难以触及的长尾客户提供金融服务，从而扩大了金融服务的可得性、覆盖率和满意度。

（二）打造产业链“链长制”，实现产业链与创新链协同发展

完整的农产品供应链包括农资（种子、农药、化肥农业机械等）供应者→农产品生产者（小农户、农业合作社或农业龙头企业）→农产品加工者（分级、包装、储藏等）→农产品流通（农产品价值链的辅助体系）→最终产品需要方→金融、类金融服务。目前，农业供给端迎来了新一轮的变革和重构，这种变革给乡村特色产业带来了全新的发展路径和空间。在这个过程中，产业链上的任何一个核心企业都可以通过构建利益联结机制，打造创新链，拓展产业链、提升价值链、融通供应链、完善利益链，进而打造广泛联结、紧密互动、深度融合的现代化农业生态系统，将各利益主体链接成一个具有整体功能的网络生态，此时，涉农龙头企业（加工企业、生产企业、零售企业）蝶变成为“链主”，他们通过集聚内外部资源在产业链薄弱环节进行重点突破，推动“强链、补链、固链、延链”取得实质性进展。

作为一项强化产业链主体责任的制度创新，“链长制”通过集聚内外部资源在产业链薄弱环节进行重点突破，推动“强链、补链、固链、延链”取得实质性进展。探索建立乡村特色产业“链长制”，鼓励省内涉农龙头企

业（加工企业、生产企业、零售企业）通过构建农业数字化平台，实现从龙头企业到“链主”的蝶变，通过贯通上下游产业链条的关键环节，进一步拓展产业发展边界。以“链长制”为抓手能够有效提升产业链的自主性、可持续性和韧性，强化产业链薄弱环节，提升价值链，实现产业链各个环节的有效衔接。特别是能让更多小农户深度参与到产业链、价值链中来，形成更紧密的利益联结机制。

农业供给端迎来的新一轮的变革和重构给乡村特色产业带来了全新的发展路径和空间：一方面可借助数字化来优化农业产业结构，用数字化打通以用户为中心的“研—产—供—销—服”全链路，帮助传统乡村产业做全链路的升级；另一方面，帮助农业生产由消费端转向消费端与生产端“双轮驱动”，探索利用数据联盟链方式来构建起新型供应链协作网络，可以有效降低供应链的信任成本，支持特色农产品供应链朝着绿色、智能、高效、开放方向发展，进而完成数字乡村产业价值链的升级与再造。

二　培育乡村特色产业融合发展新业态

乡村特色产业的高质量发展，有赖于打造一条集城乡一体化发展、农业综合开发、农村综合改革于一体的新模式和新路径。近年来，国家非常重视田园综合体、农村产业融合发展示范园、现代农业产业园区、农业产业强镇等新载体、新平台的建设，这些新平台都肩负着促进农业产业融合、延伸农业产业链、拓展农业多种功能、发展农业新型业态等多模式融合等方面的使命。

习近平总书记多次强调要向开发农业多种功能要潜力，发挥三次产业融合发展的乘数效应，抓好农村电商、休闲农业、乡村旅游等新产业新业态。2023 年中央一号文件指出“培育乡村新产业新业态”，明确了持续实施文化产业赋能乡村振兴计划、乡村休闲旅游精品工程，推动乡村民宿提质升级。乡村休闲旅游与城市旅游具有一定的互补性，“十四五”期间河南应着力于依托乡村旅游资源禀赋，开发休闲农业和乡村旅游精品线路，加强乡村旅游资源开发；通过实施传统手工业、非遗产业、特色工业项目，充分利用当地的劳动力资源、历史文化资源和自然资源，保护历史传承并挖掘乡村的文化价值，培育发展特色产业；深入挖掘农业的多种功能，通过实施乡村旅游、民宿、健康养生、中医药等产业项目，将文化创意、旅游观光与农业产业结合，大力发展现代化农业新兴业态，形成乡村产业新的增长点。这些举措既是构建现代乡村产业体系的有益途径，也可以成为河南旅游业高质量发展的重要抓手。

三　着力打造“四链同构”的全产业链发展模式

“十四五”期间，加快推进乡村特色产业高质量发展，其中重要抓手是推进乡村产业全产业链发展。河南要从构建以农业产业化龙头企业为核心的全产业链体系着手，立足河南特色和优势，分类施策，避免重复建设和无序竞争，多层次、深层次推动乡村特色全产业链发展，立体式、开放式打造“四链协同”发展模式，提高农业质量效益和核心竞争力，积极探索具有河南特色的乡村产业全产业链发展模式。

（一）打造开放立体式产业格局，延伸乡村特色产业链

“乡村特色产业全产业链”是“产业链横向+纵向一体化”的内涵拓展。一纵就是纵向拓展新的产业，贯通产加销，创造新供给；一横就是横向拓展新功能，融合农文旅，培育新业态。从农业的多种功能考量，除保障农产品有效供给之外，农业还应具有生态涵养、休闲体验、文化传承等多元价值。打造乡村特色产业全产业链，就是要通过延伸产业链，构建覆盖种植与采购、贸易物流、食品原料/饲料原料及养殖屠宰、食品加工、品牌推广等多个环节的完整产业链系统，促进乡村特色产业与休闲、旅游、康养、生态、文化、养老等产业深度融合，进而聚集农业多种功能，提升乡村多元价值。

（二）发挥龙头企业的创新引领作用，提升乡村特色产业价值链

2022年2月，国务院印发的《“十四五”推进农业农村现代化规划》中提出，依托乡村特色优势资源，打造农业全产业链，鼓励发展农业产业化龙头企业牵头、家庭农场和农民合作社跟进、广大小农户参与的农业产业化联合体。在河南省内已相对成熟的联合体内既有龙头企业、新型农业生产主体，也有合作社、农户、相关要素企业/机构等，各参与主体具有明确的功能定位，能够实现优势互补、共同发展。龙头企业和“链主”能充分发挥“统”的职能，催生区域性的产业聚集，带动产业升级，进而形成

区位优势明显、适应新型消费的乡村产业集群，最终形成“产业联结机制—新要素变化—新产业形成—新集群构建”的多业态发展格局。

（三）促进优势特色主导产业转型升级，优化特色产业供应链

《河南省“十四五”乡村振兴和农业农村现代化规划》中提出，到2025年，全省要打造2个千亿级、10个百亿级、100个十亿级的现代农业全产业链。这就要求全省各地依托乡村特色资源优势，围绕产业链建设重点领域，结合省内县域主导产业发展实际和龙头企业培育情况，选定重点县区和重点企业，凝心聚力培育一批全产业链典型县，探索形成乡村特色产业全产业链高质量发展的“河南模式”；聚焦具备一定产业规模、产业发展基础较好、产业链主体具备现代农业经营管理意识和能力的重点链，实施主导产业（正阳花生、杞县大蒜、郏县红牛、灵宝苹果、鄢陵花卉、西峡香菇等）建链、加工流通延链、科技创新补链、园区集群壮链、融合发展优链行动。从主导产业和重点产品出发，进一步巩固乡村特色产业核心优势，优化以市场为导向、按需生产的供应链。

（四）充分释放“新基建”的赋能效应，打造乡村特色产业信息链

农业数字化发展背景下，要注重发挥物联网、大数据、区块链、人工智能、5G、智慧气象等现代信息技术在农业领域的应用，构建以新一代信息技术和新型基础设施为支撑，从生产、物流、流通到金融的完整体系，利用信息流打通产业链，运用价值链整合产业链，构建乡村特色产业的全产业链创新系统，达到特色农产品真正的“供需匹配”。

（五）健全农业全产业链融资渠道，打通乡村特色产业资金链

乡村特色产业链的金融支持是推进乡村特色产业全产业链高质量发展的关键。畅通农业全产业链融资渠道，首先要充分发挥各级财政资金的引导作用，激发社会资本投资农业产业的主动性和积极性。其次是金融机构要切实转变服务理念，创新金融产品，顺应农业产业链形态变化，满足多样化金融服务需求，通过探索应收账款融资、反向保理等多样化供应链金融产品和服务模式，为乡村特色产业全产业链量身打造金融产品。最后是

通过产业链“链主”的增信赋能作用，强化产业链主体间利益联结机制，推动小农户的关注点由生产最大化逐步向收益最大化进行转变。

四 抓好种业商业化确保粮食安全

种子是农业的“芯片”，种业的发展直接关乎国家粮食安全命脉。河南省“打好种业翻身仗”要立足本地比较优势和发展潜力，重构种业科技体制机制，顺应国际种业发展的新趋势新潮流，对标国际种企，合理规划产业区域布局，与推进农业发展整体衔接好，不能贪大求全、重复建设，为打好种业翻身仗作出“河南贡献”，推动育种行业跨越式发展。

（一）为推动行业加快兼并重组创造条件

自20世纪90年代以来，以高新技术为核心，通过兼并、重组等方式推动种业全球化，跨国种业巨头市场份额不断增加，“两超、四强、差异化发展”的种业垄断格局已经形成。全球种企并购已接近尾声，但国内种企并购正在加快速度。河南种企必须尽快有所行动，加入并购浪潮。河南政府也应通过用地政策、税收减免、资金扶持、提供上市融资扶持、支持社会资本、大型企业投资或参股种业企业等手段支持省内秋乐、金苑、牧原等种业龙头企业迅速做大做强，促使其加快成为市场创新主体。同时也要支持发展专而精的特色企业，以加强对本土优质种质资源的保护与利用。

鼓励、支持优势种企在种子贸易、投资合作、技术转让、资源整合等方面加快海外布局并参与国际竞争。扶持省内龙头企业向多元化、集团化与国际化发展，充分利用“两个市场、两种资源”进一步做大做强，实现从封闭型发展到开放型发展，培育具有国际竞争力的种业龙头企业以降低对国际种源的依赖程度。

（二）实施育种创新能力提升工程

要对育种基础性研究以及重点育种项目给予长期稳定支持，建立新型农作物种业科技创新体系。具体措施：一是加快国家生物育种产业创新中心建设进度，适时启动种畜种苗育种平台建设，实施更大力度的开放合作、更具吸引力的人才政策、更加灵活高效的管理体制机制，把国家级种业研发中心打造成为全球生物育种创新引领型新高地、具备国际竞争力的种业

"航母"集群和我国种业发展体制机制创新的"试验田"。二是以国家生物育种产业创新中心建设为引领，以国家小麦工程技术研究中心、国家小麦工程实验室、国际小麦玉米研究中心、省家禽种质资源创新工程研究中心等创新平台为支撑，以秋乐、金苑、牧原等种业龙头企业为载体，构建现代化商业育种体系。三是以农科系统和涉农高校为依托，以企业为主体，加快推进产学研深度融合，完善利益分配机制，强化协同创新，开展联合攻关，着力提高种业企业创新能力和核心竞争力。

（三）改造既有的传统农业模式扎实推动种业技术产业化

技术产业化优势是基础，这也是世界种业巨头的核心竞争力。目前我国各地并不缺少先进的农业技术，但是由于"科研成果转化周期""产业化成本""回报预期"等因素的限制，我国缺乏有效的产业化发展路径。要提高种业的产业化能力，就要改造现有的传统农业模式，进而构造出良好的产业化环境，那么种业的现代化改造就成为一个不可避免的过程。

（四）从需求侧和产业配套两方面着手提高种业的产业化能力

产业化能力本身需要市场需求和产业配套进行双向刺激。理想的模式应该是市场向研究机构提出需求，研究机构立项进行技术攻关。这样才能保证新作物一旦问世就能以很短的产业化周期投入市场，进而实现科研机构与企业的双赢。要让种子产权掌握在种子公司手里，这有助于建立一种良好的产业生态，进而提升种企创新的主动性。

（五）构建政产学研用协同的创新路径加强种业核心技术攻关

新品种开发和育种能力是行业的核心竞争力。河南育种企业的发展目标应提高政治站位，着力于弥补中国与全球领先纯系种源的经济现状差距，突破性创新品种拥有行业主动权，推动传统育种技术改造升级，实现育种精准化、智能化和工程化，以尽可能缓解"卡脖子"问题，降低对国际种源的依赖程度，以应对潜在的"种源封锁"危机。

目前，河南省种业的研发主要由种企、科研院所和高等院校承担，服务组织和社会公众在种业科技创新中也广泛参与，但是各创新主体各自为政，尚未形成完整的创新链条。需要以地方政府引导为前提，构建起以企业为主体、市场为导向，以分工协作和利益联结为根基、产学研用紧密结合的“育繁推一体化”商业化育种体系。

五　构建能够兼顾小农户收益的利益联结机制

要增强乡村特色产业的内生发展动力和能力，需要按照市场规则，通过合约建立商品交易关系，形成农户和乡村特色产业间公平且高效的利益关联模式。通过龙头企业带动、发展集体经济、地域品牌塑造等方式，将小农户与农民合作社、农业龙头企业、销售渠道等有效结合起来，把小农户与现代农业发展有机衔接起来，从而真正激发农民积极参与乡村特色产业发展的激情和决心，让农户在乡村特色产业快速发展的过程中成为主要的参与者和受益者。

（一）培育发展特色乡村产业的“新农人”群体

人力资源是所有资本投入和产业发展的根本动力。人才既是乡村特色产业高质量发展的“软实力”，更是其“硬支撑”。电子商务是数字时代乡村特色产业发展的重要途径，为“数字下乡，农货上行”搭建了新平台、形成了新业态。农村电商作为促进农产品上行、提高农业经营主体收入水平的重要途径，政府可以通过加强与电商平台、电商企业的合作，通过专业培训，强化专业化农村电商主体，让既懂农业生产又懂电商的“新农人”成为特色产业高质量发展的主角。

（二）以联合体为纽带建立利益共享机制

在资源资产确权的基础上，各类乡村产业主体相互联结，构建出企业、新型经营主体、小农户风险利益共担共享的产业融合发展联合体，探索出一条龙头企业引导特色产业高质量发展的新模式。从政府的角度看，需要不断进行组织创新，实施产业化经营，使小农户不仅能经营自产初级产品，而且要在一定程度上满足农产品深加工和大流通要求真正进入市场。同时加大对农民的教育和培训，要通过科学技术知识培训、职业技能培训，提高农民的科技素质，使其具备参与产业链的能力。如潢川县的“名企”带动强强联合型产业发展模式：龙头企业担任生产者和组织者角色，采用股份帮扶、委托代管、资产收益模式，引领农户投入生产经营；农户作为最基本的生产经营单元，是直接的生产参与者和受益者；合作社发挥与企业、农户的纽带作用，帮助小农户抱团投入市场。

（三）培育龙头企业带动产业集聚效应

在下游精深加工领域，通过扶持龙头企业，可以形成对中小企业的带动力，从而推动产业集群化发展。在促进产业融合方面，以休闲农业为媒介，可以实现果蔬变菜肴、产品变礼品、农房变景区的转化，并进一步优化河南特色农业的产业形象。通过做大做强一个产业带，打造一批产业高地，壮大一批龙头企业，培育乡村产业增长极，最终形成连城带乡、产镇融合、产城融合的发展新格局。

六　鼓励社会资本积极投资现代乡村特色产业

河南省各级政府要立足本地实际，充分发挥财政政策、产业政策引导撬动作用，鼓励社会资本投入现代乡村特色产业等重点产业和领域，推动设立政府资金引导、金融机构大力支持、社会资本广泛参与、市场化运作的乡村振兴基金，创新政府和社会资本合作模式，充分发挥社会资本在乡村特色产业高质量发展、基础设施建设等方面的引导和资金撬动作用，形成高质量资本供给和社会责任投资的高地。

（一）扶持乡村特色龙头企业进军资本市场

推动河南多层次资本市场发展，引导中原股权交易中心创新运营模式和服务方式，提高多层次资本市场服务能力。积极建立河南龙头企业预备上市企业库、鼓励企业进入全国股转系统挂牌、在河南股权交易中心设立农业板，分层次分阶段推动龙头企业在市场内进行融资。引导鼓励乡村特色产业龙头企业用好双创债券、绿色债券优先审核政策以及上市公司并购重组“小额快速”审核机制政策，提高融资效率。推动农业保险“增品、提标、扩面”，积极发展针对乡村特色产业龙头企业、农民合作社、家庭农场的保险产品。

（二）开展优势特色农产品“保险+期货”试点

涵养智慧生态，完善政策保障，预防农业产业系统性风险，让苹果、红枣等极具河南地域特色的品种，在“保险+期货”的保障下，得到充分的发展。推动发展地方特色农业保险及“农业保险+小额信贷保证保险”等险种在农村地区的接受程度，稳步发展目标价格保险、区域产量保险、收入保险，稳步推进农业大灾保险试点。支持金融机构创新涉农金融产品和服务，为乡村特色产业领域新型农业经营主体提供有效金融服务。积极稳妥推进农村承包土地的经营权和农民住房财产权抵押贷款试点工作。

（三）充分发挥金融科技在农村普惠金融领域的作用

利用金融科技打破农村金融发展中的时间和空间限制，弥补农村金融网点较少的问题，解决农村金融“最后一公里”问题，有效延伸农村金融服务的地域和受众范围。推动金融产品与科技的深度统合，借助大数据、区块链等技术，将科技嵌入基础性金融服务中，以金融科技创新思维，加快农村产品创新节奏，优化农村金融业务办理流程，缩短农村金融产品更新周期。

第八章　建设宜居宜业和美乡村

全面建设社会主义现代化国家，既要建设繁华的城市，也要建设繁荣的农村。党的二十大报告首次提出，统筹乡村基础设施建设和公共服务布局，建设宜居宜业和美乡村。习近平总书记在2022年中央农村工作会议上强调，农村现代化是建设农业强国的内在要求和必要条件，建设宜居宜业和美乡村是农业强国的应有之义。2023年中央一号文件再次强调加快建设农业强国，建设宜居宜业和美乡村，并对扎实推进宜居宜业和美乡村建设作出具体部署，这为新时期加快农业农村现代化指明了方向。建设宜居宜业和美乡村是继社会主义新农村建设、美丽乡村建设、乡村建设行动之后又一重要的战略部署，是全面推进乡村振兴的一项重大任务，是农业强国的应有之义，也是实现中国式现代化的重要举措。

第一节　宜居宜业和美乡村的内涵与意蕴

建设宜居宜业和美乡村，是党的二十大报告对乡村建设提出的新任务和新要求。从“宜居宜业美丽乡村”到“宜居宜业和美乡村”，既反映了中央政策的一脉相承，又符合新发展阶段乡村建设的新特征和新要求。虽一字之变，但内涵极丰极深，体现了乡村建设思想的变化和发展观的转变，展现了党在乡村现代化建设方面的理论创新和实践走向，彰显了对乡村建设认识的持续深化和全面化。科学把握宜居宜业和美乡村的科学内涵，需要从宜居、宜业、和、美四个方面系统把握，统筹实现乡村人与自然和谐共生、人业和合相宜、人人美美与共。

一　宜居塑形：打造宜居生活空间

宜居即适宜居住，是建设宜居宜业和美乡村的前提。中央农村工作会议上指出，要瞄准“农村基本具备现代生活条件”的目标，组织实施好乡村建设行动，让农民就地过上现代文明生活。农民现代生活内容十分丰富，包括衣、食、住、行、购物、社交、娱乐等诸多方面。乡村是农民生活的重要载体，宜居乡村宜在乡村基本具备现代生活条件的同时保留乡风乡韵，营造舒适宜居、乡村特色的生活空间，满足农民的基本生活需要和归属感。一是农村基础设施和基本公共服务供给显著改善。乡村规划合理、科学，立足生活便利、出行便捷、服务提质，持续优化农村基础设施和公共服务空间布局，实现水、电、路、气、网等基础设施日益完善，教育、医疗、养老等农村基本公共服务公平可及，优化农民生活居住、社会交往、公共服务空间，增强农民生活幸福感。二是农村环境生态宜居。农村生活垃圾无害化处理水平明显提升，农村卫生厕所普及率稳步提高，农村生活污水治理率不断提升，农村人居环境明显改善；农业面源污染得到有效遏制，绿色生产生活方式深入人心，村容村貌实现整体跃升。

二　宜业壮体：打造创新创富空间

宜业即适宜就业创业，是建设宜居宜业和美乡村的基础。安居与乐业密不可分，产业是就业的保障，没有产业就没有人气，没有人气乡村就没有生气。乡村应该成为农民就业创业的大舞台，宜业乡村宜在推进以县域为载体的城乡融合发展过程中，优化乡村就业创业环境，将产业主体更多留在县域和乡村，形成更多就近就业与多元增收的生产空间，满足农民就业创业、增收致富的需要，实现以产聚人、以人促产、产村人互利。一是乡村就业容量增加。农业产业韧性提升，乡村产业提档升级，就业容量大的县域富民产业发展壮大，形成城乡联动的优势特色产业集群，带动农民就近就业；农村营商环境改善，吸引新乡贤、新青年下乡创业的引力增强，为农民提供更多就近、稳定的就业岗位，乡村劳动力实现充分就业。二是农民增收渠道拓宽。农业多种功能得到充分开发，乡村多重价值被挖掘，一二三产业融合模式更加丰富，农民就业技能和生产经营能力显著提升，农民增收渠道更加多元；利益联结机制进一步完善，广大农民分享更多产业链增值收益，共享乡村建设发展红利，城乡居民收入差距持续缩小。

三　以和铸魂：打造和谐发展空间

中华文明具有突出的和平性。“和”是内在属性，侧重于乡村文化内核及精神风貌，强调和谐共生、和而不同、和睦相处。宜居宜业和美乡村建设将中国传统“和文化”纳入其中，注重人与自然的和谐、人与人的和谐、城市与乡村的和谐。一是人与自然和谐共生。尊重自然、顺应自然、保护自然的理念在乡村蔚然成风，绿色低碳的生产方式、人与自然和谐的生活方式深入人心，农民生态环保意识普遍增强；坚持“绿水青山就是金山银山”的发展理念，积极探索绿水青山转化为金山银山的路径，农村生态环境得到极大改观。二是乡村社会环境和谐。重视农村精神文明建设，社会主义核心价值观深入人心，农民思想文化素质全面提升，乡村文明焕发新气象，形成积极向上的文明风尚；移风易俗积极有序推进，乡村治理有序充满活力，家风乡风民风明显改善，社会环境安定祥和。三是城乡关系和谐。城乡融合发展体制机制更加完善，城乡要素平等交换、自由流动的通道基本打通，新型城镇化与乡村振兴协同发展，城乡融合发展扎实推进。

四　以美增颜：打造乡愁乡韵空间

中国要美，农村必须美。“美”既落实到具体的“物”和景观上，也体现在底蕴和文化上。乡村之美，美在建构乡村中的田园之美、乡风之美、城乡之美，实现各美其美、美美与共、城乡交互辉映。一是乡村各美其美。因地制宜利用乡土文化和自然风貌，放大优势，彰显特色，保存乡村原本特有的生态格局、乡土风貌、民俗韵味，将乡愁、乡韵、乡风融于一体，重塑乡村形态和文化记忆，体现“一村一品、一村一景、一村一韵”，让农民望得见山，看得见水，记得住乡愁。二是不同乡村美美与共。在保持乡村独具特色、各有千秋的基础上，加强区域统筹联动，一体化编制宜居宜业和美乡村建设规划，统筹安排空间布局，从一村美到全域美，建设全域美丽乡村，形成叠加效应和集群效应，实现“美美与共”。三是城乡交互辉映。农耕文明得以赓续传承，城市文明与乡村文明相互依存、功能互补，形成现代城镇与美丽乡村各具特色、交相辉映的城乡发展形态。

第二节　河南建设宜居宜业和美乡村的现状

党的十八大以来，河南坚持农业农村优先发展总方针，把乡村建设摆在现代化河南建设的重要位置，针对乡村基础设施和公共服务提升、美丽宜居乡村建设出台《河南省乡村建设行动实施方案》《河南省贯彻落实〈乡村建设行动实施方案〉工作方案》《河南省乡村建设示范创建方案》等文件，成立乡村建设行动领导小组和多个专项行动专班，立足地域特色，科学规划、整体推进，在乡村基础设施建设、公共服务提升、人居环境改善、乡村产业发展、乡村治理等方面取得了明显成效，农村面貌发生明显变化，群众幸福感获得感显著提升。

一　乡村基础设施提档升级

乡村基础设施是提升乡村生产力、发展现代农业、增加农民收入、全面改善乡村面貌、建设现代化乡村的重要物质基础。河南投入巨大的财力、物力加强乡村道路、供水、用电、网络、住房安全等重点领域基础设施建设，全面改善乡村生产生活条件，使乡村基础设施完备程度加快提升，逐步使乡村基本具备现代生活条件，为乡村全面振兴注入了强劲动能。

（一）农业基础设施建设稳步推进

河南将高标准农田建设作为扛稳国家粮食安全重任的主要抓手，创新机制、多措并举，全力推进高标准农田建设。2022 年，河南省新建高标准农田 756 万亩，同步发展高效节水灌溉面积 285 万亩，累计建成高标准农田 8330 万亩、发展高效节水灌溉面积 2350 万亩。在全国率先探索高标准农田“投融建运管”一体化推进模式。保障粮食安全，水利是命脉，灌区是关键。河南强力推进灌区改造提升，为保障粮食安全提供坚强的水利支撑。2022 年，河南完成年度投资 15.68 亿元，按计划完成 26 处大中型灌区续建配套与现代化改造任务，恢复和改善有效灌溉面积 117.38 万亩。近 10 年，全省恢复灌溉面积 584 万亩，改善灌溉面积 1494 万亩，全省灌区耕地有效灌溉面积由 1873 万亩增加到 3240 万亩。

（二）生活基础设施趋于完备

河南以“市市都有示范县、县县都有示范乡、乡乡都有美丽农村路”为目标，加快推进“四好农村路”示范创建工作，全面提升道路服务水平。2022 年，河南省全年累计新建和改造乡村公路 9789 公里，“四好农村路”全国示范县数量位居全国第一方阵，新增客运班线公交化运营行政村 1070 个。乡村饮水安全保障水平不断提升。截至 2022 年底，全省乡村集中供水率和自来水普及率进一步提升，集中供水率达到 94%，自来水普及率达到 92%；全省 60 个乡村供水“四化”试点县（市、区）加速推进，累计完成投资 170 亿元，全省 1000 万乡村居民用上地表水（含丹江水）。大力实施农网巩固提升工程和乡村电气化工程，推动乡村电网提档升级。2022 年河南省共计投资 18.47 亿元，建成 10 千伏及以下电网项目 3082 个，新建改造配电变压器 5004 台、容量 101 万千伏安，新建改造 10 千伏及以下线路 7503 千米。

（三）网络通信设施建设加速

河南省持续加快乡村信息基础设施建设步伐，统筹实施乡村 5G 和 4G 网络覆盖、光纤宽带网络覆盖、电信普遍服务、网络提速提质、网络信息惠民等工程，数字化基础设施设备得到不断完善。2022 年，河南统筹推进 5G 和千兆光网协同发展，实现乡镇以上区域 5G 网络连续覆盖和千兆光网全覆盖，网络规模位列全国第一方阵。截至 2022 年 6 月底，全省行政村通宽带比例达到 98%，乡村宽带接入用户数达到 1.39 亿户，比上年末净增 488 万户，比上年同期增长 8%。

二 乡村基本公共服务提标扩面

河南坚持以增进人民福祉、促进人的全面发展为目标，聚焦民生重点领域和关键环节，积极推动公共服务供给侧改革，不断加大对乡村公共服务的投入和保障力度，在硬件和体系建设上取得了明显进展，公共服务供给能力明显增强，乡村教育、医疗等基本公共服务水平不断提高，公共服务均等化水平稳步提升。

（一）医疗卫生服务不断进步

河南深入贯彻以基层为重点的卫生健康工作方针，着眼于“县强、乡活、村稳”，多措并举提升基层医疗卫生服务能力和基本公共卫生服务水平，高质量推进县域医共体建设，建立家庭医生签约服务制度，不断壮大基层卫生人才队伍，让人民群众能够就近获得更加公平可及、系统连续的医疗卫生服务。2022 年 6 月底，河南省县域医共体建设已实现全覆盖，103 个县市组建的 179 个县域医共体全部实质性运行。2022 年末全省共有基层医疗卫生机构 77904 个，其中社区卫生服务中心（站）1847 个，卫生院 2003 个，村卫生室 59858 个，诊所 11333 个。

（二）乡村教育快速发展

教育是管长远、管根本的基础工程，是民族振兴、社会进步的重要基石。河南高度重视乡村教育事业发展，聚焦“创新驱动、科教兴省、人才强省”战略，加大乡村教育投入，加强乡村教师队伍建设，优化教师资源配置，积极推进“互联网+教育”，乡村教育基本公共服务水平得到提高，城乡教育差距不断缩小。2022 年，河南规划新建村镇幼儿园 100 所。各地义务教育均衡发展和城乡一体化工作成效显著，新亮点进一步呈现。例如，周口采取以城带乡发展思路，乡村实施“一体化管理”，城乡缔结“发展共同体”，运用“名校+乡镇中心小学”办学模式组建城乡集团，建立城乡一体化义务教育发展机制。

（三）公共文化服务加快普及

河南对乡村公共文化建设的重视程度持续提升，聚焦公共文化服务体系建设等重点任务，扎实开展各项文化惠民活动，探索“乡村文化合作社”等乡村公共文化服务新模式，加快推进乡村公共文化数字化建设，不断提升基层设施建设运营服务效能，城乡公共文化服务体系一体建设取得进展，已基本建成覆盖城乡、保基本、促公平的公共文化服务体系，基本解决了“有没有”的问题，为乡村群众享受文化、参与文化、创造文化提供了更多便利条件。

（四）社会保障能力明显提升

河南不断完善统筹城乡的社会保障体系，建立统一的城乡居民基本养老保险制度，不断扩大保险覆盖面，构建“全民社保”，养老保险实现制度和人群全覆盖，社会保障制度更加成熟定型，保障能力不断增强。城乡居民基本养老保险基础养老金最低标准不断提高，2023 年 1 月 1 日起，城乡居民基本养老保险基础养老金最低标准提高至每人每月 123 元，乡村养老服务能力和保障水平稳步提高。

三　乡村人居环境显著改善

农村人居环境整治既是乡村生态振兴必须解决的重点和难点，也是建设宜居宜业和美乡村的现实需要和关键所在。自 2018 年开展农村人居环境整治以来，河南深入贯彻落实习近平总书记关于改善人居环境的重要指示批示精神，实施农村人居环境整治三年行动，持续推进农村人居环境整治提升五年行动，聚焦村容村貌提升、污水治理、垃圾治理、厕所革命等重点工作，把人居环境整治与“五星”支部创建相结合，开展“治理六乱、开展六清”集中整治行动，多措并举、综合整治，取得重要阶段性成效。

（一）厕所革命有序推进

改厕事关农民生活质量，事关乡村卫生环境。河南坚持农民主体、数量服从质量、进度服从实效，科学选择改厕技术模式，努力办好农民群众“方便”之事，重点抓好改厕质量和后期管护服务，确保改一个、成一个、群众满意一个。2018 年以来，全省乡村共完成无害化卫生厕所改造 882 万户，无害化卫生厕所普及率达到 69%，其中，孟州市“改厕治污一体推进、村容乡风同步提升”的改厕模式在全国推介。

（二）垃圾治理全面推进

河南按照建立健全符合农村实际、方式多样的生活垃圾收运处置体系的要求，积极推广农村生活垃圾“户投放、村收集、镇转运、县处理”模式，农村生活垃圾收运处置体系覆盖所有行政村和 97% 的自然村，初步建立了“扫干净、转运走、处理好、保持住”的农村生活垃圾治理体系。探索生活垃圾治理市场化运营机制，采取先创建后认定的方式，有序开展生活垃圾分类与资源化利用省级示范县、省级示范乡镇创建。截至2023年7月，河南共认定农村生活垃圾分类与资源化利用示范县（市、区）28个，示范乡镇50个。

（三）污水处理梯次推进

农村生活污水治理是改善农村人居环境的重要内容，是实施乡村振兴战略的重要举措，是建设生态宜居美丽乡村的内在要求。河南紧贴省情农情，优先开展城乡接合部、乡镇政府所在地、中心村等村庄的生活污水治理，科学合理选择污水处理方式，分类推进农村生活污水治理，积极开展农村水环境治理。截至2022年底，全省农村生活污水治理率达36.6%，稳居中西部省份前列。

（四）创建示范村镇持续推进

为带动农村人居环境整治提质增效，近年来河南贯彻落实“绿水青山就是金山银山”理念，坚持山水林田湖草是生命共同体的整体观，认真学习浙江“千万工程”经验，开展“千万工程”示范创建，抓好“十县百镇千村”示范建设，将人居环境提升、生态环境改造与经济社会发展融合并进，绿化、美化人居环境，打造了一批具有河南特色的美丽乡村建设样板。全省已创建“四美乡村”11200个、“美丽小镇”500个、“五美庭院”183万个。

四 乡村产业蓬勃发展

河南坚持农业农村优先发展，扛稳粮食安全重任，持续深化农业供给侧结构性改革，推动一二三产业融合发展，培育壮大县域富民产业，“国人粮仓”“国人厨房”“世人餐桌”的地位不断提升。

（一）粮食安全根基持续夯实

河南始终把粮食安全这一“国之大者”扛在肩上、抓在手上，坚持藏粮于地、藏粮于技，落实最严格的耕地保护制度，加强高标准农田建设和管护，加快推进中原农谷建设，加强良种研发和农技推广，持续扛稳粮食安全重任。2022 年，河南粮食产量 1357.87 亿斤，居全国第二，连续 6 年粮食总产稳定在 1300 亿斤以上，粮食播种面积持续稳定在 1.61 亿亩以上。累计建成高标准农田 8330 万亩，综合机械化率 87%，主要粮食作物良种覆盖率 97%。

（二）乡村特色产业发展壮大

河南省立足本地资源，因地制宜发展特色种养、特色食品加工等特色产业，打造优势特色产业链，形成一批特色产业集群和优质区域品牌，构建“一县一业”“一村一品”的产业格局。发展优质专用小麦、花生、草畜、林果、蔬菜、花木、茶叶、食用菌、中药材、水产品等十大优势特色农业，2022 年，优质专用小麦 1628 万亩、优质花生 1939 万亩、食用菌产量 178 万吨，均居全国第一位，优势特色农业产值占比 57.8%。大力发展农产品精深加工，全省粮油加工转化率达 80%，主食产业化率 65%，生产了全国三分之一的方便面、四分之一的馒头，农产品加工业成为全省两个万亿级产业之一，规模以上农产品加工企业 5105 家，营业收入同比增长 7.8%。全省已经创建 10 个国家级、100 个省级现代农业产业园体系，创建 6 个国家级优势特色产业集群、80 个国家级农业产业强镇。

（三）新产业新业态方兴未艾

河南积极发展乡村旅游、休闲农业、文化体验、健康养老、电子商务等新产业新业态，实施“数商兴农”和“互联网+”农产品出村进城工程，组织开展“寄递+现代农业”金银铜牌项目创建，推动农文旅融合发展，在全省范围内创建了一批乡村康养旅游示范村。阿里研究院数据显示，2022 年河南共有 144 个淘宝镇，209 个淘宝村。截至 2022 年底已创建 236 个乡村康养旅游示范村，创建“快递服务现代农业”省级金牌项目 25 个，快递电商实现深度融合，协同发展成效明显。

（四）农民返乡创业态势良好

河南优化营商环境、完善政策，出台《河南省人民政府办公厅关于推动豫商豫才返乡创业的通知》等文件，支持豫商豫才返乡创业、发展事业，构建创业培训、创业担保贷款、创业孵化、创业服务“四位一体”创业扶持体系，以返乡创业带动农村劳动力家门口就业增收。2012 年至 2022 年，河南累计发放创业担保贷款 1206 亿元。截至 2022 年，河南省新增返乡创业 137 万人、带动就业 900 多万人。开展农民工返乡创业示范认定工作，2022 年认定 30 个农民工返乡创业示范园区，50 个农民工返乡创业示范项目，101 个农民工返乡创业助力乡村振兴优秀项目。

五　乡村治理改善提升

乡村治，百姓安，国家稳。乡村治理是国家治理的基石，不仅关系着农业农村改革发展，也关乎党在农村的执政基础。近年来，河南把乡村治理作为乡村振兴有力抓手，健全工作机制，强化试点示范，探索经验模式，自治、法治、德治、数治相融合的基层治理体系持续健全，文明乡风、良好家风、淳朴民风蔚然成风，农村安定和谐局面日益巩固。

（一）农村基层党组织不断建强

农村工作千头万绪，抓好基层党组织是关键。河南实施“头雁工程”，选优配强村级班子，稳妥推行“一肩挑”，省市县联动开展培训，干部队伍实现整体优化。2021 年换届后，新一届村（社区）“两委”成员中本村致富能手、外出务工经商返乡人员、本乡本土大学毕业生、退役军人占比达到 71.7%，村、社区党组织书记和村（居）委员会主任“一肩挑”占比分别达 99.73%、99.69%。同时，河南深入实施强基固本工程，扎实开展五好乡镇党委、五星农村党支部创建活动，进一步筑牢基层战斗堡垒。2022 年，全省 4.7 万个村创成五星支部 591 个、四星支部 4581 个、三星支部 16041 个、二星支部 22665 个、一星支部 1306 个。

（二）乡风文明程度明显提升

河南深入贯彻落实习近平总书记关于社会主义精神文明建设的重要论述，将农村精神文明建设作为滋润人心、德化人心、凝聚人心的载体，大力倡导社会主义核心价值观，持续推进移风易俗、摒弃陈规陋习、弘扬文明新风，广泛开展文明实践，农民精神风貌得到提升，乡村文明逐步焕发新气象。截至 2022 年底，全省普遍建立了新时代文明实践中心（所、站），50% 以上的乡镇和村达到县级以上文明村镇标准。

（三）数字化与乡村治理深度融合

河南以数字化推进乡村治理现代化建设，推动“互联网+政务服务”向乡村延伸，建成覆盖省、市、县、乡、村五级的河南政务服务网，全省零跑动、不见面审批事项占比达90%以上，基本形成一网服务、一号登录、一次办妥、全渠道评价的一体化政务服务体系，一体化政务服务能力进入全国第一方阵。持续推进“雪亮工程”实施，“千里眼·平安乡村”覆盖1.7万个行政村，“蓝天卫士”实现全省农田区域视频监控全覆盖，农村社会综合治理精细化、现代化水平得到提高。

第三节　河南建设宜居宜业和美乡村的形势

建设宜居宜业和美乡村涉及农村生产、生活、生态各个方面，涵盖物质文明和精神文明各个领域，既包括“物”的现代化，也包括“人”的现代化，还包括乡村治理体系和治理能力的现代化。当前，河南推动宜居宜业和美乡村建设面临前所未有的新情况，各种不确定难预料因素明显增多，必须放在推进中国式现代化大背景下来审视，着眼新的目标要求，把握新的变化趋势，与建设农业强省、全面推进乡村振兴统筹起来，加强顶层设计、统筹谋划，努力满足亿万农民对建设美丽家园、过上美好生活的愿景和期盼。

一　目标要求全面提升

农业农村现代化发展是中国共产党探索中国式现代化道路的重要内容，乡村建设始终贯穿其中。改革开放以来，党中央始终高度重视乡村建设工作，乡村发展战略思想与时俱进，也积累了丰富的实践经验。2005年10月，党的十六届五中全会提出了“建设社会主义新农村”这一时代课题，强调建设社会主义新农村是现代化进程中的重大历史任务，要按照生产发展、生活富裕、乡风文明、村容整洁、管理民主的要求，扎实稳步地加以推进。实施乡村振兴战略，是党的十九大作出的重大决策部署，是决胜全面建成小康社会、全面建设社会主义现代化强国的重大历史任务，是新时代“三农”工作的总抓手。从“生产发展、生活宽裕、乡风文明、村容整洁、管理民主”的社会主义新农村建设总要求，变为“产业兴旺、生态宜居、乡风文明、治理有效、生活富裕”的乡村振兴总要求，字数虽然没有变化，但内涵进一步丰富发展，深刻反映了新时代农业农村发展的新阶段、农民群众的新期待，也是“五位一体”总体布局、“四个全面”战略布局在农业农村发展中的具体体现。党的十九届五中全会提出实施乡村建设行动，强调把乡村建设摆在社会主义现代化建设的重要位置。

随着小康社会全面建成，中华民族站在新的历史起点上。中国将开启全面建设社会主义现代化国家新征程。党的二十大报告指出，从现在起，中国共产党的中心任务就是团结带领全国各族人民全面建成社会主义现代化强国、实现第二个百年奋斗目标，以中国式现代化全面推进中华民族伟大复兴。全面建设社会主义现代化国家，实现中华民族伟大复兴，最艰巨最繁重的任务依然在农村，最广泛最深厚的基础依然在农村。党的二十大进一步提出“建设宜居宜业和美乡村”，乡村建设开启新阶段，基本内涵和目标要求进一步拓展升级。新征程上，以全面建成小康社会为新起点，做好全面推进乡村振兴这篇大文章，补上“三农”短板，建设宜居宜业和美乡村，这是农业农村发展新的历史方位，也是“三农”工作新的历史使命。

二 战略决策提供支撑

高质量发展是全面建设社会主义现代化国家的首要任务，更是作为农业农村大省的河南建设现代化的鲜明主题。河南省第十一次党代会旗帜鲜明地提出锚定“两个确保”、实施“十大战略”，为新时期全面实施乡村振兴战略、加快农业农村现代化把准方向、突出重点、明晰路径。高质量建设现代化河南，高水平实现现代化河南，最艰巨最繁重的任务在农村，最广泛最深厚的基础在农村。广大乡村地区存在基础设施依然薄弱、乡村公共服务仍不健全、产业富农能力不足、基层治理水平有待提升等突出问题，与高质量建设宜居宜业和美乡村仍存在一定差距，与农民美好生活需求还不匹配。截至 2022 年末，河南常住人口城镇化率为 57.07%，仍远远低于全国 65.2%的平均水平，乡村地区仍是 4200 多万人常住的家园，推进现代化河南建设，呼唤更加欣欣向荣的乡村。建设现代化河南，大头重头在“三农”，潜力和空间也在“三农”。河南乡村面比较大，既是发展的短板，也是新的增长点。作为实施乡村振兴战略的重要任务，乡村建设不仅是现代化河南建设的重要内容，也是河南锚定“两个确保”、实施“十大战略”的坚实支撑。全面推进乡村振兴和现代化河南建设会为乡村发展带来更多政策、技术、资金等要素支持，为乡村发展注入强大动能，乡村地区必将成为乡村振兴战略和实现“两个确保”的重大受益者。

加快构建以国内大循环为主体、国内国际双循环相互促进的新发展格局，是党中央明确的重大战略任务，是实现高质量发展的必然要求。构建新发展格局，农业农村是基础和支撑，肩负着保障粮食等重要农产品的安全、夯实发展根基的重要使命。河南作为全国重要的农业农村大省，加快建设农业强省，重任在肩。构建新发展格局，农业农村也有潜力和空间，承担着发掘乡村居住人口的消费市场、落实扩大内需这个战略基点的重要任务。目前，河南仍有 4200 多万农民居住在乡村，乡村消费水平仍较低，农村基础设施和公共服务整体滞后，与乡村现代化的要求存在差距。地域广阔的乡村、规模巨大的农村居民整体迈向现代化，必然会释放出巨量的消费和投资需求。大消费市场的优势与新发展格局的要求高度契合，构建新发展格局，扩大内需是战略基点，潜力后劲在“三农”。建设宜居宜业和美乡村正当其时，将人口规模优势、经济体量优势、区位交通优势转化为高质量发展的胜势，充分发挥乡村作为消费市场和要素市场的重要作用，稳增长、扩内需，畅通国内大循环，从而成为河南融入“双循环”的重要支撑，塑造河南发展新优势。

三　乡村社会结构加快演进

城市发展与乡村社会结构变迁是人类社会文明演进的必然进程，是生产方式变革的必然结果。改革开放 40 多年，城镇化的快速发展，为城市经济发展增添了动力，也让农村社会结构发生重大变革。农村人口在城乡之间快速流动，城乡人口结构发生变化，城镇人口越来越多，农村人口不断减少。《2022 年河南省国民经济和社会发展统计公报》数据显示，2022 年末，全省常住人口 9872 万人，其中城镇常住人口 5633 万人，乡村常住人口 4239 万人，常住人口城镇化率为 57.07%，比上年末提高 0.62 个百分点。与 2020 年第七次全国人口普查相比，全省城镇人口增加 125.1 万人，乡村人口减少 189.7 万人，城镇人口比重上升 1.64 个百分点。河南老年人口基数大、增速快，老龄化趋势明显，截至 2022 年末，河南 60 岁及以上人口

1862万人，占常住人口的18.86%，比2021年末增加79万人，人口老龄化进一步加深。同时，伴随着农村劳动力的大规模转移和低水平生育率的持续，乡村人口老龄化程度高于城镇，“空心化”现象也在一定程度上在乡村客观存在。大量青壮年劳动力外流，抽离了乡村社会的主体力量，不仅造成乡村离散、空心和衰颓，也造成了治理体系中主体结构的“失却”。在外出打工人员比较多的村庄，50岁、60岁左右的人群成了农业劳动的“中坚力量”，平均年龄60岁以上的村庄也在不断出现。规模化的现代农业企业，在农忙季节出现了“雇工荒”现象，而雇用而来的大多是上了年纪的老人和妇女。

建设宜居宜业和美乡村，需要适应农村人口结构和社会形态的变化。河南乡村按区域可主要分为城市化地区乡村、山区丘陵和平原农区三大类，这三类区域乡村由于区位条件、资源禀赋、功能定位等发展条件的差异，乡村老龄化程度、青壮年流失程度不同，这意味着宜居宜业和美乡村建设不可能整齐划一，不能搞一刀切和撒胡椒面，要把握乡村的多样性、差异性、区域性特征，顺应不同类型区域村庄演进趋势和发展要求，着眼规划引领，分类推进。

四 数字化智能化深度嵌入

“十四五”时期是全面推进乡村振兴、建设数字中国的发力期。习近平总书记在中国共产党第二十次全国代表大会上提出，要加快建设数字中国，加快发展数字经济，促进数字经济和实体经济的深度融合。数字经济将数据要素转化为数据产品并赋予使用价值，为乡村振兴提供了新动力和新支撑。2022年中国数字经济规模达50.2万亿元，占GDP比重提升至41.5%，数字经济在农业领域的渗透率为10.5%，较上年同比增长0.4%，逐渐成为推进农业升级、农民进步、农村发展的重要引擎。数字化时代的到来为农业农村现代化建设注入了新的活力，也为建设宜居宜业和美乡村提供了新的契机。最近五年的中央一号文件始终关注数字技术对农业农村发展的赋能效应，河南省也出台了《关于加快推进农业信息化和数字乡村建设的实施意见》等有关数字乡村建设、乡村数字改革的政策文件，并将数字乡村建设纳入“数字河南”建设总体规划，在全国率先制定出台《“一村九园”数字化建设规范（试行）》，投入财政资金，支持开展“一村九园”数字化应用场景建设。数字经济的红利扩散到河南农业领域和农村地区，助力宜居宜业和美乡村建设已经成为新的发展趋势，以数字化建设为“金钥匙”，将为河南农业全面升级、农村全面进步、农民全面发展提供新动力。但是，数字化与宜居宜业和美乡村建设深度融合过程中还存在一些梗阻。在数字经济、中国式现代化、建设农业强省等多重背景交叠下，如何使数字化、智能化更好赋能宜居宜业和美乡村建设，真正提升农民在数字时代的获得感、幸福感和安全感，是新时代所面临的重要课题。

第四节　河南建设宜居宜业和美乡村的重点难点

在实现第二个百年奋斗目标的新征程上，全面推进乡村振兴，建设宜居宜业和美乡村，具有深远的历史意义和重大的现实意义。建设宜居宜业和美乡村是一项复杂繁重的长期性、系统性工程，任重而道远。在领会、把握宜居宜业和美乡村丰富内涵、建设现状和面临的形势的同时，应需进一步突出问题导向，注意和把握建设的重点难点，找准切入口和突破口，从多方面进行持续不懈的努力奋斗，满足农村居民日益增长的美好生活需要。

一　河南建设宜居宜业和美乡村的重点

建设宜居宜业和美乡村是国家在推进农业农村现代化进程中的重大实践，涉及农村生产、生活、生态等多个领域，要从政治高度和全局高度，将硬件软件两手抓，乡村发展、乡村建设、乡村治理三位一体推进，推动宜居宜业和美乡村不断取得新进展、新成效。

（一）硬件软件两手抓

宜居宜业和美乡村建设，既要“富口袋”也要“富脑袋”，既要外在美丽得体，又要内在和善丰盈，“面子”“里子”缺一不可。宜居宜业和美乡村建设是一项系统工程，非一时之功所能致，离不开硬件的支撑和软件的保障，重点是硬件、软件两手抓，同步实施，齐头并进。一手抓硬件建设，以基础设施、公共服务、人居环境为重点，提高乡村基础设施完备度、公共服务便利度、人居环境舒适度，逐步让农村基本具备现代生活条件。一手抓软件建设，以乡村治理、农村精神文明建设为重点，提高乡村治理效能，着力塑造人心和善、和睦安宁的乡村精神风貌。聚焦“硬件”，突出“软件”，软硬两手抓、齐发力，既见物又见人，在实现“物”的现代化的同时，实现“人”的现代化、乡村治理体系和治理能力的现代化，推动“乡村颜值”和“内涵气质”双提升，实现乡村由表及里、形神兼备的全面提升。

（二）乡村发展、乡村建设、乡村治理三位一体推进

宜居宜业和美乡村是一个整体的建设单元，涉及农村生产生活生态各个方面，各要素环环相扣，把握好各部分对接关系，促进各部分统筹协调、相互支撑，形成系统化提升，使农村真正实现物质文明和精神文明相得益彰。乡村发展、乡村建设和乡村治理“三大”行动，紧密相连、休戚相关，统一于宜居宜业和美乡村建设实践，并共同构成全面推进乡村振兴的大厦支柱。建设宜居宜业和美乡村重点在于以乡村宜居宜业和美为导向，优化促进乡村发展、乡村建设、乡村治理的路径选择，促进三者融合互动、相得益彰。坚持稳中求进总基调，处理好发展、建设与治理的关系，注重市场、政府与社会机制的耦合，推动乡村发展、乡村建设、乡村治理方面政策集成、项目集中、要素集聚，打通堵点、解决难点、消除痛点，形成合力，协同推动乡村高质量发展、乡村持续性建设和乡村有效治理，努力实现乡村“形、实、魂”深度融合、协同发展。

二　河南建设宜居宜业和美乡村的难点

宜居宜业和美乡村建设是一项长期任务、系统工程。在河南推进宜居宜业和美乡村建设过程中，逐渐暴露出乡村建设、要素保障、产业发展、农民参与、数字赋能等方面存在的一些短板弱项，深刻认识并实现突破成为建设宜居宜业和美乡村的难点。

（一）在补齐乡村建设短板方面寻求突破

河南省在乡村规划、基础设施建设、基本公共服务、人居环境整治等方面取得了进展，但是与和美乡村的目标要求相比，还存在很多薄弱领域和短板瓶颈。一是乡村规划引领作用不强。从整体看，在全省 4.58 万个行

政村中，过半数的乡村还没有形成科学合理的乡村规划，缺少指引，这不仅制约了宜居宜业和美乡村建设，同时也影响了乡村全面振兴。同时，已有的一些乡村规划科学性、前瞻性不强，难以发挥乡村规划的引领作用。部分乡村盲目照搬城市规划的思路和理念来编制乡村规划，导致乡村规划的“城市味道”过重，搞得城不像城、村不像村；部分乡村在规划时对乡村发展规律的认识不足，没有做到村庄空间高效集成，没有妥善设置各项建设任务的时序，导致土地资源粗放使用，一些项重复建设，浪费资源。二是基础设施仍较薄弱。一方面，城乡基础设施差距大。由于城乡二元结构的长期存在，基础设施以城市为“绝对中心”，在农村的延伸性和覆盖面明显不足，导致城乡公共资源配置严重不均衡，农民日益增长的美好生活需要与农村基础设施建设水平之间的供需矛盾日益突出，乡村基础设施建设短板需要进一步补齐、质量需要进一步提升、配套服务需要进一步完善。另一方面，乡村内部发展不平衡。乡村基础设施建设存在向重点村、示范村过度集中、重复建设的情形，导致普通乡村基础设施建设存在投入少、层次低、质量低、功能弱等现象。三是基本公共服务水平亟待提升。与农村居民美好生活需求相比，教育、医疗、养老等农村公共服务供给数量不足、质量不高，农村基本公共服务供给水平与城市相比明显滞后，乡村基本公共服务的均衡性和可及性亟待增强。四是人居环境整治水平亟待提升。河南省农村人居环境整治整体水平有待提高，且各地乡村之间水平差距大，后续的设施管护、运营等投入机制不健全。

（二）在破解“人、地、钱”三大瓶颈方面寻求突破

实现乡村由表及里、形神兼备的全面提升，一体推进农业现代化和农村现代化，在做好一体化设计的同时，关键在于落实。河南在推进宜居宜业和美乡村建设过程中，面临着人、地、钱等要素投入保障不足的困境。一是人才匮乏。河南广大乡村面临着人力资源困境，整体上引才难、育才难、留才难，存在人才总量不足、质量不高、结构不优的发展瓶颈，难以满足宜居宜业和美乡村建设的需要。河南乡村青壮年劳动力外流、农村人口老龄化现象比较严重，出现了劳动力断代的问题，村庄发展活力不足；老年农民思想观念、文化素质、技术技能与宜居宜业和美乡村建设的要求差距较大，一些乡村规划的产业项目由于缺乏人才和劳动力支撑，项目难

以落地。与城市相比，乡村对各类人才的引力明显不足，加之人才培养机制建设滞后，导致农村基层管理、技术人才严重匮乏，年龄结构断层，宜居宜业和美乡村建设缺少高素质、专业化的专业技术人才、经营管理人才、乡村治理人才以及结构合理的人才队伍。二是土地资源稀缺。河南乡村空闲地和闲置宅基地大多零星分散，整治腾退难度大、成本较高。一些乡村集体建设用地因碎小地块、村民意愿、政策要求等方面的制约，无法高效利用，存在粗放利用、闲置浪费现象。另外，乡村新产业新业态不断涌现，对设施农用地和建设用地提出了新的更高要求，一些乡村二、三产业用地指标不足，农村集体经营性用地和农村宅基地可使用面积较少，难以满足乡村产业发展需求，即便是一些地方在乡镇土地利用规划中为乡村产业发展预留了少量用地指标，但由于缺少细化的村级规划，也难以发挥实效。三是资金投入短缺。河南乡村数量多、面积大、范围广，乡村地区的财力有限，无法满足宜居宜业和美乡村的建设的需求，资金短缺成为一个重要挑战。相对城市来说，长期以来乡村建设投入少、欠账多，基础设施建设、环境治理、农业发展等方面面临巨大资金缺口问题，然而，乡村建设的资金投入主体力量不足，村集体财力有限，社会资本参与不足，单靠财政资金支持还无法满足宜居宜业和美乡村建设的需要，伴随部分地方财政困难，县乡两级也无法提供足够的资金支持，就会出现财政资金支持不足而无法开展工作的情况。另外，也存在着资金分配不均的现象，资金大都向有条件、有基础的村庄倾斜，导致一些基础设施比较薄弱、真正需要建设资金的村庄，却难以获得大量的资金支持。

（三）在提升乡村产业发展动能方面寻求突破

乡村产业是农业农村各项事业发展的物质基础，乡村产业发展重点在于形成现代产业体系与合理的产业结构。目前，无论是产业体系构建，还是产业结构调整河南乡村都比较滞后。从乡村产业体系来看，河南是传统的农业大省，多数地区还是以第一产业为主，有的乡村虽然形成了一、二、三产业体系，但存在产业链发展整体水平不高、链条较短、向中高端延伸发展缓慢等问题，导致产品附加值不高，产业融合层次较低，产业带动性不强。农产品加工多停留在初次加工环节，精深加工程度不够，农产品加工转化率低，与发达国家及地区还有一定差距。产业链、要素链、创新链、供应链、政策链还不够匹配，导致绿色优质农产品、生态健康畜牧产品供给不足，产品品牌竞争力不强，产业效益不高。农村产业现代化服务仍然乏力，导致产业“补链”“延链”步履缓慢，存在产业发展不够协同的问题，乡村三产融合的深度和广度还有待提高。从乡村产业结构来看，河南乡村存在产业结构同质化现象，缺乏个性特色和核心竞争优势。部分乡村主导产业定位不清晰，特色资源挖掘不深入，存在跟风模仿的现象，造成资源浪费、重复建设等问题，乡村产业结构调整难度比较大。比如，部分地区的乡村休闲农业和乡村旅游大多停留在农家乐、采摘园等，没有形成农商旅、农文教、农文养、农餐游等多功能立体式农业休闲和乡村旅游良性融合发展模式，并且同质化现象严重，游客重游率比较低。

（四）在防止农民主体缺位方面寻求突破

农民既是宜居宜业和美乡村建设主体，又是受益主体。乡村建设资本化、技术化与行政化导致了农民主体缺位的结构困境。主要表现在，一方面，乡村建设过程中农民被客体化、被边缘化，存在政府干农民看、农民不想参与、农民参与不了的情况。河南部分乡村直接将本应由村民自己主导的村庄规划变成了由政府主导，由政府来决定建什么、怎么建，农民的实际需求被忽视，只能被动参与和接受。一些基层政府以购买服务的市场外包方式取代了农民对村庄环境治理的参与，进入乡村的社会资本只关注自身利益而对农民需求缺少关注或者忽视。一些乡村在发展乡村旅游时，采用引进商业资本提供市场化服务的经营模式，存在农民被边缘化的现象。还有部分乡村则是村集体组织力量薄弱，基层党组织软弱涣散，没有能力把农民组织起来参与到村庄治理中，导致自治、德治建设空化问题。另一方面，从农民自身来看，大量中青年劳动力候鸟式乡村生活淡化了乡村情结，常年留守在农村的老人、妇女和儿童因为自身能力不够，难以对乡村发展和建设提供建议和想法，往往都是听从村干部的安排，长此以往，逐渐失去了表达自身意愿和想法的能力，参与的积极性进一步降低。一些农民则是个人权利意识淡薄，公共精神缺失，参与意识不强、热情不高，总觉得会有其他村民参与和村委会兜底，不差自己这份力量，自身只是宜居宜业和美乡村建设的观望者。

（五）在强化数字赋能方面寻求突破

数字赋能宜居宜业和美乡村建设离不开新技术、新场景的叠加作用，但是在数字经济与河南乡村建设不断互嵌和融合的过程中，普遍存在数字技术对农业农村发展的支撑能力不强，数字应用尚停留在初级层次的现象，影响数字对宜居宜业和美乡村建设赋能效应的充分发挥。具体来看，一是数字农业等方面的关键核心技术创新不足，数字农业的发展水平有待进一步提高，覆盖范围有待进一步扩大，数字防汛防灾的能力需要进一步提高。二是数字技术融合应用场景有限，由于乡村数字基础设施比较薄弱，导致农业产业数字化、数字产业化发展和乡村数字软件服务相对滞后，极大地限制了数字技术在宜居宜业和美乡村建设各个领域的嵌入和渗透，致使乡村地区难以充分共享数字红利。三是缺乏数据要素整合平台，存在“数字孤岛”，数字农业、数字乡村、数字治理等数据资源分散、共享不畅，数据资源整合难度较大，数据分析和应用方面也存在着较大的技术挑战和壁垒。四是农民数字素养低，数字化应用场景有限，农民更多的是运用微信、抖音、淘宝、拼多多等平台进行社交、购物、娱乐等，将“数”之力转化为生产力的能力较低；对部分农民群体而言数字技术会造成“排斥效应”和“挤出效应”，导致新的数字化贫困。

第五节　河南建设宜居宜业和美乡村的对策建议

宜居宜业和美乡村建设是落实乡村振兴战略的重要举措，也是推进中国式农村现代化的实践路径。在新的发展阶段，要深化推广浙江“千万工程”经验，立足全面推进乡村振兴、加快推进农业农村现代化的战略部署，从实施乡村建设行动、强化资源要素保障、优化乡村产业体系、提升乡村治理效能、突出数字全面赋能五个方面系统发力，高水平建设宜居宜业和美乡村，将现代版“富春山居图”在中原大地镌刻呈现。

一　实施乡村建设行动，夯实乡村全面振兴根基

建设宜居宜业和美乡村，要以乡村振兴为农民而兴、乡村建设为农民而建为根本原则，科学编制村庄规划，统筹乡村基础设施和公共服务布局，

扎实推进人居环境整治，不断缩小城乡发展差距，持续提升乡村宜居水平。

（一）科学规划乡村建设，彰显中原乡村特色

要秉持乡村建设为农民而建的原则，充分尊重农民意愿。客观分析乡村建设的现实基础和推进步骤，综合研判乡村资源禀赋、产业发展、农民素养等现状，科学布局乡村生产、生活、生态空间，尤其要注重保护沿黄传统村落和乡村特色风貌，突出地域特色、乡土底色，制定各具特色的差异化乡村建设规划。

（二）推进农村基础设施建设，弥合城乡发展硬鸿沟

持续加快补齐农村基础设施建设短板，完善水利、电力、道路、网络、物流等生产生活配套设施，推进城乡基础设施互联互通，满足农民现代化生产生活需要。扎实推进农田水利和高标准农田建设，坚持建管并重，强化后续管护，进一步提升农业防灾减灾抗灾能力。

（三）推进农村人居环境整治，建设绿色低碳乡村

重点聚焦农村厕所革命、农村生活污水和生活垃圾处理等，开展农村人居环境集中整治行动。统筹县、乡、村三级生活垃圾收储体系，推进垃圾分类减量与利用；建设农村污水处理系统，建立健全促进水质改善的长效运行维护机制，全面提升农村人居环境整治水平，让农村尽快净起来、绿起来、亮起来、美起来。引导村民、村集体经济组织等利用“互联网+监管”平台积极参与农村环境监督，对农村人居环境、生态环境的进行实时动态监测，加快实现村容村貌、生态环境整体提升。

（四）推进基本公共服务均等化，丰富农村公共服务供给

推动基本公共服务资源下沉乡村，大力推进“互联网+教育”“互联网+医疗”等项目，统筹推进乡村教育、医疗、养老等资源提档升级，调整优化公共服务供给布局，增强农村公共服务供给。推进城乡公共服务共建共享，依托益农信息社等平台，推动公益服务、便民服务以及电商、培训体验服务落地，积极探索构建城乡教育共同体、医疗卫生共同体、文化共同体等，促进城乡基本公共服务均等化。

二 强化资源要素保障，提升乡村内生发展能力

当前，补上宜居宜业和美乡村建设领域短板的任务艰巨，更需各种要素投入作为保障。要用好改革这一法宝，着力破解宜居宜业和美乡村建设“人、地、钱”要素制约，推动人才、土地、资本等要素合理向乡村配置。在做好乡村规划的同时，做好人、地、钱三篇大文章，激发农业农村发展内在活力。

（一）做好“人”文章

一是精细“育才”，加强人才储备。健全人才开发制度，强化对基层农业行政管理人员、新型农业经营主体、农村信息员及农业技术人员的培训力度，通过培训不断提升自有人才综合能力和素质。依据乡村特色种养业和产业发展需要，以“人人持证、技能河南”建设为抓手，依托“头雁”等项目，提高农民职业技能和素质水平，培育“地方专家”、“田秀才”、“乡创客”和新型农业经营主体负责人。二是精心“引才”，注入人才“活水”。创新人才引进机制，畅通人才双向流动渠道，打好“乡情牌”，统筹推进城乡人才融合发展，促进城乡人才共享。采取专兼结合的方式柔性引导各级科研机构、院校的专家队伍进入农业、入驻农村，形成多元化人才服务新格局；落实吸引人才返乡留乡政策支持体系，健全人才服务保障体系，提高物质保障水平，搭建共促发展的平台，让大学生、青壮年、专业人才持续投身宜居宜业和美乡村建设。三是精准“用才”，释放人才潜力。优化人才资源配置，选好配强基层干部队伍，根据人才的专业、层次、岗位实现人岗相配，充分发挥人才优势；分类推进人才评价机制改革，完善人才评价标准体系和考评机制，畅通基层农技人员晋升渠道，激发工作积极性和主动性。

（二）做活“地”文章

一是加强耕地保护。要落实做细“藏粮于地、藏粮于技”战略，守住耕地红线，加快高标准农田建设，打通复垦复耕“堵点”，解开粮食生产“难点”，实现耕地数量与质量双提升。二是有序推进土地流转。鼓励引导农户采取流转、入股、托管等多种方式，推动土地适度规模经营，有效破

解“土地碎片化利用”难题，创新连片流转、土地托管等经营模式，实现高效集约用地。三是纵深推进土地利用综合整治。集中连片开展“田、水、路、林、村”综合整治，通过科学腾挪空间、优化土地布局，努力构建农田集中连片、建设用地集中集聚、空间形态高效集约的国土空间新格局。四是创新土地开发利用方式。不断完善乡村发展用地政策，探索灵活多样的供地方式，打通宅基地制度改革和农村集体经营性建设用地制度改革之间的通道；通过入股、租用等方式将农村集体建设用地直接用于发展乡村产业，盘活土地资源，破解农村的地“自己用不上、用不好”的困局，提高土地利用效率。

（三）做足“钱”文章

一是加大财政支农力度。构建财政支持宜居宜业和美乡村建设保障机制，确保财政支出倾向农业农村发展领域，尤其是基础设施比较薄弱、真正需要建设资金的乡村。二是引导社会资本和金融资本下乡。面对乡村多层次、多领域的资金需求，需要进一步调动各方力量，建设多元化的资金投入格局。通过财政资金撬动社会资本和金融资本，出台支持政策，打造合作平台，让社会资本在农村“大显身手”，让金融资本“下得去”村庄、“惠得到”农户。

三　优化乡村产业体系，促进农民农村共同富裕

优化乡村产业体系，进一步释放农村发展活力，满足农民就业创业需求，促进农民农村共同富裕是推动宜居宜业和美乡村建设的必答题。要坚持联农带农、富民增效，发展乡村富民产业，推动乡村全产业升级发展，做好“土特产”这篇大文章。

（一）发展乡村富民产业

优化乡村生产空间，充分利用城乡要素优势，合理设置乡村产业定位，形成同资源基础相适应、区位布局相协调的产业格局。立足区位特点、资源优势、政策优势，统筹产业基础、功能定位，发掘乡村特色优势产业资源，实施“一县一业”“一乡一特”“一村一品”工程。积极探索发展壮大新型农村集体经济新模式、新路径，完善利益联结机制，着力构建“政府

引导、企业主导、农民参与、利益联结”的产业发展模式，通过订单生产、入股分红等方式让农民合理分享产业增值收益，实现以产聚人、以人促产、产村人互利。

（二）推进乡村全产业链发展

培育壮大乡村产业体系，打造农业全产业链，加快农村产业融合发展，纵向延伸产业链条，横向拓展农业产业功能，多向提升乡村价值。支持龙头企业做大做强，充分发挥龙头企业在乡村产业转型升级中的引领示范作用和短板产业补链、优势产业延链、传统产业升链中的辐射带动作用，推动实现产业链、创新链、供应链、要素链、制度链深度耦合。推进产业集聚，加快建设现代农业产业园，打造产业强镇强村，以现代农业产业园、农业产业强镇等载体为抓手，引导农业生产要素向园区集中，加快促进产业融合发展、集聚发展、高效发展，形成一村带数村、多村连成片、镇村联动的发展格局。

（三）培育新产业、新业态

以“产村人”融合发展为路径，充分挖掘农业的多维功能和乡村多元价值，大力发展乡村旅游、创意农业、休闲农业、健康养老等产业，打造高质量的乡村生产空间。培育多元化乡村产业融合经营主体，因地制宜地创新乡村产业融合模式，加速催生“产业数字化+数字产业化”的农村新业态和新模式，发挥三次产业融合的乘数效应，开拓乡村宜业、农民增收的新路径，有力带动当地农民就业、年轻人返乡创业。

（四）优化营商环境

加强宣传引导，以“线上+线下”的方式宣传返乡创业就业支持政策、优秀返乡创业人才典型事迹及家乡发展前景，吸引人才返乡创业。全方位宣传优化营商环境的相关政策和重要性，及时公开优化营商环境工作进展，营造浓厚氛围，引导群众树立积极参与的意识。优化政务服务，积极推进放管服改革，依法简化审批程序，优化办事流程，压缩审批时限，及时办理咨询投诉事项，推动行政审批事项全部网上办理，推进政务服务便利化，让群众少跑腿。进一步健全完善政企对接机制，认真倾听企业群众诉求，切实解决好优化营商环境的“最后一公里”。

四 提升乡村治理效能，实现乡村社会和谐有序

坚持农民主体地位，建强基层组织，健全治理主体参与机制，培育文明乡风，推动形成“人人关心、人人支持、人人参与宜居宜业和美乡村建设”的发展局面，让乡村既迸发出强大的内生活力又稳定有序。

（一）加强基层党组织建设，完善基层组织功能

紧紧抓住党建引领这个“牛鼻子”，将党支部、党员分别作为乡村治理的“主心骨”和“主力军”，打造新时代变革型组织。发挥村级党组织的一线组织力和党员的先锋模范作用，调动群众的积极性，实现有组织、有示范、有节奏地推动农民参与乡村建设，让农民成为宜居宜业和美乡村建设的主体。

（二）创新乡村治理模式，发挥农民主体作用

农民是宜居宜业和美乡村建设的参与者和受益者，放权于民，问计于民，才能充分调动广大农民参与乡村治理的积极性。推广应用积分制、清单制、数字化等治理方式，搭建多元化议事协商平台，常态化开展村民说事、民情恳谈、百姓议事活动，吸引广大村民参与乡村公共事务，通过“看得见”的物质激励和“能感知”的精神激励不断提高村民参与乡村治理的积极性、主动性，推动乡村治理由“村里事”变为“家家事”，让村民从乡村治理的“旁观者”变为“主人翁”。

（三）优化乡村治理体系，建设乡村治理共同体

要健全自治、法治、德治“三治”相结合的乡村治理体系，搭建县、乡、村三级党群服务平台，将内生型主体和外生型主体组织起来，建设人人有责、人人尽责、人人享有的基层治理共同体，形成多种资源和力量整合、多元主体共同参与相互促进的共治格局，通过联动、统一、协同、共享，实现更深层次、更高效能的治理。

（四）推动乡风文明建设，弘扬文明新风尚

深化新时代文明实践中心建设，凝练农民参与宜居宜业和美乡村建设的时代精神，营造“乡村是我家，建设靠大家”的积极氛围，倡导农民自觉参与。弘扬社会主义核心价值观，挖掘传承中华优秀传统文化，大力培育文明乡风、良好家风、淳朴民风，将社会主义核心价值观融入乡规民约建设，推动传统乡规民约创造性转化和创新性发展，唤醒农民自治意识，强化村民自我管理、自我服务、自我教育、自我监督。

五　突出数字全面赋能，推动乡村发展提质增效

数字赋能关键在于通过综合运用人工智能、大数据、物联网等技术来推进农村产业、农民生活和乡村治理的变革，将数字经济发展红利不断释放至“三农”领域，更好助力传统农业现代化、农村现代化、农民职业化。

（一）坚持城乡融合发展，缩小城乡“数字鸿沟”

完善数字基础设施，统筹推进乡村信息基础设施建设和传统基础设施数字化改造，健全运营管护长效机制，构建农村网络新格局，以硬件设施升级为重点弥合乡村地区的“接入鸿沟”，形成“覆盖率高、网速高、普及率高、智能化高”乡村基础设施体系。搭建数字化的公共服务平台，提质农村网络教育、远程医疗和便民服务，推动政务服务、公共服务网上办、即刻办，提高乡村基层治理的效率及便捷化程度，破解传统的乡村基层治理的“最后一公里”难题。

（二）以“数实融合”优化资源要素配置，促进数字经济与产业深度融合

大力发展数字农业，加快推进高标准农田“5G+”智慧农业项目在全省复制推广，加大力度研发、推广、应用智能化农业装备、信息终端、手机App等，创新农技推广服务方式，创建农业数字化示范基地。因地制宜开发乡村文化资源，着力打造“一村一品”文化品牌，以图文、直播、短视频等为载体，繁荣发展乡村网络文化，健全现代文化产业体系，创新农文旅新业态。实施“数商兴农”工程，大力发展农村电子商务、零工经济等新业态。

（三）提升农民数字素养，拓展数字技术应用场景

搭建数字能力培训平台，加强数字技术应用场景宣传和示范，培养农民成为掌握现代数字技术的生产者，使农民参与到数字经济实践中，切实感受“数字红利”，促进农民职业化。加大对农村老龄群体的数字技能培训，缩小代际数字鸿沟。发挥农民在乡村文化振兴中的主体作用，鼓励农民利用抖音、快手等短视频平台记录生活，讲好乡村故事，积极输出乡村特色文化、优秀传统文化，传承农耕文明，厚植乡村文化自信。

（四）整合数字数据资源，破除“数字壁垒”

建立统一的数据采集管理系统，打通已有条块分割的涉农信息系统，增强农产品全产业链大数据、农业农村基础数据等资源共享，打破“信息孤岛”。规范乡村数据资源使用，加强管控、防止数据垄断，在充分确保乡村居民利益和个人隐私安全的情况下，促进各主体间协同提高数据分析和应用能力。

第九章　促进农民农村共同富裕

共同富裕是社会主义的本质要求，是中国式现代化的重要特征。新中国成立初期，中国共产党即提出“共同富裕”概念，并把“使农民能够逐步完全摆脱贫困的状况而取得共同富裕和普遍繁荣的生活”作为党在农村开展工作的目的，不断探索实现共同富裕的路径。党的十八大以来，以习近平同志为核心的党中央把逐步实现全体人民共同富裕摆在更加重要的位置上，采取一系列政策，打赢了脱贫攻坚战，全面建成小康社会，为促进共同富裕创造了良好条件。新发展阶段，中国共产党将继续带领全国人民在巩固拓展脱贫攻坚成果的基础上，全面推进乡村振兴，着力缩小城乡差距与区域差距，促进农民农村共同富裕。

第一节　农民农村共同富裕的内涵与重要意义

农民农村共同富裕是实现全体人民共同富裕的重要组成部分和重点任务，深刻反映了党和政府对社会主义现代化建设规律的深刻认识和准确把握，要坚持在贯彻新发展理念、构建新发展格局、实现高质量发展的基础上，全面推动农民农村共同富裕。

一　农民农村共同富裕的主要内涵

改革开放以来，党领导亿万农民进行农村改革的伟大实践，一系列农村改革发展的创举和强农惠农富农政策，为农业农村发展提供了不竭的强大动力，农业发展取得历史性成就，农村发生翻天覆地变化，为新发展阶段促进农民农村共同富裕夯实了基础。2021 年 8 月，习近平总书记主持召开中央财经委员会第十次会议，明确提出要促进农民农村共同富裕。就目前中国的现实情况而言，实现农民农村共同富裕，主要包括以下四个方面的具体内容。

一是全面推进乡村振兴，实现农民持续稳定增收。共同富裕是社会主义的本质要求，是中国式现代化的重要特征。我们说的共同富裕是全体人民共同富裕，是人民群众物质生活和精神生活都富裕，不是少数人的富裕，也不是整齐划一的平均主义。按照这种要求，实现共同富裕不仅需要经济总量有较大提升，以实现全体人民收入达到一个较高的水平，还要求进行公平合理的收入分配，以实现不同群体之间的收入差距合理缩小。因此，推动农民农村共同富裕的首要任务就是提高农民收入。换句话说，农民农村富裕与否，关键要看收入是否提高。在打赢脱贫攻坚战，全面建成小康社会后，要通过实施乡村振兴战略，持续提高农民各项收入水平。尤其是产业振兴，将为农民创造更好的就业机会，营造更好的营商环境，从而通过促进农民就业创业，推动农民工资性收入和经营性收入增长。同时，在推进乡村振兴中不断深化农村改革，将有利于拓宽农民财产性增收渠道，增加农民财产性收入。

二是缩小城乡差距，实现城乡生活水平的均衡化。共同富裕是全体人民的富裕。因此，农民农村的共同富裕应该是农村居民和城镇居民、乡村和城镇共同走向富裕，是一个共建共享、逐步共富的过程。所以，促进农民农村共同富裕要全面推动城乡融合发展，促进城乡生活水平的均衡化。当前，受制于现行土地和户籍制度，农村土地要素在提高农民财产性收入上难以发挥有效作用，户籍城镇化率的滞后在一定程度上阻碍了农业剩余劳动力的转移，不利于增加农民的工资性收入和经营性收入。长期以来，受城乡二元经济结构的影响，中国在农村教育、医疗、社会保障、环境卫生等方面的投入不足，农村在基础设施和公共服务等公益事业的发展上进度滞后、短板明显，使得城乡居民生活水平差距较大。促进农民农村共同富裕需要重点提升农村公共服务水平，同时加快推进城乡要素市场化改革，缩小城乡居民收入和生活水平差距。

三是缩小农村内部差距，实现农村地区协调发展。农民农村共同富裕不是一部分人和一部分地区的富裕，而是全体农村居民的富裕。当前，在不同地区农村之间、农村内部不同群体之间，由于经济发展水平、资源禀赋、社会环境、政策背景、代际传递等因素的影响，农村居民面临不同的发展条件，难以获得同等的收入，导致收入差距问题突出。与城乡差距不同的是，农村地区在土地制度、治理模式等方面具有共性，因此，让先富的农村地区充分发挥示范带动作用，落后农村地区借鉴先富农村地区的发展经验，先富带后富，推动欠发达农村地区实现跨越式发展。

四是激发农民内生动力，实现勤劳创新致富。促进农民农村共同富裕，必须始终坚持农民的主体地位，坚持富裕为了农民、富裕依靠农民。因此，促进农民农村共同富裕要激发农民内生动力，树立实现共同富裕要靠勤劳智慧来创造的理念。要通过人人参与、人人尽力创造物质财富，在此基础上实现人人享有。脱贫攻坚取得胜利之后，面对国内外复杂的形势环境，刚刚脱贫农户和边缘易致贫户返贫风险依旧存在，成为我国迈向共同富裕道路上难啃的一块“硬骨头”。因此，巩固拓展脱贫攻坚成果同乡村振兴有效衔接仍需接续推进。促进农民农村共同富裕，农村低收入群体是重点帮扶保障人群，要注重低收入群体的主体性发挥和能动提升，充分激发他们的内生动力，鼓励依靠自己的双手勤劳致富，同时对农村弱势群体做好政策兜底保障。

二　农民农村共同富裕的重要意义

促进农民农村共同富裕既是实现全体人民共同富裕的关键所在，也是推进共同富裕最艰巨最繁重的任务。一方面，要全面推进乡村振兴，推动农民持续增收，满足农民对美好生活的向往；另一方面，要着力缩小城乡差距和农村内部差距，让全体农民共享经济社会发展的成果。这既是新发展阶段一项重大而紧迫的战略任务，也是构建新发展格局的关键动力和践行以人民为中心发展思想的内蕴之意。

（一）促进农民农村共同富裕是解决发展不平衡不充分问题的关键所在

党的十九大报告指出，中国特色社会主义进入新时代，我国社会主要矛盾已经转化为人民日益增长的美好生活需要与不平衡不充分的发展之间的矛盾。在全面建成小康社会，实现第一个百年奋斗目标之后，中国开启了全面建设社会主义现代化国家、实现第二个百年奋斗目标新征程，不平衡不充分的发展是全面建设社会主义现代化国家必须解决的问题。从共同富裕的角度看，中国不平衡不充分发展的问题依然突出。当下，中国发展最大的不平衡是城乡发展不平衡，最大的不充分是农村发展不充分。根据统计数据，2022 年全国农村居民人均可支配收入不到城镇居民人均可支配收入的一半，城乡居民收入绝对差距持续扩大的趋势在短时间内难以扭转。2021 年农村最高 20%收入户与最低 20%收入户相对差距高达 8.87 倍。农村居民所享受的公共服务和社会保障水平与城镇居民相比依然存在较大差距。因此，促进农民农村共同富裕将是解决发展不平衡不充分问题的重大举措，也是新发展阶段一项重大而紧迫的战略任务。

（二）促进农民农村共同富裕是构建新发展格局的关键动力

党的十九届五中全会提出，要构建国内大循环为主体，国内国际双循环相互促进的新发展格局。促进农民农村共同富裕是构建新发展格局的关键动力。第一，促进农民农村共同富裕可以有效扩大内需，为构建新发展格局提供坚实基础。扩大国内需求，最大的潜力在农村。促进农民农村共同富裕，推动农民持续增收，可以提高农民消费水平，推动农民消费结构升级，这将有利于激活农村消费市场，释放农村消费潜力，从而畅通国内大循环、培育完整内需体系。第二，促进农民农村共同富裕可以有效盘活农村资源要素，为构建新发展格局创造建设空间。随着农业农村现代化水平的不断提升，我国农村拥有高质量发展所需的人才、土地和生态，同时，广大农村也为高质量发展提供了广袤的消费市场和投资空间。促进农民农村共同富裕，不仅可以有效利用农村的要素资源，盘活农村资产，还可以扩大内需，促进农村资源要素与全国大市场相对接，实现城乡经济要素双向流动。

（三）促进农民农村共同富裕是践行新发展理念的本质体现

党的十八届五中全会提出创新、协调、绿色、开放、共享五大发展理念。共享是中国特色社会主义的本质要求，注重解决社会公平正义问题，体现的是逐步实现共同富裕的要求。党的十八大以来，我国打赢了脱贫攻坚战，九千多万农村贫困人口全部脱贫，共享发展成效显著，贫困人口的收入状况和福利水平有了明显提高，“两不愁三保障”全面实现，教育、医疗、住房、饮水等条件有了显著改善。在新发展阶段，通过全面推进乡村振兴促进农民农村共同富裕，着力缩小城乡、区域差距是践行新发展理念的本质体现。要把资源和力量更多向农村地区、落后地区倾斜，补齐农村短板，推动农业高质量发展，提高农民收入水平，让更多低收入农民迈入中等收入行列，让更多农民分享到经济社会发展的果实。

第二节　河南农民农村共同富裕的态势分析

改革开放以来，河南农村居民在生活富裕和共享方面的发展已经为实现农民农村共同富裕奠定了良好基础。然而，按照共同富裕的目标和国际比较标准，河南农村居民的富裕程度并不高，共享富裕程度更不高，长期存在的城乡差距和农村内部差距是新发展阶段促进农民农村共同富裕面临的巨大挑战。

一　对农村居民生活富裕情况的分析

党的十八大以来，河南农业农村发展取得历史性成就，七百多万农村贫困人口全部脱贫，实现了全面小康。农村居民收入保持较快增长，消费水平稳步提高，生活质量显著改善，教育、医疗、养老等公共服务全面提升，农村居民的生活富裕状况取得明显进展。但是，农村居民的富裕程度较低，低收入群体规模较大，离富裕的目标和国内先进地区的水平仍有较大差距。

（一）农村居民生活富裕状况取得明显进展

1. 收入水平持续增长，增收渠道更加多元

自 2004 年以来，中央高度重视“三农”工作，连续出台了 19 个涉及“三农”的一号文件，并将推动农民增收作为一项重要工作来抓，河南认真贯彻落实中央决策部署，把“三农”问题作为工作的重中之重，一系列强农惠农富农政策接连落地，推动全省农村居民收入水平不断提高。如表 9-1 所示，2022 年河南农村居民人均可支配收入达到 18697 元，比上年名义增长 6.6%，扣除价格因素影响，实际增长 4.9%。2013～2021 年，农村居民人均可支配收入年均实际增长 6.9%，比同期城镇居民收入增速高 0.4 个百分点。在宏观经济下行压力加大的背景下，农村居民收入增幅总体高于国内生产总值的增幅，增强了农民的获得感。

表 9-1　2013~2022 年河南农村居民人均可支配收入相关数据

单位：元，%

年份	人均可支配收入	名义增长	实际增长	全省地区生产总值增长
2013	8475	12.6	9.7	9.2
2014	9416	11.1	9.5	9.3
2015	10853	8.9	7.7	7.3
2016	11697	7.8	5.8	8.5
2017	12719	8.7	7.5	11.4
2018	13831	8.7	6.7	11.4
2019	15164	9.6	6.5	7.6
2020	16108	6.2	2.9	1.0
2021	17533	8.8	8.0	8.5
2022	18697	6.6	4.9	3.1

资料来源：河南省统计局。

农村居民收入来源趋于多元化，收入结构持续改善。一是工资性收入的占比稳步提高，成为增收的主要来源。2012~2021 年，河南农村居民人均工资性收入由 2346 元上升至 6695 元，增加了 4349 元，年均增加 434.9 元，年均增长 12.4%，工资性收入的增长为人均可支配收入的增长作出了重要贡献，特别是从 2016 年到 2020 年，农村居民人均工资性收入占人均可支配收入的比重由 36.1%上升至 38.2%，占比略有上升。二是经营净收入占比下降，但仍是农民重要的收入来源。2020~2021 年，河南农村居民经营净收入增长迅速，由 5175 元上涨至 5605 元，增加了 430 元，增长率为 8.3%。2014 年以来，河南农村居民经营净收入占人均可支配收入的比重略有下降，由 2014 年的 42.9%下降至 2021 年的 31.9%，但仍是农村居民重要的收入来源。从收入增长贡献率的角度出发，经营净收入目前仍然是推动农民增收的重要力量，2014~2021 年经营净收入增长占人均可支配收入增长的 17.5%。可见，河南深入推进农业供给侧结构性改革，大力培育新型农业经营主体，加速推进农村一二三产业融合发展，切实地促进了农民经营净收入的提高。

2. 消费水平稳步提高，生活条件显著改善

随着河南农村居民收入的稳步增长和网络购物等新消费模式的兴起，

河南农村居民消费支出稳步提高（见表9-2）。2021年，河南农村居民人均消费支出达14073元。2015~2021年河南农村居民人均消费支出年均增长10.1%，比农村居民人均可支配收入的年均增速高1.7个百分点，比同期城镇居民人均消费支出的年均增速高5个百分点，农村居民的生活质量明显改善。

表9-2 2015~2021年河南农村居民人均消费支出情况

单位：元，%

年份	人均消费支出	名义增速	支出结构占比							
			食品烟酒	衣着	居住	生活用品	交通通信	教育文化娱乐	医疗保健	其他用品及服务
2015	7887	8.4	29.2	8.3	20.8	7.1	12.3	10.8	9.8	1.7
2016	8587	8.9	28.5	7.9	20.6	6.8	14.1	11.1	9.3	1.7
2017	9212	7.3	27.1	7.7	21.8	7.0	13.5	11.2	9.9	1.8
2018	10392	12.8	26.7	7.1	21.9	6.7	12.4	11.8	11.8	1.6
2019	11546	11.1	26.2	7.1	21.5	6.4	11.9	12.6	12.7	1.6
2020	12201	5.7	27.8	7.2	22.7	6.4	12.3	10.5	11.3	1.8
2021	14073	15.3	29.4	7.5	20.4	6.2	11.5	12.2	10.6	2.2

资料来源：《河南统计年鉴》。

从消费结构来看，随着农村居民生活水平的提高，吃穿等生存型消费的占比呈下降趋势，交通通信、教育文化娱乐和医疗保健等发展型消费占比逐渐提高。2021年，河南农村居民衣着和生活用品消费占比分别比2015年低0.8、0.9个百分点；教育文化娱乐和医疗保健消费占比分别比2015年高1.4、0.8个百分点。

3. 公共服务全面提升，社会保障不断完善

一是乡村教育质量不断提升。河南重点从资金、人才等方面加大对农村教育事业的支持力度，推动城乡教育均衡发展。在资金投入上向农村倾斜，农村办学条件不断改善、教育资源不断丰富、教师待遇持续提高。统筹配置城乡师资，通过完善城乡教师补充机制、优化城乡交流机制，提高乡村教师数量比例，选拔乡村教师到县城任教，引导县城教师到乡村支教，

建好建强乡村教师队伍，带动城乡教育均衡发展。

二是乡村医疗卫生服务水平不断提升。通过加大农村医疗卫生服务建设力度，河南农村医疗卫生服务设施不断完善，服务体系不断健全，服务能力不断提高。2021 年，河南共有乡镇卫生院 2010 个，村卫生室 58488 个，设有卫生室的村数占行政村比重 100%。每千人拥有卫生技术人员数为 5.81 人，比 2015 年增加了 2.51 人，增长 76%。每千人拥有执业医师数为 2.37 人，比 2015 年增加了 1.07，增长 82.3%。每千人拥有注册护士数为 2.33 人，比 2015 年增加 1.1 人，增长 89.4%。①

三是农村养老服务和保障水平逐渐提高。通过加快社会保障体系建设，河南农村养老服务能力和保障水平稳步提高。2021 年，城乡居民基本养老保险参保人数达到 54797.4 万人，比 2015 年增加了 4325 万人，增长了 8.6%；实际领取待遇人数也增长了 1413 万人。②

二　对农民农村共富情况的分析

城乡差距和农村内部差距是衡量农民农村共同富裕的两个重要方面。2013 年以来，河南城乡居民的收入、消费以及公共服务差距虽呈缩小趋势，但是差距仍然较大；农村内部差距，包括不同群体之间、地区之间的收入和消费差距较大，且无明显缩小趋势。

（一）城乡居民的收入和消费相对差距缩小，但绝对差距扩大

虽然当前河南城乡居民收入和消费水平的相对差距呈不断缩小趋势，但绝对差距仍在不断扩大，且城乡居民收入绝对差距主要来源于工资性收入。

一是城乡居民收入及差距方面。改革开放以来，河南城乡居民人均可支配收入一直保持增长趋势。特别是 2004 年开始的中央一号文件连续聚焦“三农”以来，农村居民收入较之前持续保持较高的增长态势，城乡居民收入的相对差距逐步缩小。2007~2022 年，河南城乡居民人均名义可支配收入之比从 2.98 缩小至 2.06，但是其绝对差距仍呈不断扩大的趋势，从 7625 元

① 数据来源：《2022 中国统计年鉴》。

② 数据来源：《2022 中国统计年鉴》。

增加至19787元，扩大了1倍以上（见图9-1）。

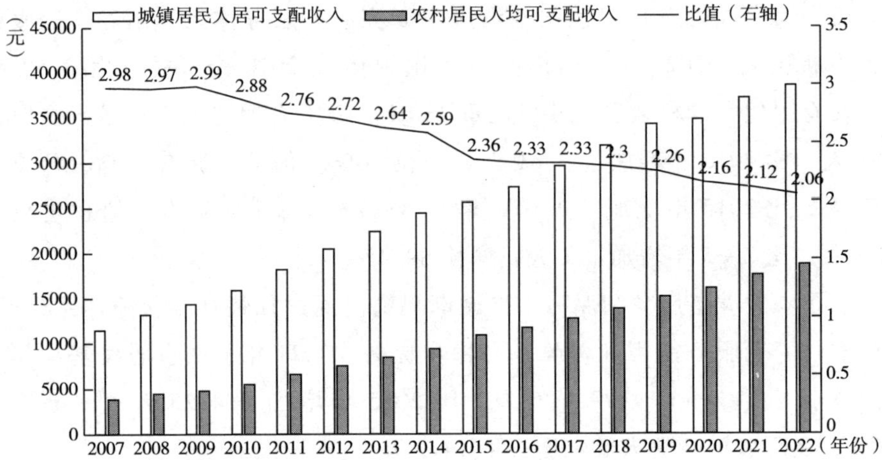

图9-1　2007~2022年河南城乡居民人均可支配收入及其差距

资料来源：河南省统计局。

二是城乡居民消费差距方面。随着收入水平的不断增长以及人民对于生活品质的要求提高，河南城乡居民人均消费支出呈快速增长趋势，且自2010年以来，农村居民人均消费支出的增长速度快于城镇居民，城乡居民人均消费支出比值不断下降，2022年下降至1.59（见图9-2）。但是城乡居民人均消费支出的绝对差距从2010年的7156元增长到2022年的8715元，扩大了21.8%。长期以来，受收入水平、交通物流、科技和文化等因素的限制，河南农村居民的消费需求一直不高，随着经济增长和人民生活条件的改善，农村居民的消费潜力被逐步释放。

对比城乡八大类商品的消费支出情况，河南城乡居民在食品烟酒支出上的相对差距最小。2013~2021年，河南城乡居民各类商品消费支出的差距逐渐缩小，其中缩小幅度最大的是教育文化娱乐，两者教育文化娱乐之比从4.89下降至1.61，下降67.1%。其次是其他用品及服务、衣着和居住，两者的相对差距分别下降58.5%、57.5%、49.2%（见表9-3）。城乡居民衣着和居住差距的缩小表明在基本生活条件方面，相对城镇居民，农村居民有了较大的改善。农村居民在医疗保健、交通通信、教育文化娱乐方面消费支出的大幅增长说明农村居民的消费结构正在转型升级。

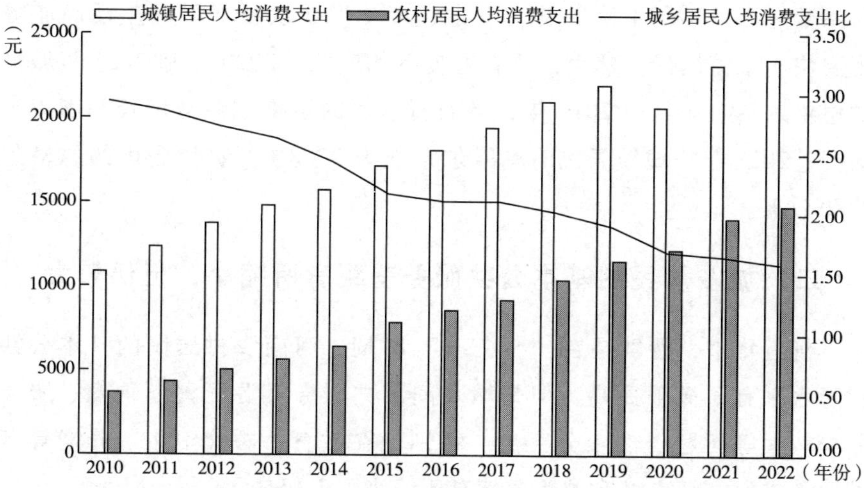

图 9-2　2010~2022 年河南城乡居民人均消费水平及消费差距变化

资料来源：河南省统计局。

表 9-3　2013~2021 年城乡居民人均各项消费支出之比

年份	食品烟酒	衣着	居住	生活用品及服务	交通通信	教育文化娱乐	医疗保健	其他用品及服务
2013	2.54	3.98	1.26	3.08	2.79	4.89	1.75	5.5
2014	2.09	2.98	0.87	2.70	1.95	2.24	1.60	4.00
2015	2.05	2.71	0.93	2.43	1.89	2.32	1.75	3.87
2016	2.03	2.56	0.88	2.40	1.59	2.16	1.88	3.23
2017	2.04	2.48	0.92	2.40	1.76	2.13	1.75	3.25
2018	1.86	2.28	0.78	2.11	1.85	1.96	1.57	2.89
2019	1.83	2.08	2.09	2.07	1.97	1.83	1.42	2.91
2020	1.62	1.85	0.62	1.80	1.59	1.66	1.10	2.80
2021	1.53	1.69	0.64	1.85	1.63	1.61	1.05	2.28
变化幅度（%）	-39.7	-57.5	-49.2	-39.9	-41.6	-67.1	-40.0	-58.5

从恩格尔系数来看，河南农村居民的恩格尔系数均高于城镇居民。从 2014 年到 2019 年，河南城乡居民的恩格尔系数呈下降趋势。其中，城镇居民的恩格尔系数从 28.8%下降至 25.3%，下降了 3.5 个百分点；农村居民的

恩格尔系数从29.6%下降至26.2%，下降3.4个百分点，这期间城乡居民恩格尔系数之比呈不断下降趋势在一定程度上说明农村居民的生活品质提升速度要快于城镇居民。然而，受新冠疫情的影响，2020年和2021年城乡居民的恩格尔系数均高于2019年，且农村居民的恩格尔系数增长幅度大于城镇居民。2021年，城镇居民的恩格尔系数为27.8%，农村居民的恩格尔系数为29.4%。

（二）城乡居民的基本公共服务差距有所缩小，但仍较大

尽管近年来，特别是在“十三五”时期，河南农村居民的基本公共服务保障水平有了显著提高，但是城乡间公共服务资源配置不均衡、服务水平差异较大等问题仍然十分突出。特别是在教育、医疗卫生、养老等基本公共服务方面，河南城乡差距虽然有所缩小，但仍较大。

一是教育不均衡，在师资配备、仪器设备配置、信息化手段上，城乡教育不均衡现象依然突出。长期以来，农村地区的居民受教育水平和教育质量远落后于城镇地区，消除城乡教育差距不仅需要彻底消除城乡教育经费投入的差距，实现教育经费投入的均等化，而且需要加大对农村地区的投入，实施偏向农村的教育投入政策。在办学条件上，近年来由于农村学生数不断减少，加之城乡义务教育均衡发展的快速推进，农村生均办学条件指标不断改善，且部分指标优于城镇，但农村的信息化水平尚有待提高。教育服务城乡差距依然较大。义务教育阶段的生均教育经费支出方面，城乡之间仍存在一定差距。虽然近年来，城乡义务教育生均教育经费支出的差距呈下降趋势，但是该差距并没有在真正意义上彻底消除。

二是医疗卫生不均衡。近年来，河南城乡居民医疗卫生资源和条件有了较大的改善。但无论是在每千人拥有医疗卫生从业人员数量上，还是在拥有医疗机构床位数上，城乡居民医疗卫生服务水平仍然存在差距。2021年，河南每千人拥有卫生技术人员数、执业医师数、注册护士数，农村比城市分别少6人、2人、3人，分别只有城市的48.9%、52.7%、41.6%。[①]

三是城乡居民社会保障待遇差距。虽然中国已经基本建立统一的城乡居民基本医保制度，城乡医疗保障待遇差距呈缩小趋势，但差距仍较大，

---

① 数据来源：《2022中国统计年鉴》。

该差距主要体现在城镇职工与农村居民群体上。河南城镇居民以参加城镇职工医疗保险为主，农村居民以参加城乡居民医疗保险为主，两者在报销比例上存在很大差别，前者报销比例在70%左右，后者报销比例大体在50%~65%。

（三）农村居民内部群体之间的收入差距有所减小

根据国家统计局公布的1978~2012年农村居民基尼系数和根据CHIP2018计算得到的2018年农村居民基尼系数（0.402）来看，农村居民内部的收入不平等情况仍在加剧，且尚无明显缓和的趋势。另据中国乡村振兴综合调查（CRRS），在2020年调查的10个省区、308个行政村、3833个农户样本中，按农民人均纯收入计算的基尼系数达到0.459。虽然由于数据来源和调查样本不同，各种基尼系数的估算并非完全可比，但它反映了农村居民不同群体之间收入差距非常显著的现实。

从河南农村居民人均可支配收入五等份组来看，收入增幅最大的是处于收入分布最底层20%的低收入组，2015~2021年的年均增幅达到10.9%；处于收入分布最高层20%的高收入组人均可支配收入年均增幅为7.5%，高收入组与低收入组的收入差距呈减小趋势，二者之比从2015年的6.01减小至2021年的4.99。值得注意的是，低收入组2021年收入的名义增速为-0.9%，低于上年增速和这期间的平均增速，也低于其他组的增速。总体而言，农村内部的收入差距一定程度上有所减少，农村低收入组群体仍然需要被重点关注和支持。

第三节　河南促进农民农村共同富裕的重点难点

河南作为农业大省、人口大省，面临农业发展大而不强、农村低收入人口多、城乡基础设施和公共服务差距较大等突出问题。新发展阶段，要在巩固拓展脱贫攻坚成果的基础上，全面推进乡村振兴，加强农村基础设施和公共服务体系建设，促进农民农村共同富裕。

一　促进农民持续稳定增收压力加大

一是农产品价格增长乏力或波动较大，但成本总体呈现逐渐上升态势。2014年以来，随着新一轮粮食等重要农产品价格形成机制改革的推进，我国稻谷、小麦最低价收购政策逐步调整完善。除2020年早稻和中晚稻最低收购价较上年略有上涨外，近年来我国稻谷、小麦最低收购价总体呈稳中有降趋势。玉米和大豆价格一度呈现下跌趋势。显然，这不利于实现农民增收。据河南省统计局数据，2021年河南食品烟酒消费价格指数比上年同期上涨0.2%，总体保持稳定，畜肉消费价格指数同比下跌18%，跌幅较大。以活猪等为主的畜牧业产品价格波动较大，规模养殖户的经营风险较大，农民自发散养的规模较小、市场敏感度较低、利润空间较小。除畜牧产品外，蔬菜鲜果、蛋类等价格基本保持稳定，价格涨幅较小，带动农民增收作用不强。与此同时，农业生产成本却在上升。2014~2021年，河南农村居民家庭平均每人经营费用支出由2228元上涨至2899元，上涨幅度达30.1%。农产品较小的价格涨幅和农业经营费用的逐年上升，挤压了农产品利润空间，农村居民经营性收入增长面临严峻挑战。

新冠疫情对农民增收制约作用较为显著，农民工资性收入来源不稳定性增加。2020年以来新冠疫情肆虐全球，全球发展的不稳定性不确定性因素日益增加，国内经济下行压力较大。受疫情的冲击，叠加经济新常态下我国供给侧结构性改革的一系列措施，传统制造业、建筑业等劳动密集型行业的不景气，客观上成为农村居民工资性收入持续增长路上的最大挑战。即使是开工复产的企业，因市场消费的不稳定性，时常出现开工不达产的现象。同时，为有效应对疫情，地方政府不得不采取更加严格的防疫措施，这也不可避免地导致了企业招工难，农业转移人口进城务工难。

随着中国经济发展进入新常态，服务业已成为支撑经济增长的重要引擎。服务业以其相对宽松的就业门槛，为农业转移人口提供了大量的就业岗位，如餐饮、住宿、家政、维修等生活性服务行业对农业转移人口的用工需求很大。但疫情对农业转移人口第三产业就业产生了较大的不利影响。为防控疫情而采取的政策客观上导致了服务业的需求不稳定，疫情严重时导致大量的服务业不得不歇业、停业。这些因素不可避免地成为农村居民工资性收入增长路上的最大阻碍。

制度不完善导致农村居民财产净收入增长缓慢。一是收入分配制度的不完善导致难以实现农村居民财产增值。2014~2021年，河南城乡居民人均可支配收入差距由13706元增长到19562元，增加了5856元，城乡居民收入绝对差距日益扩大。城镇居民有更高的收入，能够进行更多投资，进而转化为更高的财产净收入。城乡之间的分配差异所造成的对农村居民财产投资的挤出效应是导致农村居民财产净收入基数较低并且难以大幅增长的重要原因。与此同时，在农村居民收入水平较低的情况下，其所拥有的社会保障水平也低于城镇居民，这一现象客观上导致了农村居民可用于投资的人均可支配收入更低。较低的收入也会使农村居民在面对重大医疗疾病、家庭变故等突发事件时缺乏应对能力，减弱其投资意愿。二是农民土地收益面临增长瓶颈。从农地流转来讲，截至2021年，河南土地流转比例已接近33%，可用于流转的农地已经较为有限。从租金角度来讲，当前农地流转的租金价格已经较高，尤其是在疫情下，租用农地的企业等主体难以继续提高租金，难以成为持续推动农民增收的动力。宅基地是农民最大的一笔财产，但目前河南省宅基地改革依然处于试点阶段，发挥农民宅基地和房屋的财产价值进而转化为农村居民财产净收入还面临不少的制度性障碍。此外，在城镇化的发展过程中，部分地方政府为促进经济发展，客观上存在扩大征地范围、压低征地价格、隐瞒征地后增值收益问题。三是政府财政增收压力加大，影响对农民增收的支持和农民转移性收入的增长。近年来，在经济下行压力加大的态势下，各级政府财政增收压力加大的问题日益凸显，河南财政收入较上年同期增长率也出现递减。2020~2021年，河南省人均地方一般公共预算收入水平分别位居全国第26、28，且与2015年相比，全省财政收入的增速明显放缓。财政收入增长乏力，会弱化地方政府通过财政支持当地产业发展的能力，不利于带动农户经营性收入和工资性收入的增长，还会通过减少地方政府财政转移，降低农户转移性收入。经济下行压力加大，也加大了政府保民生压力，导致民生支出需求增大，造成一般公共服务、教育、科技、社保就业、医疗卫生、节能环保、城乡社区、农林水等财政支出增幅明显快于财政收入增幅，一定程度上影响财政对农民增收支持的可持续性。

二 巩固拓展脱贫攻坚成果任务艰巨

2020年，我国打赢了脱贫攻坚战，脱贫攻坚任务目标的完成为实现共同富裕迈进了重要一步。但是，脱贫摘帽不是终点，而是新生活、新奋斗的起点。脱贫攻坚结束后，对于刚刚脱贫的农民，由于自身素质不高，自我发展能力较弱，一旦减少扶贫资金和政策扶持，很容易返贫。同时，边缘易致贫户由于自身发展能力较弱，抗风险能力差，很容易因为意外事故致贫。因此，防止脱贫人口致贫和低收入人口返贫将成为促进农民农村共同富裕道路上的面临的重大挑战。当前，河南已摆脱了绝对贫困问题，但作为发展中的人口大省、农业大省，河南促进农民农村共同富裕仍然面临着农村发展较为滞后、低收入人口数量庞大等突出问题，巩固拓展脱贫攻坚成果的任务依然艰巨，还面临诸多突出问题和挑战。

一是城乡及农村内部双重不平衡加剧。一方面，河南城乡居民人均可支配收入差距除了绝对值在拉大，相对比值在2003年达到3.099之后，到2007年重新回落到3.0以下达到2.98，2008年后呈现持续下降态势，2015年以来每年的缩减幅度维持在0.01~0.04。如果分别按年均0.02或0.03的缩减速度，城乡收入比要从2020年的2.16降至2.0，分别需要6年或8年，而且还要看到，河南城乡居民收入水平总体上低于全国平均水平，要实现更高水平之上的城乡差距缩小，任务更加艰巨。另一方面，农村内部的发展不平衡也在强化。根据2013~2021年的河南农村居民收入分组结果，处于最底层20%的低收入户人均可支配收入2018年、2019年、2020年、2021年增势强劲，均突破两位数，说明低收入户增收效应明显，但整体上看，2014~2021年各组名义增速基本相当，且低收入户主要得益于2019年超高增速拉动，与其他各组相比，低收入户和高收入户增速波动较大，2015年、2017年均是在其他组别保持较高增速的情况下低收入户出现近乎零增长和负增长，而高收入户2019年增速只有1.81%，说明在低收入户增收基础仍不稳固的同时，高收入户增速并不稳定，这些都是需要加以高度重视和解决的问题。

二是乡村人口和产业双重“空心化”交织。随着工业化、城镇化的快速推进，我国农村人口不断向非农产业和城镇转移，农村人口的大量转移导致农村劳动力减少和产业发展缺乏人才支撑，容易造成乡村人口“空心化”和“产业化”交织的现象，导致乡村发展缺乏活力，进而影响脱贫攻坚与乡村振兴。首先，乡村人口外流加速乡村衰落。由于乡村人口持续外流，2021年河南人口净流出为1650万人，占户籍人口比例高达14.3%。其次，乡村产业“空心化”渐显。在一些传统农区，农业大而不强，农业价值链发掘不足，产业融合度低，市场竞争力弱。受经济下行、成本上升等不利因素影响，乡村产业发展面临困难增多，产业发展日益低端化、边缘化。最后，乡村发展系统性不足。农村环境和生态问题依然比较突出，农业面源污染、耕地质量下降、地下水超采等问题仍然凸显，部分农村垃圾污染现象严重，解决不好都不利于巩固拓展脱贫攻坚成果。

三是脱贫不稳定户与边缘易致贫户双重压力并行。尽管近年来脱贫地区经济社会发展明显提速，但是整体发展水平仍然较低。一些脱贫县、脱贫村特色产业尚处于培育成长阶段，缺少技术、资金、人才、市场的支持，规模、效益和竞争力不强。一方面，脱贫不稳定户的压力仍然存在。一些脱贫人口虽然收入超过了贫困线、实现了“两不愁三保障”，但收入水平依然较低，全省脱贫户中，2020年人均纯收入6000元以下的仍有8500户，加之其中一部分人口是丧失和无劳动能力，这部分人口稍不注意就有可能滑到贫困线以下。另一方面，边缘易致贫户的压力仍然存在。全省边缘易致贫户总规模约5.4万人、16.7万人，其中不少农户家底薄，抗风险能力弱，稍微遇到点风险变故，马上就可能陷入贫困。

三　乡村建设水平相对滞后

一是生活性基础设施建设薄弱。河南部分农村地区的生活性基础设施建设标准不高，农村公路服务品质有待提升、供水保障能力和水平不高、生活垃圾收运处置体系有待完善、冷链物流体系不健全，部分农村网络宽带不够、信号不稳定问题依然存在。首先，农村基础设施投入支撑不足。推动基础设施建设和公共服务提升需要大量资金投入，市县级财政实力普遍较弱，公共预算支出长期高于收入，建设资金难以保障。村镇建设大多依靠县级财政投入，在上级财政无法大幅增加情况下，村镇建设资金难以满足，导致许多村镇污水治理项目、村庄整治项目进展缓慢。其次，农村基础设施“重建设、轻运营”现象普遍。农村基础设施大多为政府投资建设，建设中并未充分考虑到农村居民实际生活需要，后期缺乏运营管理和资金支持，难以高效发挥作用。最后，在乡村建设过程中，普遍存在的问题是村镇建设和公共服务相关人才保障不足。农村地区面临优秀人才引不来、留不住的难题，基层单位人才总量不足、结构不合理、整体素质不高问题突出。例如，实施农村饮水安全工程，各地普遍缺乏具有专业素质的管理人员。

二是城乡公共服务标准差距较大。当前，河南农村在基础设施建设、基本公共服务方面与城镇相比还有较大差距。一是城乡基础设施建设配置失衡。2021 年，河南乡、村两级供水普及率分别为 84.18%、83.18%，与县城相比，分别低 11.26、12.26 个百分点；乡、村两级燃气普及率分别为 29.43%、24.02%，与县城相比，分别低 59.68、65.09 个百分点；乡一级的污水处理率、生活垃圾无害化处理率分别为 14.27%、45.83%，与县城相比，分别低 83.39、45.3 个百分点。[①] 二是教育资源配置不均衡。经过不断发展，河南城乡教育差距逐渐缩小，但在师资配备、仪器设备配置、信息化手段上，城乡教育不均衡现象依然突出。例如，2021 年，河南义务教育小学阶段城镇和农村生师比的比值为 1.4，初中阶段城镇和农村生师比的比值为 1.2，教育服务城乡差距依然较大。三是医疗卫生方面城乡差距大。民政部门数据显示，河南城市低保平均标准为每月 630，而农村低保平均标准仅为 420。同时，农村地区普遍存在公共医疗卫生资源匮乏问题，每千人医疗机构的床位数，农村比城市少 3.64 张，只有城市的 63%。[②]

三是乡村文化建设有待加强。当前，我国乡村的文化生活日益丰富，但与城镇和农民群众的需求相比，乡村文化生活仍显不足，农民的精神文化生活不能得到有效满足。首先，乡村文化设施使用率普遍不高。虽然很多地区修建了文化广场，但由于举办活动少，设施得不到充分使用，长久导致设施陈旧。其次，对乡村文化建设不够重视。当前缺乏较为统一的乡村文化管理政策，在基层农村发展中仍然是经济建设为主，很多乡村干部一味注重经济发展，忽视文化建设，很大程度上阻碍乡村文化振兴，进而影响农民农村共同富裕进程。

---

① 数据来源：《2021 年城乡建设统计年鉴》。

② 数据来源：《2021 中国统计年鉴》。

四　城乡融合发展面临制约

一是城乡生产要素双向流通仍不充分。城乡生产要素主要包括人口、资本、土地和技术等，生产要素在城乡之间双向流动和良性循环是实现城乡融合的必要条件。由于长期的制度分割，人口、土地、信息、资本、技术等优势资源大量向城市集聚。目前，我国农村产权制度、土地制度改革还未完善，产权不明晰、土地流转存在制度壁垒等问题依然突出，导致农村人口、土地、资金等要素更多地流向城市，同时，由于促进农业转移人口市民化政策的不完善，农村人口流动陷入“城市留不住、农村回不去”的困境，生产要素总体呈现从农村向城市单向流动的局面，河南农村发展缺乏要素支撑。近些年来，国家出台了大量相关政策文件缓解二元矛盾，但消除城乡二元结构是一个比较长期的历史过程，目前来看，生产要素从农村到城市单向流动的局面未发生实质性的转变，亟待建立健全城乡要素双向流动的体制机制。如要尽快破除城乡二元户籍制度壁垒，保障人的自由双向流动；进一步完善土地要素的双向流动机制，稳慎推行宅基地“三权分置”改革，提升农村对城镇要素的流动吸引力。

二是城乡公共资源配置仍不均衡。水、电、路、气等基础设施的普及，教育、医疗、行政管理、商业服务等公共资源的均衡化是实现城乡融合发展、推动乡村振兴的重要保障，也是农民农村共同富裕的重要内涵。目前来看，河南城乡公共资源配置仍不均衡，城市基础设施建设标准高且日趋完善，公共服务水平遥遥领先，农村基础设施和公共服务历史欠账较多，还存在很大的短板。如基础设施方面，农村在饮用水安全、农村厕所革命、农村公路建设、信息化设施建设方面还存在一些短板。在公共服务方面，农村与城市也存在较大差距，城乡居民享有优质的教育、医疗、养老和社会服务，例如，每万人拥有卫生机构床位数、执业医师数、注册护士数，师资配备、仪器设备配置、信息化手段上与农村相比都遥遥领先。在公共文化资源配置上，城乡文化资源配置仍不均衡，农村文化资源配置相对匮乏，如文化活动站、体育设施、室外活动场地等场所建设有待完善，与城市多元现代的文化生活还有较大差距，所以完善农村的教育、医疗、养老等公共文化服务设置配套任重道远。

三是城乡产业协同发展深度不足。河南作为农业大省，部分地区以单一产业为主，跨地区、跨产业的复合型产业较少，整体上形成的农村与城市互动产业数量较少，产业协同发展的深度不够。目前，河南大部分农村以发展农产品加工业为主。农村一二三产业融合发展创新性不够，如乡村旅游业还大多停留在单纯地与农村休闲观光相结合的阶段，缺少与现代化、数字化产业相结合形成多产协同发展；作为城乡融合产业而衍生的新业态等，其特征为规模小而散，农业融合产业发展产品的质量也还未达到高质量发展的要求，市场竞争力不强。

四是农村自身发展能力较弱。在我国推进现代化建设的进程中，制度分割和城市发展带来的虹吸效应不仅导致农村地区发展滞后，还将弱化农村地区自身的发展能力。一是缺少产业支撑。不少农村地区缺少现代产业，传统农业还未实现规模化经营；乡村旅游业等同质化严重，经营效益不高。二是部分农村衰落化严重。在农业经营收益较低的现状下，大量青壮年劳动力外出务工，留守农村的大多为不具备劳动能力或劳动能力较弱的妇女、老人和儿童，人口素质难以适应发展现代农业的要求，农村人口外流与经济发展落后形成恶性循环。三是农村生态环境问题依然突出。由于农村的环保工作没有得到足够重视，我国农村生态环境历史欠账较多，如农业面源污染问题较重，农村居民生活垃圾污染问题依然突出，滥用化肥、农药等带来的污染等，都对农村生态环境保护产生不利影响，不利于农村的可持续发展。

第四节　河南促进农民农村共同富裕的路径选择

促进农民农村共同富裕要在高质量发展的基础上做大“蛋糕”并分好“蛋糕”，有计划、有步骤地提升农村居民的生活富裕程度，包括收入、消费和公共服务水平，不断满足日益增长的美好生活需要，同时逐步缩小城乡差距和农村内部差距，并控制在适度范围内。通过共建共富、逐步共富的长期努力，实现农民农村的全面共富。

一　促进农民收入持续稳定增长，缩小城乡收入差距

（一）加强对农业转移人口的就业指导服务和能力培训

一是要完善劳动力就业市场，建立城乡统一的劳动力就业机制，通过各种政务平台、中介机构、就业组织及时准确地为进城务工的农业转移人口提供相关的就业信息。二是要建立完善的农业转移人口工资支付保障制度、监控制度、保证金制度等，严格规范企业工资支付行为，确保农业转移人口工资按时足额发放给本人，加强监察执法，依法查处拖欠农业转移人口工资的违法行为，建立健全防止和治理拖欠的长效机制。同时，要积极改善社会保障制度，加快社会保障相关法律法规建设，扩大社会保障的覆盖范围，推动农业转移人口顺利融入城市社会保障体系。

加强对农业转移人口的能力培训，有利于增强其在就业市场上的议价能力和竞争力，并最终增加其工资性收入。一是要加强对农村教育的支持力度，保证农村居民享有充分的受教育权利与机会。为了减轻农业转移人口受教育负担，保证农业转移人口受教育质量，各级政府应加大对农村地区的师资、教育设备、教育环境的支持力度。二是为培养适应市场需要的新型劳动者，还要结合当地具体情况，派遣农业技术人员前往农村地区，对农业转移人口因材施教，进行与实际条件相符合的能力培训。

（二）壮大新型农业经营主体

新型农业经营主体是实现农业产业化经营的重要载体，通过推广农业产业化经营，带动农民和农村实现自我持续发展，是推进乡村振兴，实现农民农村共同富裕的必由之路。为实现农业产业化经营，应着力培育新型农业经营主体，充分发挥新型农业经营主体的带头作用。家庭农场是新型农业经营主体中极其重要的组成部分，要不断拓展数量提升路径。采取推动“大户转办”，引导种养大户、专业大户等规模农业经营户转成家庭农场；推动“成员创办”，鼓励农民合作社成员和合作社带领的小农户创办家庭农场；推动“人才兴办”，支持返乡创业的农民工、大中专毕业生等农村优秀人才兴办家庭农场。同时，要注重提升家庭农场发展质量，以家庭农场示范创建为抓手，培育一批示范家庭农场，发挥典型引领作用。

（三）培育发展乡村新产业新业态

农村新产业新业态为农业增效、农民增收、农村繁荣发展注入前所未有的新动能。应因势利导，强化政策统筹整合，加大政策支持力度，推动农村新产业新业态发展，使之成为今后“三农”工作的新载体、新抓手、新亮点。一是要发展农产品加工业。鼓励农村内部的新型农业经营主体延长农业产业链，将农产品进行深加工，把农业附加值留在农村内部。加大对农产品加工主体的资金支持、技术支持力度，做好农产品加工业的质量监管工作。二是要发展乡村旅游、乡村养老等产业。支持当地有实力的农业企业延长产业链，将农业生产与乡村旅游结合；鼓励社会资本合法利用各类融资模式投资休闲农业。三是发展农村电商。因地制宜发展适宜的电商模式。注重电商与实体店结合，发挥互联网与实体经济的叠加效应。强化电商人才培养，对农民和相关政府人员进行电商知识和技能培训，鼓励大学生、返乡创业青年、农村青年、退伍军人等群体进入农村电商行业。四是促进一二三产业融合。要深入挖掘农村在生态环境、旅游休闲、文化教育等方面的价值，积极开发农业多种功能，发展乡村旅游，将农村丰富的自然环境资源直接转换为经济效益，拓宽农民增收渠道。

（四）深化农村产权制度改革，增加农村居民财产净收入

推进农村产权制度改革是整个农村改革的基础性、全局性和战略性工程。要建立健全以“三权分置”为核心的农村土地产权制度，逐渐强化集体所有权的处置功能，保护好农户承包权的财产功能，发挥好土地经营权的收益功能，形成“集体所有、家庭承包、多元化经营”的新型农业经营格局。一是要以完成确权登记办证工作为重点，全面落实和保护农村土地集体所有权和农户承包权。二是建立统一的农村土地承包经营权信息应用平台，逐步实现数据共享和成果应用，形成承包合同网签管理系统，扩大确权登记颁证成果的应用，将其纳入不动产登记体系。三是以保护各经营主体从事农业生产所需的各项权利为重点，积极推进农村土地经营权规范化流转。明确农民和经营主体各自的权责利，不仅要依法保护流转土地农民的权益，也要对土地经营者的经营权合理保护，减少损害经营主体利益的行为发生。

二　加快推进城乡融合发展，解决城乡发展不平衡问题

（一）强化城乡人才流动机制创新，畅通城乡人才流动通道

人才是促进城乡融合发展的关键因素，通过强化城乡人才流动机制创新，畅通城乡人才流动通道，将有利于带动资本、技术、产业等生产要素在城乡间的合理配置，推动生产要素在城乡之间的良性循环，实现为乡村振兴“造血”，为城乡融合“赋能”。一是要健全农业转移人口市民化推进机制。目前，进城农民难以享受与城市居民同等的社会保障和公共服务，这是阻碍进城农民在留在城市的最大因素，因此，推动农业转移人口市民化，要重点解决农业转移人口的户籍、子女教育、医疗、住房等方面问题。如探索推动在城镇没有合法稳定住所的常住人口在城市公共户口落户。二是建立健全城市人才入乡激励机制。吸引新型主体下乡、城里人进村，要强化制度保障，如加快剥离依附在户籍上的福利，畅通城市人成为新村民的渠道。探索根据城市人才在农村居住时间与创业创新情况，保障其住房使用、土地流转经营及公共服务权益的制度安排。三是着力健全城乡基本公共服务。提升乡村文化教育能力，推动城乡教育均衡发展，补齐农村公共卫生短板，着力提高农村医疗卫生机构的服务能力和水平，推动文化资源向乡村倾斜。

（二）深化农村土地制度改革，激活土地要素资源

制约城乡融合发展的主要障碍仍然是土地市场的制度结构，新阶段推动城乡融合发展仍要以完善城乡土地制度为突破口，继续深化农村土地制度改革，激活土地要素资源，着力建立健全城乡土地要素平等交换机制。一是完善农村承包地“三权分置”制度。通过强化所有权权能，保护承包地集体所有权。通过不断完善承包权权能，稳定农户承包权。通过完善经营权权能、建立完善经营权流转服务体系，放活土地经营权，促进农户流转承包地，依法保护新型农业主体的经营收益。二是推进农村宅基地“三权分置”改革。农村闲置农房利用起来是一笔大资源，如可以利用闲置农房发展农家乐、乡村旅游业。因此，要积极推进宅基地“三权分置”改革，采取多种措施盘活利用闲置宅基地和房屋，如完善宅基地复垦券制度，同

时，要开展农村宅基地改革试点地区成效评估和经验推广。三是探索农村集体经营性建设用地入市。要夯实土地的产权基础，建立城乡统一的建设用地市场。允许村集体依法把有偿收回的闲置宅基地、废弃的集体公益性建设用地转变为集体经营性建设用地入市。

（三）补齐农村人居环境和公共服务短板，推动美丽乡村建设

改善农村人居环境和公共服务有助于农民农村共同富裕，提升农村人居环境和公共服务水平有利于吸引城市资本下乡、促进各类要素更多向农村流动。一是持续改善农村人居环境。要以提升村容村貌、推动厕所革命等为重点，开展农村人居环境整治工作。二是持续推进农村基础设施提档升级。加快完善农村路、水、气、电、网、物流等基础设施。夯实农业基础，实施农田水利建设工程。保障饮用水安全，推进农村饮水安全巩固提升。三是加快推进城乡基本公共服务均等化。提升乡村公共医疗能力，完善乡村社会保障体系，提升乡村文化教育水平。重点补齐农村基本公共教育服务的短板，缩小区域、城乡、校际、群体差距。

（四）建立健全城乡融合发展机制，改革完善分配制度

建立健全城乡融合机制体制，确保城乡全方面、系统性的融合。一是要全面树立城乡融合发展理念。坚持深化农业经营体制改革，以农村土地改革为切入点，推动城乡要素加速流动，以城乡同繁荣的观念使城乡居民树立起共同富裕的理念。二是建立健全城乡融合长效发展机制。要不断完善城乡统筹规划的顶层设计，以共同富裕目标为导向，以城乡融合发展为契机，创新农村现代化建设，实现乡村价值的深入挖掘和开发，推动农村高质量发展。三是改革完善城乡分配体系。在基本社会分配制度的基础上，探索分配方式上的二次分配乃至三次再分配，深化河南城乡间的社会分配制度，扩大中等收入人群，促进居民收入分配更合理有序，形成以初次分配和二次分配为基础、三次再分配相补充的社会分配体系。

三　健全就业帮扶和社会救助兜底体系，确保农村低收入群体的共享发展

（一）落实防止返贫动态监测和帮扶机制，有效防范和化解规模性返贫风险

一是要加强监测预警，对脱贫不稳定户、边缘易致贫户，以及因病因灾因意外事故导致基本生活严重困难户，开展常态化监测预警，持续跟踪收入支出变动、“两不愁三保障”及饮水安全状况，做到及时发现、快速响应、动态清零。二是要抓好精准帮扶，对有劳动能力的，坚持开发式帮扶，有针对性地支持他们发展产业、转移就业、自主创业；对没有劳动能力的，有针对性地落实好低保、特困人员救助供养、临时救助、医疗保障、养老保障、残疾人救助等政策。三是对易地扶贫搬迁要持续做好后续帮扶，确保搬迁群众稳得住、有就业、逐步能致富。

（二）稳步促进脱贫人口的稳定就业

一要持续加强技能培训。以职业教育、农业实用技术、农村致富带头人、新型学徒制等培训为抓手，对脱贫人口开展精准化培训，增强脱贫劳动力稳定就业能力。要切实稳定外出就业。受疫情影响，稳岗就业压力依然不小。各地要加大组织劳务输出力度。输出地要做好脱贫劳动力组织发动、劳务输出，积极协调输入地帮助脱贫劳动力稳在企业、稳在当地。二要积极拓宽就近就地就业渠道。灵活采取龙头企业带动、扶贫车间吸纳、公益岗位安置、以工代赈等形式，促进弱劳力、半劳力就近就地就业。三要大力支持返乡创业，落实优惠政策，搭建创业载体，鼓励支持农民工、大学生、在外成功人士返乡下乡创业，带动脱贫人口就业，推动“输出一人致富一家”向“一人创业造福一方”转变。

（三）优化农村社会救助体系，补齐农村社会福利短板

一是要加强基础性、普惠性、兜底性民生保障建设，强化互助共济功能。注重农村低收入群体的主体性发挥和抵御风险冲击能力的提升，重点是弥补“福利缺失”，同时也要杜绝“福利依赖”。二是关注农村留守老人

和儿童，完善“一老一小”的社会福利制度，缓解人口老龄化和少子高龄化的挑战。推动医养结合，建立长期护理保险制度；同时健全儿童福利体系，建立基本儿童服务制度。三是将农村社会救助纳入乡村振兴战略统筹推进，扩大农村特殊人群的福利覆盖范围，逐步提高保障标准，在巩固拓展脱贫攻坚成果同乡村振兴有效衔接中发挥社会救助的积极作用。

四　扩大农村中等收入群体比重

推动全体人民共同富裕，要求扩大中等收入群体比重，增加低收入群体收入，形成“中间大、两头小”的橄榄形分配结构。目前，中国低收入人口数量庞大，且其中绝大多数为农村人口。因此，提高农村低收入人口收入水平，扩大农村中等收入群体比重既是推动全体人民共同富裕的重点任务，也是推动农民农村共同富裕的重要路径。

（一）深化户籍制度改革，破除城乡劳动力流动的制度性障碍

进城农民工是中等收入群体的重要来源，要深化户籍制度改革，解决好农业转移人口随迁子女教育等问题，让他们安心进城，稳定就业。一是加快推进农民工进城落户政策，畅通农民与市民身份转化渠道。取消城区常住人口300万人以下的城市落户限制政策，加大超大、特大城市户籍制度改革攻坚力度，不断扩大居住证享受的基本公共服务范围。二是建立城乡统一的户籍登记制度，全面剥离户籍中内含的各种福利保障，加快推进按常住人口标准配置各类公共资源，以此保障各类群体权益均等化。

（二）精准识别中等收入群体，制定差异化的政策

一是采取差异化的政策帮助农民进入中等收入群体序列。对有能力、有需求进城落户的农民群体，引导其在农村合法权益的有偿退出；对有专业技能和经营能力的农民群体，采取物质和精神激励相结合的措施，鼓励其发挥才能提高收入水平的同时，发挥引领示范带动作用。二是提高农村中等收入群体质量。采取就业培训和创业扶持等方式，提高农村居民就业能力和就业质量，保障收入韧性，以提升其对于不确定性环境的应对能力。三是稳定农村中等收入群体。农村中等收入群体的诉求各有不同，进城务工农民的主要诉求是实现与城镇居民基本公共服务均等化；农村中高收入

群体的主要诉求是透明、可预期的农村市场环境，应区别对待不同群体的主要诉求，精准施策，梯度进行，制定结构化的政策框架。

（三）完善人才保障机制，重视农村人才培育和人才配置

一是提高农村学前教育和义务教育质量，促进教育公平，提高社会流动性。二是鼓励大学生、农业转移人口返乡创业，引导民营企业投身乡村振兴的建设。大力发展中职教育中涉农相关专业，为推进农业农村现代化提供专业技术人才储备。三是转变政府职能，提高服务水平，加大政策宣传力度和执行力度，搭建并完善政府综合服务体系，形成涵盖政策扶持、项目招标、税收优惠、金融支持、公共服务保障等多角度、多方位和多层次的信息平台，激发民营企业和各领域人才投身乡村振兴的积极性。

第十章　河南建设农业强省的支撑体系

党的二十大对加快建设农业强国作出了战略部署。推进农业强国建设，河南有责任、有基础、有能力、有担当，既要进一步巩固农业大省、粮食大省、农村人口大省地位，也要推动农业发展由“大”变“强”，促进农村农民实现共同富裕。要以习近平总书记关于农业强国建设的重要论述为根本遵循，以扛稳国家粮食安全责任为根本要求，紧紧围绕农业强省建设目标和重点任务，着力加强科技创新、强化人才支撑、加大要素投入、提高经营水平、全面深化改革、优先绿色发展、扩大开放带动、优化乡村治理、重视防灾减灾、夯实组织保障，为河南建设农业强省提供全面支撑。

第一节　科技创新体系

科技是第一生产力，是建设农业强国的重要力量。习近平总书记强调，要紧盯世界农业科技前沿，大力提升我国农业科技水平，加快实现高水平农业科技自立自强。河南要将实施创新驱动、科教兴省、人才强省战略与实施乡村振兴战略紧密结合起来，以建成国家农业科技创新高地为目标，以农业关键核心技术攻关为引领，聚焦核心种源、农机装备、绿色食品、科技创新体系等领域，整合各级各类优势科研资源向农业强省优先倾斜，构建强有力的农业科技创新支撑体系。

一　推进种业振兴

种子是农业的“芯片”，要持续聚焦种源安全，提升种源质量。2021 年 7 月，中央全面深化改革委员会第二十次会议审议通过《种业振兴行动方案》，明确了实现种业科技自立自强、种源自主可控的总目标，提出了种业振兴的指导思想、基本原则、重点任务和保障措施等一揽子安排。河南是种源大省，拥有全国主要农作物小麦、玉米、花生、芝麻、棉花等丰富的种质资源，已经形成郑麦、周麦、百农等系列小麦品种，郑单、浚单等系列玉米品种，豫花、远杂等系列花生品种，豫杂、中棉等系列棉花品种，郑豆、周豆等系列大豆品种，郑芝等系列芝麻品种，在全国粮食种子培育方面处于领先地位。

《河南省“十四五”现代种业提升工程建设实施方案》明确提出，要着力提高资源保护、育种创新、品种测试和良种繁育能力，建立健全现代种业体系，创新种业体制机制，促进政产学研用紧密合作，建设一批国内一流的标志性种业工程，打造具有国内外竞争力的育繁推一体化企业，推进河南由种业大省向种业强省转变，在种业振兴行动中走在全国前列。《“中原农谷”建设方案》明确提出，到2025年，河南建成国内一流的种业创新平台，国家生物育种产业创新中心科技创新能力国内领先、国际知名；到2035年，河南全球十强种业企业实现零的突破，打造千亿级种业和粮食产业集群。河南要持续对接国家种业振兴行动，立足河南实际，进一步巩固小麦、玉米、花生、芝麻等领域的种源大省和科技创新领先地位，同时抓好果蔬、花卉、食用菌、中药材、畜禽等种业方面，培育出一批高产、优质、绿色、高效的好品种。做大做强种业科研机构，推动神农种业实验室纳入国家种业实验室体系或成为其基地，加快建设国家生物育种产业创新中心、中国农科院中原研究中心，争创国家小麦技术创新中心。谋划建设“中原农谷”种业基地，整合种子研发力量、种业生产加工企业和种业领先团队和科技人才，集成政策、集聚要素、集中布局，推动全省农、科、教、研等资源整合进驻，加快构建种业基础研究、品种选育、繁种制种全产业链，加快“谷城院”融合发展，打造国家现代农业科技创新高地。培育一批优质种业企业，鼓励种业企业设立研发机构或研发中心，优化“良种担”业务模式，全力满足农业“芯片”的需求，支持种源技术攻关，培育、壮大一批有竞争力的种业育繁推一体化企业。

二　推进绿色食品创新

发展绿色食品是引领农业绿色转型的重要途径，是增加绿色优质农产品有效供给的主要来源。河南是农业大省、粮食大省，要发挥粮食核心竞争力，将农产品资源优势向绿色食品产业优势转变。2021年，河南规模以上农产品加工企业6344家，营业收入约1.7万亿元。河南绿色食品获证产品总量和绿色食品原料标准化生产基地规模均位居全国前列，其中，绿色食品获证产品总数2848个，创建完成和正在创建的61个绿色食品原料标准化生产基地面积约1526万亩。通许县的酸辣粉、西峡县的香菇制品、博爱县的无公害蔬菜、周口的小磨香油等绿色食品发展迅速，已经打造出一批优质地区品牌，并在行业内具备一定影响力。

近两年，河南相继发布《河南省"十四五"乡村振兴和农业农村现代化规划》《河南省绿色食品集群培育行动计划》《支持绿色食品业加快发展若干政策措施》，不断强调绿色食品产业的重要地位，多措并举大力支持绿色食品产业创新发展。提出到2035年，基本建成绿色食品业强省；到2025年，建成具有世界影响力的万亿级现代食品集群的发展目标。要立足农业优势基础，按照"粮头食尾""农头工尾"的方向，突出企业主体地位，发挥科研机构、联盟组织作用，提高产学研研发效率，以绿色食品及农产品加工业带动农业全产业链互联互通，把"天下粮仓"打造成"全国厨房""百姓餐桌"。强调绿色食品企业主体地位，支持绿色食品企业开展包括企业改造升级、装备研发、科技创新、数智赋能在内的科技创新，对在认定有效期内的国家级"专精特新"小巨人食品企业给予投资补助。充分运用中原食品实验室、河南省预制菜产业联合研究院、河南省休闲食品产业联盟、河南省冷链食品产业联盟、河南省食药同源产业联盟、河南省酸辣粉产业联盟等载体平台功能，突出"链主"企业、龙头企业引领作用，汇聚绿色食品产业链上下游研发力量，努力实现农业产业链延伸、绿色食品价值链提升。培育预制菜千亿级产业集群，全力打造"原料基地+中央厨房+物流配送"等产业模式，将河南发展成为全国重要的预制菜生产基地。

三　推进农机装备创新

农业机械是提高劳动生产率、土地产出率、资源利用率和提升综合生产能力的核心装备。2021年，我国农作物机械化水平达72%，农业生产进入以机械化为主导的新阶段。河南作为农业大省和新兴工业大省，农机装备产业发展水平始终位居全国前列。"十三五"时期，河南农业机械化迈入了向全程全面高质高效转型升级的发展时期，围绕加快农机化供给侧结构性改革，以"提质增效转方式、稳粮增收可持续"为主线，聚焦科技创新，瞄准农业绿色发展、产业结构调整、规模经营和全程机械化需求，大力增加高效、节本、绿色、智能机械的有效供给，提升技术集成配套和推广应用水平，农业机械化转型升级成效显著。河南规模以上农机装备制造企业200余家，主营业务收入达600亿元左右。国家农机装备创新中心是河南唯一的国家级制造业创新中心，自2019年批复成立以来，联合攻关了一批共性技术难题，发布了一批在国内具有重要影响力的创新成果，有力带动了河南农机装备产业创新发展。

当前，农业机械化正在向“全程、全面、高质、高效”方向发展，粮食生产全程机械化加快推进，养殖业、设施农业、农产品初加工等领域机械化需求强劲，农业机械科技创新提速，农机装备创新应用步伐加快。河南农机装备创新要以产业急需为导向，实施农机装备补短板行动，加快研制先进适用、高效低损、安全可靠的现代农机装备，形成具有较强综合竞争力的农机制造业集群。依托国家农机装备创新中心，围绕农机装备关键材料及工艺、核心零部件及元器件、农机装备智能化等领域，建设研发设计平台、中试验证基地、推广应用与成果孵化平台、共性技术服务平台，推进农机装备产业链协同发展，推动农机装备向智能化、绿色化、高端化方向发展。聚焦农业全程、全面机械化，提高粮食生产机械化水平，发展全程农业机械化生产；提升经济作物机械化水平，推进农产品初加工机械化；推进畜牧、水产机械化，促进畜牧、水产业发展；推广智能农机装备技术，实现农业绿色高效机械化生产；改善农机作业条件，补齐丘陵山区农业机械化短板；提高农机社会化服务水平，促进农机经营服务主体成长；推进依法行政，加强农机安全生产。

四　推进农业科技创新体系重塑重构

农业科技创新风险大、周期长、创新主体分散，在一定程度上制约了农业科技创新的积极性和有效性。因此，要加快推进农业科技创新体系重塑重构，围绕提升整体效能整合各级各类科研资源，科学布局农业领域科技创新平台和研发基地，打造任务型、体系化、开放式的农业创新联合体。

发挥利用好神农种业实验室、中原食品实验室、牧原实验室等省级实验室平台；河南省农机装备产业研究院、河南省动物疫苗与药品产业研究院、河南省生物基材料产业研究院、河南省中药现代化产业研究院等省级产业研究院平台，聚焦农业发展的痛点难点、关键核心技术的卡点堵点开展联合技术攻关。激发农业企业创新活力，发挥企业在产业链与创新链协同发展中的多维度重要作用，着力培育一批具有核心技术、市场规模和行业话语权的世界级农业强企。推动从科学研究到行业应用环节深度融合的制度创新，鼓励院校、科研机构与农业企业开展“研产结对”计划，将创新资源阶段性地匹配到企业运营体系中。做好农技推广部门农业技术成果转化、主推技术到位等重要工作。同时，鼓励发展各类社会化农业科技服务组织或机构，促进公益类与社会化服务体系联合开展农技推广和经营服务。协同提高农技推广服务能力，增强农技推广服务实效，加快建立管理规范、运转协调、充满活力、服务到位、农民满意的基层农技推广体系。打破传统农技推广服务惯性思维，兼顾产业发展方向和服务半径等因素，合理布局区域农技服务分中心，打通科技进村入户的“最后一公里”。按照“稳定队伍、提升素质、回归主业”要求，推进农技、农机、农经“三支队伍”改革，打造专业化、职业化、现代化农业从业者队伍。实施农技推广服务“特聘计划”，分级分类开展农技人员能力提升活动。

第二节　人才支撑体系

人才是乡村发展的主力军，是农业强省建设的内生动力。要将农业强省人才建设与乡村人才振兴衔接起来，凝心聚力为河南农业农村发展提供充分的人力和智力支撑。当前，河南面临农村人口减少、劳动力人口流失、人口老龄化等突出问题，有必要进一步扩大乡村人才总量、提高人才质量、盘活人才存量，统筹推进干部队伍、致富带头人、新型职业农民、返乡创业人才等各类人才队伍建设，为实现新时代河南农业强省建设注入强大人才力量。

一　锻造“三农”干部队伍

农业强省建设需要一支既懂农业、爱农村、爱农民，又讲政治、有本领、作风硬的“三农”干部队伍。提升农村基层党组织政治功能和组织力，将党建工作融入脱贫攻坚、乡村振兴、生态建设、产业发展等“三农”工作过程中，发挥党组、党总支、党支部的战斗堡垒作用和党员的先锋模范作用。“三农”干部要深刻理解“三农”工作重中之重地位，把握好农业强省建设的总体要求、基本原则和重点任务，并能结合基层实际将农业强省的具体工作落到实处。坚持走好群众路线，切实加强调查研究，走到群众中、走到田间地头，摸清农民想法、掌握农民诉求、了解农民意愿，切实解决好农民“急难愁盼”问题。建立持续发现和动态管理的长效机制，立足岗位实际、本地发展规划，甄选出专业对口、技能合岗的乡村振兴人才，把优秀年轻干部及时挖掘出来、科学培育起来、合理使用起来。继续优化选调生、村干部选拔培养模式，鼓励高效大学生下乡支教。加大涉农干部培训力度，提高“三农”工作本领，将学习贯彻习近平总书记关于“三农”工作的重要论述作为干部培训教育的必修课，把习近平总书记《论“三农”工作》作为必学内容和规定读本，学深悟透、学以致用，全面提高农业强省工作的政策水平和业务能力。强化系统观念，增强底线意识，对“国之大者”做到心中有数、行之有方。破解农村地区人才晋升、待遇、流动难题，持续开展选优配强、规范管理、关心关爱等方面工作，保证优秀人才留得住、干劲足。

二　培育农村致富带头人

农村致富带头人是农村经济发展的“推进器”，是促进农村农民实现共同富裕的“领头雁”。他们头脑灵活，敢于实践，能够用敏锐的眼光探索出致富之路，为村民创造就业机会，给农产品找到销售渠道，具有较好经济能力并能承担一定社会责任，是促进乡村经济发展、提升乡村社会治理水平的重要力量。聚焦乡村特色产业方向，通过群众推荐、个人自荐、组织点名等灵活方式，从优秀党员、村组干部、农村土专家、农村田秀才、大学生、返乡创业人员等具备致富带富能力的人群中选拔出一批致富能人，纳入农村致富带头人信息库与村干部后备人才库。构建农村致富带头人履职平台、实训平台和成长平台。引导致富带头人与村党支部签订帮带承诺书，每人结对帮扶若干农户，定期组织开展技能交流。采取“请进来”“走出去”“传帮带”等方式，不断提高农村致富带头人的专业素养和致富本领，从经验型向专业型、知识型、技术型转变。组织致富带头人到先进地区、周边县市观摩学习，吸取经验启示、补齐自身短板。邀请农技专家到田间地头讲解授课，增强致富带头人干事创业农技本领。实施致富带头人学历提升计划，引导村“两委”成员、村后备干部、致富带头人积极参加农业领域相关培训。鼓励致富带头人参与农业相关的课题研究和项目合作。引导鼓励致富带头人领办家庭农场、农民合作社等新型农业经营主体，发展壮大农村特色产业。关注本地能工巧匠和产业技术工人的培育和成长，持续优化创新创业环境，激发老一辈产业工人、技术能人的创新创业激情。

三　培育高素质农民

高素质农民是农业强省建设最广泛、最重要的人才力量之一。随着传统农业生产方式的转变和农业政策的调整，土地流转承包租赁使分散在农民手中的土地进一步集中，形成大规模连片种植和集约型现代种植模式，需要爱农业、懂技术、善经营的高素质农民。2016 年以来，河南累计培育各类高素质农民 135 万人，其中农业农村部门示范培育 39 万人，一大批高素质农民通过培育脱颖而出，成为农村创新创业的领头雁、贡献智慧的排头兵，也是中原现代农业发展的强大生力军。“十四五”以来，河南招收培训新型职业农民 3884 名，全省在册学员规模达到 5000 人。

在“人人持证，技能河南”建设支持下，提升新时代农民的职业技能，培养一批服务于乡村产业发展的高素质人才。注重对原住农民、乡居家庭农民进行技能培训，加快实施高素质农民培育工程和百万高素质农民学历提升行动，由单一技术培训向技能培育和经营管理并重转变，形成专业化职业农民队伍。围绕维护国家粮食安全和保障重要农副产品供给，大力培育粮食蔬果生产、畜牧水产养殖等新型农业经营服务主体带头人和种养大户、专业生产型和技能服务型农民。依托省农业农村科技教育中心，联合吸纳农技推广机构、农业科研院所、涉农院校参与承担高素质农民培育任务，用好科技、教育资源，服务农民综合素质和产业发展能力提升。选聘一批优秀兼职讲师，培养一批农民讲师，建好用好各类共享师资库资源，将现代农业产业技术体系专家、农技推广人员、农业生产主体及涉农经营服务主体的专业人员纳入师资队伍，支持科技特派团成员在对口联系县参与高素质农民培育工作。

四　吸引返乡创业人才

河南是人力资源输出大省，是农村人口流失大省。河南农村劳动力转移规模不断增大，2012 年累计农村劳动力转移人数为 2570 万人，2022 年累计农村劳动力转移就业人数 3182.02 万人，10 年内增长 612.02 万人。大量在外求学、创业、务工的豫籍人才已经成长为企业家、高管和技术骨干。近年来，河南格外重视域外豫籍人才这一特殊群体，围绕省委、省政府“推进各类人才返乡入乡创业”决策部署，举办“凤归中原”豫商豫才返乡入乡创业大赛等一系列活动，多措并举吸引更多豫商豫才返乡入乡创业，促进更多农村劳动力就地就近就业，助力农业强省建设。

要努力提升外出人才返乡创业、投身农业强省建设的责任意识，营造鼓励创新创业的社会氛围。以本地人才回归带动技术回归，对接本地优势产业，提升产业发展水平。推广民权冷谷、汝州机绣产业园经验，根据在外本地人才所从事的主要产业培育壮大回归式特色产业集群，以先进产业技术带动本地产业升级。提高河南农民工返乡创业示范园区建设水平，优化基础设施和公共服务，培育提升返乡创业的区域品牌，提升回归产业层次。制定激励政策、加大补贴力度、做实优惠条件，例如免税、免息贷款、租金减免等，吸引大学生、技术人才、企业家、农民工带资金、带技术、带项目返乡创业。为返乡创业人才提供较好的生活保障，帮助他们解决后顾之忧，让其留得下、能创业。2023 年 7 月，河南 5 部门联合印发《关于进一步支持农民工就业创业的通知》，提出实施“豫商豫才”返乡创业工程，支持以包括农民工群体在内的各类豫籍人才返乡创业。推进税费减免、场地安排、一次性创业补贴等政策“打包办”“提速办”，为返乡创业人员提供培育、孵化、加速等创业扶持。

五　提升涉农教育水平

高等教育和职业教育作为与农业农村农民联系最为紧密的教育体系，是高素质农业人才的重要来源。要加快涉农院校改革与创新发展，全面提高人才自主培养质量，着力造就拔尖创新人才，以高等农业教育高质量发展筑牢农业强国的人才根基，是涉农院校在新时代新征程上必须担起的时代重任。2022 年，河南新增 7 个国家级一流和 6 个省级一流涉农本科专业建设点，建设智慧养殖产业学院、智慧牧业现代产业学院等 6 个省级重点产业学院，推动农业人才培养链、科技推广链、农业产业链精准对接。同时，充分利用涉农院校学科优势，组织包括河南农业大学在内的 17 所涉农院校和各地市438家培训机构，聚焦全面实施乡村振兴战略和建设农业强省人才需求，持续完善农民教育培训体系，不断提高农业农村从业者素质技能。

涉农院校应以强农兴农为己任，锚定农业领域重大发展需求，打造体系化拔尖创新人才培养平台，培养更多知农爱农、具有扎实学科基础、原始创新能力、应用转化能力的高层次农业人才。围绕实施乡村振兴、农业农村现代化、农业强省建设规划，不断优化急需的现代种业、现代农业设施装备、建设数字乡村等学科建设。加快发展面向农村的职业教育，优先支持高水平农业高职院校开展本科层次职业教育等。

第三节　要素投入体系

加快建设农业强省，既需要真金白银的政策支持，也需要全面、充分、必要的要素保障。要始终坚持农业农村优先发展，坚持人财物策优先满足，构建资金、土地、人才等关键要素系统完备的保障体系，统筹高端项目、科技创新等资源要素，在全省层面进一步优化要素合理配置，提高要素效率效能。持续加大农业强省建设财政资金统筹力度，坚持项目为王，发挥重大、重点项目的带动引领作用，强化农业领域基础研究和应用研究的科技创新作用，极力满足农业农村发展用地需求，吸引、培育更多高端人才投身河南农业强省建设。

一　优化多元投入机制

加大农业强省建设财政资金统筹力度，多渠道筹措资金，撬动更多金融、社会资本投向农业农村，确保财政投入力度不断增强、总量持续增加。建立健全财政投入保障制度，完善巩固脱贫攻坚资金、乡村振兴资金等涉农资金统筹整合长效机制，加强资金绩效管理，提高资金使用效率。坚持一般公共预算优先保障的前提下，落实好提高土地出让收益用于农业农村比例的财政政策。落实财政金融支农助农政策措施，把财政和金融组合嵌套，充分发挥财政资金对金融支农的撬动作用，为农业强省建设奠定坚实的资金基础。

引导金融机构持续加大涉农信贷投放力度，突出地方性涉农金融机构服务农业强省建设的重要作用。合理增加新型农业经营主体信贷投放，推进农村产权抵（质）押融资金融服务创新，包括保单质押、设施抵押、畜禽抵押等。对带动农民经营增收成效明显的绑定农户的农民合作社、绑定农民合作社的龙头企业在同等条件下优先给予符合规定的项目资金支持。加强对涉农资金拨付及使用的监管和测评，加强对农业项目资产的管理监督。全面推进农业保险扩面、增品、提标，扩大小麦制种、花生育种保险试点，扩大“保险+期货”品种范围，探索农业巨灾保险。发展由政府引导、保险公司参与、财政支持下的直保、再保、巨灾债券、巨灾基金等政府兜底的多层次巨灾风险分散机制，放大财政救灾资金效用，平滑灾害引起的政府财政波动。

二　推进重点项目带动

坚持项目为王，以项目建设推动河南农业强省建设。加快储备实施一批有利于稳经济、扩投资的重大项目，包括高标准农田建设项目、现代种业提升工程项目、动植物保护能力提升工程项目、畜禽粪污资源化利用整县推进项目、黄河流域农业面源污染治理项目、农业科技创新能力条件建设项目、数字农业建设项目等。围绕产业发展、基础设施提升、人居环境整治等关键环节，滚动储备一批具有先进性、示范性、引领性的优势项目，努力带动农业农村新增投资。

做好以产业项目为引领的投资工作，突出粮食优势、特色产业优势，推动农业特色产业高质量发展。实施优质粮食保障工程，开展万亿级绿色食品产业集群培育行动，打造优势特色产业链。推广“原料基地+中央厨房+物流配送”预制菜发展模式，鼓励预制菜产业集聚发展。发挥农业多种功能和乡村多重价值，依托田园风光、绿水青山、优势气候、村落建筑、乡土文化、民俗风情等特色资源，推动农业农村与健康、教育、体育、文化、旅游、气象等深度融合，发展乡村旅游、休闲农业、特色民宿、文化体验、健康养老、直播电商、社交电商等新产业新业态项目。瞄准提升城乡基础设施一体化和公共服务均等化水平，谋划一批高标准农村人居环境改善项目，加快推进宜居宜业和美乡村建设。针对农业农村项目前期工作、组织实施、竣工验收等重点环节，着力解决影响项目建设的关键问题，大力推进在建项目实施进度，发挥农业农村重大项目对稳定经济的支撑作用。

三　强化科技创新赋能

推动河南农业科技创新产、学、研、用、推衔接紧密，农业领域基础研究、应用研究取得重大突破，河南进入农业科技强省行列。聚焦打造种业强省、农机装备制造强省，建成国家农业科技创新高地发展目标，充分发挥科技创新在优化农业产业体系、生产体系、经营体系中的基础关键支撑作用。将“中原农谷”建设成为国内一流、国际知名的农业科技创新高地，成为国家农业创新核心力量。以“中原农谷”建设为主抓手加快建设现代种业强省，推进国家生物育种产业创新中心、神农种业实验室、中原研究中心建设，带动周口国家农高区建成黄淮平原高质高效农业示范区。加快国家农机装备创新中心、农业农村部航空植保重点实验室、省级产业创新研究院建设。

围绕农业、农产品加工业转型升级，开展工艺改进、装备更新和产品研发，积极发展数字农业、智慧农业等新模式、新业态，不断提高农业创新力和竞争力，提高农业土地产出率和劳动生产率。组织实施一批省级、市级重大科技专项和自主创新专项等，重点攻克农业图像识别、农业人工智能、智能农机装备等一批关键核心技术。探索开展“天空地”多源数据采集与融合、智能诊断与分析。深入开展遥感高光谱技术、农作物参数反演、农作物健康诊断、农业自然灾害监测评估等农业遥感关键技术攻关。强化农业数字经济主体培育，加大高新技术企业培育力度，在农业数字经济领域培育一批创新引领企业。将农产品加工业纳入“互联网+”现代农业行动，培育发展网络化、智能化、精细化现代加工新模式。紧抓农村电子商务发展机遇，在产品销售环节通过大数据准确把握消费需求，提高产品投放市场效率，顺应农货上行引发的农产品标准化、商品化和规模化趋势。

四　做好用地保障工作

统筹安排年度新增用地计划和存量建设用地盘活利用规模，落实市县保障农村一二三产业融合发展用地责任，探索灵活多样的供地方式，满足农业农村发展用地需求。鼓励优先使用合法的现状村集体建设用地，通过全域土地综合整治或农村土地综合整治对零星分散的建设用地调整优化，集中安排农村产业用地。发挥城乡建设用地增减挂钩对优化土地资源配置的作用，腾挪土地空间并按一定比例新增建设用地指标，优先保障农村公共设施、公益事业、特色产业等乡村建设用地。打破常规三产用地分类，突出土地功能复合和农用地、建设用地的相互交叉，在符合国土空间规划的基本前提下，鼓励对依法登记的农村建设用地进行复合利用，用于一二三产业融合发展。在准确把握设施农业用地供给现状和主要难点的基础上，积极探索兼容耕地保护和合理保障用地需求的设施农业用地管理模式，规范和引导设施农业合理选址、节约用地。村庄规划成果形成数据库，纳入国土空间信息平台，作为用地审批和核发乡村建设规划许可证的依据。在新增建设用地计划中单列安排一定比例的新增建设用地计划指标专项保障农村村民住宅建设用地需求，年底实报实销。

五　建设乡村人才队伍

当前，大部分乡村面临“外来人才引不进，本地人才留不住”的困局。要坚持把人才队伍建设纳入农业强省建设全局通盘考虑，着力打造一批懂农业、爱农村、爱农民的乡村人才队伍。围绕“引、培、留、用”等关键环节，强化乡村人才管理与服务，吸引更多人才投身农业强省建设。选派一批优秀干部到农业强省建设一线发挥专业和技能优势，组织引导各领域人才到乡村基层一线服务。加大农村实用人才和高素质青年农民培育力度，就地培养一批有技术、善经营、会管理的基层紧缺型人才。探索推进农民职称评定工作。建立健全支持人才下乡、鼓励能人回乡、引导企业兴乡的相关制度。引导城市专业技术人才“下沉”农业农村，探索通过岗编适度分离、优先职务晋升、职称评定等多种方式的激励机制。鼓励大学毕业生、高管、技术骨干、企业家返乡创业，为返乡创业人才提供定制化服务和优惠政策。着力打造适配高端产业发展的“硬条件”和“软环境”，承接高端产业转移，一并引入产业高技术人才和管理人才。发展面向农业强省建设的高等教育和职业教育，深化农业领域产教融合、校企合作和乡村实践。

第四节　经营服务体系

大国小农是我国的基本国情农情。河南全省小农户占比达 98% 以上，其经营管理的耕地面积约占全省家庭承包耕地面积的 70%，因此，“大省小农”也是符合河南农业实际的省情农情。传统小农经济小、散、弱特征依旧突出，要持续加快形成以农户家庭经营为基础、合作与联合为纽带、社会化服务为支撑的立体式复合型现代农业经营体系，着力推进农业供给侧结构性改革、引领农业适度规模经营发展、带动农民就业增收、增强农业农村发展新动能。

一　发展适度规模经营

在坚持土地集体所有制不得改变、农村土地承包经营权长久不变的原则下，通过农地经营权的产权细分，将“小而全”的农户和各类新型农业经营主体纳入分工经济，推动农业适度规模经营。以规模家庭农场的形式推进耕地适度规模经营，形成“握指成拳”的合力和优势，通过集中采购农业生产资料、集成先进耕作技术、推广标准化生产、采用规模化标准化作业、订单溢价回收优质农产品等方式，充分发挥农业机械装备优势和科技服务效率，有效降低农业物化成本和生产作业成本，降低农业自然风险和市场风险。

探索建立农村土地经营权流转“负面清单”管理制度，对规定土地流转主体纳入失信被执行人名单的，成交后违规转包、分包行为的；不按时履约、拖欠土地租金等相关费用等行为列入“负面清单”。被列入“负面清单”的经营主体一定时间内不得通过农村产权交易平台流转区内土地经营权，并在项目扶持、评优评先等方面受到限制。探索建立土地流转管理机制，由政府对土地流入方资金实力、生产经营场所、生产技能、管理经验、经营人员等方面进行审核，严控土地流转规模，建立准入审查机制。建立土地流转费履约保证保险、土地流转风险保障金等风险保障机制。

二　培育新型农业经营主体

新型农业经营主体是统筹城乡发展、实现三产融合的主要载体，是落实各级农业政策、提高政策执行效率的重要平台。着力培育家庭农场和农民合作社等新型农业经营主体，提升主体服务能力、建立指导服务机制，引导新型农业经营主体不断增强自身实力，规范经营行为，更好带动农户发展乡村产业，提高经营效益，实现增收致富。截至 2022 年底，河南共有农民合作社约 20 万家，家庭农场约 26 万家，数量规模均居全国前列。

新型农业经营主体培育既要注重数量的增加，更要注重质量的提升。实施家庭农场培育计划，抓好示范家庭农场和家庭农场示范县创建。鼓励引导有长期稳定务农意愿的小农户稳步发展成为适度规模经营的家庭农场，出台示范性家庭农场认定管理办法，将信用评级、标准绩效等指标作为示范性家庭农场认定的前置条件，并对示范性家庭农场实行年度动态管理和监测。规范提升农民合作社，抓好农民合作社质量提升整县推进试点建设，推进农民合作社示范社四级联创。支持家庭农场组建农民合作社，支持农民合作社根据需要办企业。2022 年 11 月，河南印发《关于开展新型农业经营主体提升行动的实施方案》，提出“创建一批新型农业经营主体服务中心，促进新型农业经营主体发展质量效益稳步提升、服务带动效应显著增强，基本形成以家庭经营为基础、新型农业经营主体为依托、社会化服务为支撑的现代农业经营体系，促进小农户和现代农业发展有机衔接”的发展目标。通过建立农民合作社规范管理制度、健全农民合作社财务和会计制度、建立家庭农场“一码通”管理服务制度、建立家庭农场规范运营制度等，完善新型农业经营主体提升的基础制度。持续加强新型农业经营主体能力建设，全面提升主体带头人能力、主体融合发展能力、农民合作社办公司能力、主体参与稳粮扩油能力和主体参与乡村发展和乡村建设能力。

三 发展农业社会化服务

各地应根据土地流转和集中的情况，把农业生产过程中的服务需求集中起来，提供耕、种、管、收、加、贮、销等贯穿农业产前、产中、产后全过程的单环节或多环节的规模化服务。通过社会化服务组织将先进适用的品种、技术、装备等现代生产要素有效导入农业生产经营，实现千家万户农业生产过程的专业化、标准化和集约化，从而逐步实现农业现代化。当前，河南农业社会化服务的技术力量、设施装备、服务主体等已初具规模，服务设施设备日趋完备。全省已培育 12.5 万个农业社会化服务组织，服务小农户 1575.9 万户，生产托管面积达 1.86 亿亩，已经形成荥阳新天地合作社、商水天华合作社、遂平农机服务公司为代表的农业社会化服务典型模式。

依托供销合作社、农技农机部门资源优势，整合社会性服务组织、村集体经济组织等服务资源，培育经营性农业社会化服务组织，建立区域性综合农事服务中心，实现农业社会化服务领域、服务过程全覆盖。以农业生产各环节服务需求为导向，服务领域从产前、产中不断向产后延伸，搭建多元化、多层次、多类型的农业社会化服务网络。重点加强土地全程托管、测土配方施肥、病虫害统防统治、农机存放维护、粮食烘干储藏等服务领域，实现生产经营环节全覆盖。探索多种社会化服务方式，包括订单式托管、菜单式托管、共享式托管等，促进托管与良田良种良法配套、农机农技农资融合，有力带动农业生产发展。延伸开展政策咨询、法律保障、财税金融、技术培训、供需对接等各类服务，不断扩大农业社会化服务范围。加强农业社会化服务合同监管和服务质量、服务价格等方面的动态监测，防范农业社会化服务主体在合同签订与合同履行过程中损害小农户利益行为。优化小农户与农业社会化服务组织之间的利益联结机制，大力推行保底分红、股份合作、利润返还等合作方式。

第五节 改革支撑体系

农业强国建设要依靠科技和改革的双轮驱动。改革是解放和发展社会生产力的关键，是推动经济发展的根本动力。要用好改革关键一招，推进农村土地制度、集体产权制度等重点领域制度改革，破除城乡二元结构、加强精深文明建设等关键环节机制创新。全面推进农村综合改革，提高农村改革的系统性、整体性、协同性，各项制度相互衔接、形成合力，让广大农民在改革中分享更多成果，在推动改革中不断取得新的突破。

一 推进农村土地制度改革

党的十八大以来，河南不断深化关于农村土地经营流转、土地“三权”（所有权、承包权、经营权）分置等一系列农村土地改革措施，广大农民取得土地相关权证，为其稳定、持续从事农业生产经营、获得财政性收入和有序向城市转移提供了有力保障。与确权颁证同步进行的还有农村土地流转制度改革，通过土地流转，农民不仅可以获得土地流转费，同时还能在自己的土地上工作并取得工资性收入，农民增收渠道得到拓展。

党的二十大报告要求，深化农村土地制度改革，赋予农民更加充分的财产权益。深化农村改革，必须牢牢把住处理好农民和土地关系这条主线，牢牢守住改革的底线，不能把农村土地集体所有制改垮了，不能把耕地改少了，不能把粮食生产能力改弱了，更不能把农民的利益损害了。坚持以落实最严格的耕地保护制度为改革前提，做好第二轮土地承包到期后再延长 30 年试点工作，确保大多数农户原有承包权保持稳定、顺利延包。2020 年，济源示范区获批全国首批第二轮土地承包到期后再延长 30 年先行试点，现已基本完成试点任务，2022 年平舆县获批全国第三批试点地区，试点工作正在有序推进。2020 年，全国开启新一轮宅基地制度改革试点，河南巩义市、宝丰县等 5 个县区获批试点地区，正稳慎推进宅基地制度改革试点任务。对空间布局分散、基础设施较为落后、自然灾害多发、生态环境恶劣、空心化严重的村庄，可通过整村搬迁、撤并合村等形式构建集中化大村庄。搬迁撤并后的村庄原址，在所涉及的土地权属清晰无争议的前提下，可因地制宜复垦或还绿，增加乡村生产生态空间或推进农村集体经营性建设用地入市。

二　推进农村集体产权制度改革

通过农村集体产权制度改革，逐步构建归属清晰、权能完整、流转顺畅、保护严格的中国特色社会主义农村集体产权制度，保护和发展农民作为农村集体经济组织成员的合法权益。科学确认农村集体经济组织成员身份，明晰集体所有产权关系，发展新型集体经济；管好用好集体资产，建立符合市场经济要求的集体经济运行新机制，促进集体资产保值增值；落实农民的土地承包权、宅基地使用权、集体收益分配权和对集体经济活动的民主管理权利，形成有效维护农村集体经济组织成员权利的治理体系。河南深入贯彻落实党中央、国务院关于深化农村集体产权制度改革的决策部署，按照“总体部署、试点推进、以点带面、全面展开”的思路有序推进改革，济源市、新县等 18 个市县先后承担国家前三批改革试点，2019 年承担国家整省试点，全省改革由点到面展开，2020 年基本完成改革任务。截至目前，全省村级新型集体经济组织发展到 4.9 万个，有集体经营收益的村所占比例达 78%，其中经营收益在 5 万元以上的村所占比例达 50.3%，集体成员累计分红 33.8 亿元。

要把强化集体所有制根基和实现农民集体成员权利同激活资源要素统一起来，做好农村集体资源资产的权利分置和权能完善。加快发展新型农村集体经济，积极推动资源变资产、资产变资本、农民变股东。持续构建产权关系明晰、治理架构科学、经营方式稳健、收益分配合理的运行机制，探索资源发包、物业出租、居间服务、资产参股等多元化新型农村集体经济。

三 推进城乡融合发展

党的十八大以来，我国城乡关系从“以工促农、以城带乡、工农互惠、城乡一体”向“工农互促、城乡互补、全面融合、共同繁荣”转变，政策方向从城乡统筹、城乡一体化逐步调整为城乡融合发展，从农业结构到生产方式，从乡村环境到乡村文化，从产权制度改革到发展培育新动能，不断加大体制机制改革力度，化解城乡之间的深层次矛盾，不再以牺牲农民财产权益为代价推动农业人口转移，而是通过城乡的良性互动推动实现城乡融合发展。

党的二十大报告强调，坚持城乡融合发展，畅通城乡要素流动。把县域作为城乡融合发展的重要切入点，重点研究在县域范围内如何破除城乡二元结构，促进县乡村资源统筹配置、功能衔接互补。破除妨碍城乡要素平等交换、双向流动的制度壁垒，促进资金、人才、文化、科技发展要素和各类服务更多下乡，让更多人财物向农村集聚、向基层倾斜。推进乡村公共医疗卫生体系建设和城乡教育资源均衡配置，完善城乡统一的基本养老保险、基本医疗保险、大病保险制度和城乡社会救助体系。坚持统一规划、建设、管护，统筹设计城乡路网和水、电、污水垃圾处理等设施，加快构建全域覆盖、便捷高效的城乡基础设施网络。统筹工资性收入、财产性收入、经营性收入、转移性收入四大方面，构建农民持续增收长效机制，不断缩小城乡居民生活水平差距。在尊重群众意愿的前提下，完善制度、保障、服务，有序推进农业转移人口市民化。

四 加强农村精神文明建设

统筹城乡精神文明建设融合发展的重点在农村，难点也在农村。把加强农村精深文明建设作为滋润人心、德化人心、凝聚人心的载体，全力推动移风易俗，不断提升农民精神风貌，为河南农业强省建设注入精神动能。近年来，河南省委省政府先后出台《关于进一步推进移风易俗建设文明乡风的实施意见》《河南省推动移风易俗树立乡风文明三年行动计划》等一系列文件，大力整治农村存在的高价彩礼、人情攀比、厚葬薄养、铺张浪费等陈规陋习。开展“婚嫁新风进万家”“整治农村陈规陋习”“星级文明户”创建等实践活动，加快形成与社会主义新农村相适应的文明乡风、淳朴民风、良好家风。依托文明村镇创建活动推进移风易俗，以文明村镇创建提质扩面的实际成效推动全省农村社会风气向上向好。

要持续开展宣传教育和文明培育，提高广大农民群众的思想道德水平和文化素养，形成崇尚文明、互助友爱、和睦友善的社会风尚，为实现乡村振兴提供强有力的思想政治保证。将社会主义核心价值观与村规民约、文化活动等有机结合起来，融入农村基层干部群众日常工作和生活的方方面面，使社会主义核心价值观更加具体化、形象化、生活化。正确引导农民群众形成正确的思维方式、行为习惯和信念理念，使社会主义核心价值观教育更接地气，更有成效。深入推进移风易俗，纠治高价彩礼、人情攀比、封建迷信、厚葬薄养等陈规陋习，弘扬敦亲睦邻、守望相助、诚信重礼的乡风民风。加强法治和村规民约教育，引导农民办事依法、遇事找法、解决问题用法、化解矛盾靠法。开展“文明家庭”“星级文明户”等群众性精神文明创建活动，树立文明典型和道德模范、打造文明村镇和文明家庭等，用榜样的力量教育人、感染人、塑造人，凝聚向上、向善、向美的乡村正能量，不断营造崇德向善、见贤思齐的良好社会风尚。

第六节　绿色发展体系

2015 年发布的《中共中央 国务院关于落实发展新理念加快农业现代化实现全面小康目标的若干意见》中首次提出推进“农业绿色发展”。2022 年国务院印发的《“十四五”推进农业农村现代化规划》提出要把推进绿色兴农作为建设绿色美丽乡村的重要任务。2023 年中央一号文件指出要推进农业绿色发展，2023 年河南省委一号文件也指出要推进农业绿色发展。可见转变农业发展方式，实现绿色发展和资源永续利用是推进农业高质量发展的根本要求，就河南而言，推动农业绿色清洁生产，发展种养结合的绿色循环农业，对实现农业现代化，建设农业强省具有重要意义。

一 提升农业绿色发展生产能力

首先，要确保粮食生产能力的绿色发展。严守耕地红线，坚持耕地优先的利用顺序，加快高标准农田建设步伐，加强耕地质量建设，稳步推进已经退化的耕地绿色化治理。推进耕地的生态修复性治理，进一步建立和完善耕地绿色管理清单，设定高标准农田绿色治理时间进度表。在全省试点推广农田林网的绿色生态化循环发展，以增强耕地的田园生态系统环境实现绿色化发展，使农业基本的粮食生产能力保持旺盛的同时实现绿色发展和资源的永续利用。

其次，要促进农业生产要素的绿色发展。在化肥施用推行绿色施肥技术，对新型经营主体推广测土配方施肥，以进一步降低化肥的施用量，提升优质绿色产品供给保障能力。在病虫害的防止方面推行绿色防治一体化系统，推动农药减量控害工作。加快构建集生物防治、生态控制、农业防治、物理防治于一体复合型绿色农业病虫害防治体系。同时要高度重视河南农业生产的物种资源、水生生物资源的保护性体系的构建，严格防范境外物质的入侵和破坏，确保绿色农业生产要素体系的不被破坏。

最后，要重视农业生产废弃物的绿色治理。要严格各地的农业生产用废弃农膜的回升利用程序和激励机制，在绿色生产试点地区推行农膜回收的补贴和奖励制度建设和完善，同时逐步探索农用地膜生产厂商的责任延伸和激励机制，做到绿色生产、绿色使用、绿色回收的闭合循环。在农业废弃秸秆的资源化利用方面，以沼气工程为纽带，大力推进秸秆肥料化，以及推广秸秆还田等绿色循环技术，推进秸秆绿色综合利用。实施畜禽粪污源化利用提升工程，推广种养结合的农业养殖绿色循环经济新模式。

二 构建农业绿色发展产业体系

首先，要稳步提升农业绿色发展的质量与效益。通过农业生产的全产业链进行绿色化、有机化拓展，坚持加工减损、有机环保、循环发展的绿色发展理念，推进河南省优势农产品加工产业向绿色生产转型，以打造河南农业的绿色产业发展体系。加快农业绿色标准化建设步伐，整合规范农业绿色地方标准和技术规程，使其基本涵盖农业生产各个环节和相关领域，推动农业绿色发展向的集约化、高端化方向。全力打造国家级现代农业绿色示范基地的建设，引领农业绿色发展标准化、优质化、品牌化。

其次，要着力推进农业绿色产业融合发展。以绿色发展为导向，借助农业产业园区和产业强镇，推动河南农业与食品加工业，以及新型农村生产性服务业融合发展。不断推动农业产业的生态化和绿色化融合发展，做到以合促融，以融促合，和美与共。充分发挥农村的生态资源功能和环境功能优势，不断推动农业产业的生态化和绿色成色，提高绿色产业占比，形成现代农村产业融合发展的共同体。推进现代农业产业园区和产业集群绿色化循环化改造，大力发展绿色生态循环农业，促进全省农业生产废弃物的资源化利用。

最后，要构建高效农业绿色供应链。健全绿色农业供应链生产体系，加快转变农业要素投入方式，将先进科学技术与绿色有机生产过程相结合，通过提高自主可控的良种育种能力、延长产业链、提升价值链提高现代绿色农业的整体素质和竞争力。发挥自主可控绿色农业供应链对农业供给侧改革的牵引作用，提升绿色农业供应链档次和稳定度。依托河南的地理区位交通便利优势，凭借郑州、商丘等物流枢纽作用，大力推进河南农产品冷链物流在供应链环节的基础设施建设步伐。发挥对绿色农产品消费端升级的推动作用，依托河南省超大规模市场潜力优势，大力促进绿色农产品消费市场规模不断扩大。

三　加大农业绿色发展投入力度

首先，要持续完善农业绿色发展财政扶持政策。随着现代农业强国战略的推进，财政支农的资金不仅向农业的大粮食生产领域倾斜，同时也向粮食生产的绿色、有机、生态、环保等领域倾斜，并且围绕着大粮食观的农业资源修复与保护、绿色农产品的价值再实现工程的推进，农业绿色发展成为各级和各类财政资金的重点倾斜领域。因此，河南要建设农业强省，必须创新农业绿色发展领域地方政府债券发行方式和途径，同时设立河南省农业绿色发展基金等各类带有财政资金色彩的政策性工具，以加大对河南农业绿色发展的投入支持力度。

其次，要引导绿色金融支持河南农业绿色发展。要强化财政资金进入河南农业强省建设的绿色发展领域，以加大其对各类金融机构资金的吸引力度。要强化政策性银行和商业银行对绿色有机、低碳循环农业的金融支持力度，通过向国家有关金融部门争取和协调，要持续完善河南农业绿色发展的信贷增信机制，大力构建涵盖信贷、保险等农业金融衍生产品在内的区域性金融支撑体系。

最后，要引导社会层面资金进入农业绿色发展领域。社会资金来源很广，但逐利性是其进行投资的重要选择依据，为此要创新河南现代农业建设中绿色农业发展项目的PPP模式，探索以不动产投资信托基金等各类创新型金融产品的形式进入河南农业绿色发展领域的渠道和途径。引导和鼓励各级各类社会闲散资本进入各自故乡农村地区的农业绿色发展领域，进一步扩大河南农业强省建设的绿色发展的资金支撑来源。

四　强化农业绿色发展科技支撑

首先，要加强科技创新对河南农业绿色发展的引领作用。要系统梳理河南农业绿色发展在种子、化肥、施肥、土地等领域和环节的技术瓶颈和障碍，依托“神农种业实验室”、河南省农科院、河南农业大学等科研院所以及省内其他各级各类农技推广机构，开展联合技术攻关，以期实现农业绿色技术的边际突破。同时，在河南具有比较优势的农机装备、小麦育种等领域，也要进一步加大科技资源的倾斜力度，确保优势更优，为河南农业强省建设提供有力科技支撑。

其次，要加大农业科技服务的支撑力度。通过系统梳理全省以新型农业经营主体和小农户为代表的农业种植者在农业生产中的农技需求（如播种、施肥、收割等），开展针对性强的农技服务。并且在农闲时节，有针对性地开展农技成果宣传推广活动，加快绿色农业的科技成果转化效率，不断提升河南省农业绿色发展的科技服务水平。

最后，要重视农业绿色发展的人才队伍培养及壮大。以推进实施“人人持证、技能河南”活动开展为契机，积极培养全省农业绿色发展的后备领军人才队伍。在现有的一些农林人才教育培养计划，如“中原英才计划”等重大人才计划中，加大对农业绿色发展人才的倾斜力度。要重点培养和引进农业绿色发展农业科技创新人才，制定相关人才优惠政策，使河南成为农业强国建设中聚集农技人才的高地。

第七节　开放带动体系

党的二十大提出，坚持高水平对外开放，加快构建以国内大循环为主体、国内国际双循环相互促进的新发展格局。农业对外开放是加快建设农业强国、推动农业高质量发展的重要举措。近年来，河南成为全国经济大省、新兴工业大省和现代农业大省，农业进入全方位对外开放新阶段。扩大农业对外开放，对于转变河南农业发展方式、增加农民收入、实现高质量发展，建设农业强省具有重要意义。

一　提升农业对外开放合作水平

首先，要加快实施开放带动战略，提升河南农业对外开放水平和层次。推进制度性开放战略在农业领域的深入实施，完善和构建农业产品、技术及服务的开放通道，加快农业全方位、多层次、多元化对外开放与合作，全面提升河南农业对外开放合作水平和层级。加快完善现有的省级农业对外开放管理协调（议事）机构。建议在省委省政府的总体部署下，组建较高规格的跨部门的河南农业对外开放工作领导小组，从营商环境、金融支撑、财政情绪、人才政策等方面根据河南农业发展基础和实际，对河南农业企业“走出去”给予协调和指导。

其次，要完善农业多层次开放体系。加强现有涉农开放政策的整合改进，试点有序推进县级农业对外开放合作的试验区，稳步推进河南沿黄地区申建国家级农业对外开放合作试验区。鼓励“走出去”的企业建设海外农产品生产储运基地，引导农业外向型经济融合发展，提升境内外产业关联度，打造更加多元灵活的对外开放体系。

最后，要稳步提升河南农业国际竞合能力。聚集粮、油、菌、农机、畜产品等具有河南特色和优势的产品，大力扶持若干具有一定竞争力的外向性农业龙头企业，提升河南农业对外知名度和影响力。支持河南农业龙头创建对外出口联合体，充分发挥农业产业龙头和“链主”作用，提升河南出口农业企业的竞合能力。

二 培育壮大农业对外开放主体

首先，要推动重点龙头企业实施农业开放战略。鼓励省内农业龙头企业在境外开展农业项目的并购和技术合作，支持省内优秀农业企业在境外开展种植生产、加工储运等方式的国际性农产品生产流通网络。加大与“一带一路”沿线国家和地区合作，支持省内各类农业企业“走出去”，组建境外产业联盟，打造农业产业园区和农业技术实验境外示范基地。扶持双汇、众品、华英、三全、思念等龙头农业加工企业，进一步开拓日韩、东南亚、欧洲等国际市场，提升河南品牌声誉度。

其次，要大力实施品牌战略，通过质量铸就品牌。支持有条件的地方创建当地的特色和优势明显的食品农产品生产基地，打造“一县一业”“一县多品”的河南特色农产品。鼓励企业开展绿色食品、有机农产品等国际通行认证，并推动其开展国际商标注册，打造河南农产品的国际声誉。鼓励华英、大用、永达建设生物安全区、出口加工区、出口保税工厂及保税仓库，建设中部地区出口绿色食品业产品质量安全示范区。

最后，树立河南农业企业“走出去”的良好形象，主动承担所在国的企业社会责任，努力做到将经济效益和社会效益的有机统一。积极参与“一带一路”沿线发展中国家的农业技术和产品的帮扶和援助任务，促进和带动省内农业企业“走出去”。建立河南农业境外产业联盟（协会），帮助河南农业企业在应对贸易纠纷、抵御海外风险和跨国农业投资区域选择等方面做出最佳选择。

三 优化农业对外开放营商环境

首先，要深化“放管服效”改革，要对农业对外开放的高频事项认真梳理，进行免证可办，尽可能地涉企事项全程网办。尽快出台新形势下河南农业对外开放中利用外资的各类政策优惠措施，进一步深入落实与外资准入负面清单相适应的准入机制，严格保障外资企业依法平等参与政府在现代农业项目上的采购、招投标、标准制定等市场经济行为。支持具备条件的一些地市争创国家级营商环境创新试点城市，并适时开展全省农业对外开放营商环境示范县（市）创建工作，全面提升农业强省建设中的开放型国际化水平。

其次，要加强农业信息体系建设。要以增强信息服务功能为重点，进一步完善河南省农业信息网的建设，把河南农业信息网建成宣传河南农业、推介河南农业招商项目和优质农产品的精品工程。组建一支农业信息队伍，建成一个对外招商引资项目库，及时在网上发布农业招商引资项目和交流各地农业招商引资工作进展情况。定期推出《河南农业投资指南》，对外进行广泛的宣传和推介。各级农业部门要建立招商引资项目库，不断收集并完善项目资料，组织好招商项目。

最后，要加强规划设计和项目引导。积极推动河南农产品加工企业建立国际认可的产品检测和认证体系，同时，要进一步提高河南认证的国际化水平，使得获取河南自身认证的农产品在国际市场能够获得认可和赞誉。促进检验检疫和通关便利化，力争实现关检一次申报、一次查验、一次放行，对特殊进出口农产品开辟“绿色通道”。

四　深化农业人才引进和技术交流

首先，要深化农业人才培育与引进。以在国内和省内农业院校定向培养以及向优秀跨国企业派出挂职锻炼的方式，培养河南自己的熟悉农业投资和贸易国际法律法规的跨国型复合高级人才。深化农业人才培养及技术引进。加强与欧美、日韩等国家的农业科研院所、农业协会、农业企业的人才学术交流，打造中部地区中外农业科技交流合作高地，以吸引欧美农业领域华人科学家、企业家来河南工作和交流。

其次，要持续拓展农业国际合作空间。鼓励省内涉农高校、涉农科研院所积极参与共建“一带一路”，继续深度参与“一带一路”建设在农业领域的合作项目。大力开展农业发展、乡村旅游等多领域的合作项目，吸引国外优质教育资源和科技资源，进行合作办学和科研合作。充分发挥河南小麦和农产品加工，及冷链运输等农业产业优势，积极参与“南南合作”农业援助项目，并谋划布局农村相关产业项目。

最后，要深入推动国内农业发展的跨区域协作，为建设现代农业强国贡献河南的独有力量。在平顶山、漯河、周口、驻马店等市建设绿色农产品加工和冷链储运基地，对接京津冀、长三角、粤港澳大湾区，开展优质农产品供应合作。全面深化豫京、豫沪、豫浙、豫苏、豫疆农业合作项目，不断拓展豫粤、豫渝、豫川等在预制菜、白酒、辣椒、菌菇等领域的共赢合作项目。

第八节　乡村治理体系

习近平总书记始终从夯实党的执政基础的高度，强调乡村是我们党执政大厦的地基，乡村治理有效是乡村振兴的重要保障，要完善党组织领导的“自治、法治、德治”相结合的乡村治理体系，让农村既充满活力又稳定有序。河南要实现乡村振兴，建设农业强省，必须夯实乡村治理这个根基。

一　持续完善村民自治体系

首先，要坚持党建引领全省的乡村治理机制。要充分发挥县、乡、村三级治理体系的功能，通过压实县级责任、赋能乡镇扩权，来进一步夯实乡村治理基础，以确保村民的乡村自治主体地位稳固。同时，要大力健全党组织领导的村民自治机制。通过在全省深入落实“四议两公开”工作制度，严格保障全省村民的应有权益。此外，要坚持践行新时代的“枫桥经验”。通过完善矛盾纠纷的源头性预防机制，推动排查式预警、构建多元的矛盾化解工作方法，努力将更多一般性的基层矛盾纠纷在基层解决、在源头化解，使“枫桥经验”在广大农村开花生根。

其次，要不断强化基层自治组织的主体作用。坚持在党、基层政府的领导和指引下，不断强化和完善基层自治组织的主体作用，要科学合理理顺乡村自治组织与基层政府之间的关系，促使两者相互配合、协调治理。同时，要高度重视村民自治组织的规范性建设，划清村自治组织与基层政府的权力和责任边界，做到互不逾越对方边界。根据本地乡村的具体情况和发展特点，寻找一些适合本地乡村的自治性方法，做到权力和事务同步下移，充分调动村民自治的主动性，加快推进乡村治理体系现代化建设。

最后，要不断健全村民治理主体自治空间。通过规范各项民主决策机制，增强乡村治理主体的参与积极性、议事协商的主动性，以及对村民治理事务的民主监督能力。要积极培育乡村社会组织，并激发乡民参与乡村治理的积极性，坚持顶层设计与地方创造互相补充相得益彰，引导乡村治理主体在农村基层的自治实践中发挥积极作用。积极为村民搭建自治平台，有效提升村民参与治理的主动性和参与度，以村民小组为基本单元，不断提升自治主体的民主理念和政治涵养，通过制定符合规范的村规民约，不断推进乡村治理体系的规范化建设。要加强和重视村务监督委员会的建设，充分发挥村民在自治中的主观能动性，以保证广大村民的村务事项知情权。

二　推进乡村法治建设进程

党的二十大报告中明确指出，坚持依法治国首先要坚持依宪治国。我国通过宪法规定的形式确立村民自治制度的合宪性、合法性。因此，在提升乡村治理能效中，就要以法治为根本，增强村民的法治意识，更好建设和美乡村和现代农业强省。

首先，要深入落实基层农民群众的民主参与权利。通过法治建设的普及宣传，以及制定合理合法的规章制度，引导和推动广大村民积极有序地参与到乡村治理体系现代化建设进程中，尤其在选举投票、决策讨论、日常管理等环节中，应确保广大村民有足够的参与权和诉求权。要在宪法和法律的框架内构建透明的村民自治运行机制，以确保广大村民能有效地行使自己的自治权，并通过法治宣传教育，形成自觉遵法、学法、用法，并依法行使自治权利。要完善乡村法律服务帮助体系，以增强村民依法维权、信访、尊法守法意识，使广大村民知道，遇到困难时要懂得依靠法律来解决。

其次，要全面推进乡村基层治理法治化进程。各地要结合本地农村发展实际情况，在广泛进入农户家中收集民意的基础上，依据国家相关法律法规和中国传统美德的公序良俗，邀请广大村民参与到村规民约具体条款的制定过程中。这不仅使得村规民约能够真正得到村民的拥护和执行，也是推进乡村治理法治化建设的重要内容和步骤。通过不断推进乡村治理体系的法治化和规范化，广大村民敬畏法律、服从法律、相信法律准绳是乡村治理的唯一准则。

最后，要督促农村基层党组织和村委会带头尊法、学法、守法、用法，通过创新各种普及法律的宣传方法（包括且不限于短视频等形式），让大家在寓教于乐中接受和理解相关法律法规知识，提升乡村治理的法治化和现代化水平。此外，要督促各地政府建立一个公共法律服务体系，让广大村民学习使用法律的成本降低，而且要最大限度地给全省村民提供各类法律援助，确保村民的合法权益得以申诉和保障，为农业强省建设提供基础的法律支撑。

三 增强乡村德治建设水平

德治思想是我国优秀传统文化中的道德素养，“礼义廉耻，国之四维”。通过增强德治建设水平，能够让广大农民群众正确认识道德、认可道德，增强群众对乡土人情和道德规范的认同感，进而为农业强省建设提供更高水平的道德约束力和凝聚力。

首先，要重视乡村德治秩序的塑造。应在传承弘扬优秀传统文化的基础上，充分汲取各地地域文化中蕴藏的乡村智慧，再融入我们党的先进文化理念，在公共道德、村风民俗、精神文明建设等方面制定和美乡村新社会的道德标准和村规民约，塑造与各地历史风俗和传统文化风尚相适应的乡村德治发展秩序，不断提升村民的文化自觉和道德责任，提升群众对德治的社会认同和情感支持。借助对“新乡贤”的宣传和引导，加大乡村德治宣传和道德教育，增强道德教育活动的开展，营造乡村德治良好氛围。与此同时，在落实上要对违反者依规进行教育、给予批评等，可尝试借鉴其他地区创新开发的村规民约“红黑榜”，实现人人参与、人人监督，切实让村规民约和道德准则确实落到实处，不断提升村民的道德素养和人格品质。

其次，要在文化上深入挖掘。依托河南各地丰富的传统文化资源，结合地域特色和民俗特征，不断创新德治的文化载体和文化内涵，进而建立起一种具有各自地域特色的自我规范和约束文化体系。通过不断挖掘和创新优秀的德治思想观念、道德规范、家风传承等，讲好乡村道德故事，通过文化作品的创新和宣传，在丰富农民群众的精神文化生活的同时，逐步建立新时代的道德规范和准则，养成优良的文化素养，树立和美乡村的新形象、新风貌。另外，对“新乡贤”的榜样作用要充分重视，要通过他们的言行影响村民，提升村民对农业强省建设、和美乡村建设的感受力，通过这些有一定威望和受过良好教育的人的影响，广大村民在新风尚、新文明的建立中，逐步实现移风易俗。

最后，要加强农村精神文明建设。通过深入开展社会主义核心价值观宣传教育，在全省农村地区稳步推进移风易俗工作，纠治人情攀比、封建迷信等陈规陋习；弘扬敦亲睦邻、守望相助、诚信重礼的乡风民风。继续在乡村开展听党话、感党恩、跟党走宣传教育活动，弘扬爱国主义、集体主义和民族精神，培育文明乡风和良好家风，不断提升全省农民群众的思想道德涵养和素质。深化农村群众性精神文明创建，开展“诚信守法感恩”为主题的公民思想道德教育活动，充分发挥农民主体作用，移风易俗、弘扬时代新风。

四 推进乡村治理数字水平

近年来，随着互联网和移动网络硬件设施的建设，5G、大数据、云计算等新一代数字信息技术在广大农村地区的运用得到普及和推广，因此适时推进和提升乡村治理的数字化水平就成为农业强省建设中的重要内容，尤其借助新一代数字化应用，来提升乡村治理水平就成为必然。

首先，要将数字信息技术用于国家惠农政策宣传上。大力推进社区公共服务综合信息平台建设使“互联网+政务服务”在全省农村地区的覆盖率基本达到百分之百，真正做到和群众利益紧密关联。

其次，在农村集体产权交易的经营监管上，要持续加强监管手段和农民的举报通道和申诉机制的建设，重视产权交易平台的数字化建设，并通过各种网络平台及时公开发布与农民切身利益紧密相关的村集体资产的交易信息、土地流转信息等，使这些交易环节公开透明、价格竞争公平，在全程接受群众监督的同时，也让农民群众对基础组织的治理效能更加放心。

最后，要推动组建现代农业数据资源中心，对全省各类农业农村数据资源进行整合和归集，实现涉农数据的统一规范管理，与移动、电信、联通、阿里巴巴等公司等开展数据使用的合作，提升乡村治理的信息化和智能化建设水平，为农业强省建设提供数据保障。此外，在资源开发和环境保护上，充分运用卫星遥感影像等技术手段，对永久基本农田实行动态监测，对已经建成的高标准农田进行质量实时动态监测，以更好服务河南现代农业强省的建设。

第九节 防灾减灾体系

农业特别是粮食生产属于“看天吃饭”的产业，在全球气候变暖背景下，极端天气不断增多、气象灾害给农业生产带来的风险越来越大。因此，建设农业强省必须要求各级农业农村和气象部门，高度重视农业防灾减灾工作，强化农业防灾减灾能力建设。

一　加强农业气象预警系统建设

首先，强化农业灾害监测预警体系建设。要加强组织领导，建立党委领导、政府主导、各相关部门深度参与的农业气象防灾减灾机制。各级农业农村部门和气象部门要把农业气象防灾减灾工作作为农业生产的重点工作之一，加强部门间的沟通配合，科学制订工作预案，并及时安排推进部署。要特别设立全省和各个地市的农业气象防灾减灾联合工作组，明确责任单位和责任人，建立常态化联席会议和会商制度，充分沟通各地最新的气象预报信息，并交流各地在开展农业气象防灾减灾中的好做法，进行借鉴和推广。建立健全信息共享机制，完善信息共享和联合会商机制。各级农业农村部门和气象部门要定期沟通交流，发挥气象信息对农业抗灾救灾和农业生产的预警决策指导作用。

其次，要强化灾害预警服务。充分发挥“12316”益农信息服务平台、基层农业气象信息站信息员的作用，做好农业气象灾害的预警服务。聚焦重点产粮区和种植大户，提供精细化气象预警服务。加强气象预警信息的精准送达。全省各级农业农村部门要积极引导以家庭农场为代表的新型农业经营主体主动申请“一码通”，并努力做到对新型农业经营主体的全覆盖，同时要加大相关服务的推广普及与使用力度，确保各类气象灾害（预警）信息能够精准直达用户手中，使得家庭农场等新型农业经营主体能够提前做好灾情防范应对。

最后，要科学做好防灾减灾预案。要根据气象灾害和作物生长进程，由省级农业部门科学组织农业和气象专家联合制定全省农业气象防灾减灾的预案。在各县乡镇的基层，通过有效组织农技人员和气象人员，建立一支可靠的基层农业防灾减灾队伍。引导新型农业经营主体和社会化服务组织进一步增强防灾减灾意识，立足于防、着眼于早，系统谋划防范举措，做好物资储备和应对准备工作。

二　加强气象防灾减灾服务与培训

首先，要大力加强防灾救灾社会化服务体系建设。要依托一些大型救灾服务机构，在全省一些地市建立区域性综合服务中心，并推动农业防灾减灾救灾的专业化应急队伍建设。同时，要广泛动员各类社会化服务组织，经常开展农业防灾减灾救灾的社会化服务演练，以充分发挥其技术、装备和人才优势。此外，应加强对农资和农机供需情况的调度监测和动态调剂调运管理，以确保防灾服务组织物资运输保障有力。

其次，各级农业农村部门、各有关单位、广大农业科技工作者，要充分利用农业科教云平台（“中国农技推广”App和“云上智农”App）、河南省农业防灾减灾保丰收视频资源，以及微信、抖音、微博、美篇等信息化手段，做好农业防灾减灾科技指导服务工作，切实提高质量效率。

最后，要切实加强防灾减灾技术培训。各级农业农村科教部门和培训机构要将农业防灾减灾技术等相关知识纳入高素质农民培育内容，聘请优秀教师开展有针对性的培训，强化农民防灾减灾意识，提升防灾减灾技能，切实发挥科技在农业防灾减灾中的重要支撑作用。各级农民教育培训机构、实训基地及乡村振兴优质学校，要在汛期期间做好应急值守工作，积极储备应急物资，加强应急队伍建设，经常性开展防灾安全检查。

三　提升农业气象灾害防范能力

首先，要不断提升农业气象灾害防范能力。制定相应举措鼓励各地积极参与新一轮国家农业气候资源普查和农业气候区划工作，不断提升农业气象灾害防范能力。优化完善现有农业气象观测设施站网布局，尤其要增加对高标准农田的监测布局，努力做到分区域、分灾种发布农业气象灾害信息。现代农业强省建设的发展规划制订中要充分包括开展农业气象灾害风险评估工作和实现合理规避灾害风险的相关内容，进一步提高全省农业气象灾害精准化预报预警水平和防御能力。

其次，要不断提高农业防灾减灾的基础能力建设。在全省的病虫害监测防控能力方面，要持续完善全省的小麦条锈病、赤霉病等重大病虫害监测和预报机制，进一步健全农作物病虫害防控体系。在提升对各类病虫害的监测预警和应急防控力体系建设上，要高度重视全省高标准农田的建设进度，确保智能化农作物病虫害田间监测点在全省高标准农田尽早实现全部覆盖。进一步在全省的县乡两级建立完整的病虫害信息报告制度，尤其是重点监测小麦条锈病、赤霉病、玉米大小斑病、水稻两迁害虫等重大病虫害的破坏。

最后，要增强新型农业经营主体自身的防灾减灾能力。要结合现代农业强省建设与乡村振兴规划的实施，在全省范围内对新型农业经营主体开展科学避灾防灾抗灾的科普技术培训，以增强其对灾情的准备和应对，及提升灾后的田间管理和种植修复等防灾减灾能力。要重视5G、大数据、人工智能和智慧气象物联网等新技术在全省新型农业经营主体中的普及力度，确保农业防灾减灾预警技术得以发展，同时，也便于灾后补贴和信贷的科学高效发放。

第十节　组织保障体系

全面推进乡村振兴、加快建设农业强国，关键在党。必须要坚持党对农村工作的全面领导，充分发挥中国特色社会主义制度的显著优势，为河南农业强省建设提供坚强政治和组织保障。

一　坚持党对农村工作的全面领导

首先，要坚持和完善党领导“三农”工作的体制机制，更好履行政府职责，凝聚各方力量，形成推动河南建设农业强省的强大合力。要深入贯彻《中国共产党农村工作条例》、全面落实省负总责、市县乡抓落实的农村工作领导体制，坚决按照党中央国务院的要求，建立健全上下贯通、一抓到底的农业强省建设工作体系和机制。市、县两级要把建设“农业强省”工作作为当前农业工作的重头戏，特别是县委书记要当好“一线总指挥”，把涉农工作科学统筹起来，形成“三农”工作的新局面。

其次，要进一步推动试点建立乡村振兴和农业强省建设的省、市、县级党委和政府的主要负责同志联系乡（村）点的制度，把现代农业强省建设的工作落在实处，且在基层发现问题并找出答案。统筹开展乡村振兴战略实绩考核、农业强省考核评估，将抓党建促乡村振兴和农业强市（县）、乡（镇）建设情况作为市县乡党委书记抓基层党建述职评议考核的重要内容。要持续完善考核督查工作机制，以责任落实推动工作落实、政策落实。持续纠治形式主义、官僚主义的不正之风，并在督察工作中纳入减轻村级组织不合理负担的内容。

最后，要加强涉农干部的培训工作力度。提高基层干部的“三农”工作本领，通过工作作风的改进和提升，在全省打造一支政治硬、能力强的优秀农村基层干部队伍。各级领导干部要把调查研究、求真务实作为基本功，牢固树立群众观点、贯彻群众路线，经常到农民群众家中“走一走、看一看”，有条件甚至可以住一晚，扎根群众、问需群众，真正了解群众的安危冷暖和急难愁盼。

二　健全农村基层党组织的制度建设

首先，要坚持“三会一课”制度，严格开展农村基层党组织的民主生活会。党的组织生活是党内政治生活的重要内容和载体。一个班子强不强、有没有战斗力，同有没有严肃认真的组织生活密切相关。因此，全省农村基层党组织要定期开展组织生活会，及时召开党员大会、党小组民主生活会，确保其制度化和定期化。严格按照中央和省委的部署开展中心组学习和民主生活会制度。

其次，要健全各类激励机制，加大对农村基层党员干部的奖罚力度。对于在群众工作中做出重大贡献的党员干部要实时给予充分的激励（包括提拔重用和物质奖励），让广大党员干部在群众工作中有冲劲、有干劲、有成就感、有自豪感。同时，要严格遵守各项规章制度，对党员干部和“领头人”的要求要更为严格，一方面使得工作开展起来更能获得群众支持，另一方面也使得广大党员干部干事业的心更专注。

最后，要完善各级各类监督机制。对基层党组织的党员干部的纪律要求，不仅包括党内管理、党内监督，还包括邀请和欢迎广大村民群众的监督，并且使群众监督的形式多样化和适宜化。要做到日常监督，发现一起，及时处置一起。要加强对违法乱纪的农村基层党员干部的执纪力度，提防“一粒老鼠屎坏了一锅汤”，坚决维护和树立农村基层党员干部的清正廉洁形象。

三　增加财政投入和发展集体经济

提升和完善农村基层党组织对农业强省建设的保障能力和体系，必须确保一定的资金投入作为基础性的物质支撑。

首先，要持续加大各级财政资源向全省广大农村地区的倾斜力度。在财政资金的转移支付方面，要切块确保农村基层党组织的基本运转经费逐年稳步增长，尤其要稳步提升各地村干部的基础工资待遇，并出台相关激励性措施，鼓励农村基层组织在增长村集体资产的同时能够获取相应的绩效性收入奖励。此外，一些涉农资金在下发和使用的时候，应充分征求和考虑农村基层党组织的意见，并且要建立专门财务账户，按照相关财务制度，加强对经费使用的监督。对于一些经济条件和发展基础较好的市（县）、乡（镇），可鼓励其设定专门的转移支付通道给予辖区内发展靠后的乡村额外的资金支撑。

其次，要加大各类扶持政策和资源向全省农村地区的倾斜力度。要强化和完善各类多元投入保障和倾斜扶持政策，稳步提高各地土地出让收益用于地方农业农村建设和发展的资金比例，确保农民、农村和农业能够充分分享源自农村的土地收益。要设立农业强省建设基金，吸纳社会资金进入，并推动各地的债券项目设立一定比例的资金专门用于乡村振兴和农业强省建设。要健全政府投资与政策性银行、社会资本投入现代农业强省建设的一体联动机制，鼓励各类资本通过市场进入现代农业建设领域，把一些满足商业运作规范的项目交由市场主体实施，以吸引更多社会金融资源进入农村投向农业。完善和加强农业信用信息共享建设，加大信贷担保业务向农业农村领域倾斜的力度。

最后，要大力发展全省的农村集体经济。发展和壮大农村集体经济既是农业强省建设的目标也是抓手，如果说各级各类财政资金的转移支付是属于给现代农业建设“输血”的话，那么发展壮大农村集体经济就是属于增强现代农业自身的“造血”能力，唯有如此才能从根本上解决基层组织的凝聚力问题。因此，各地农村基层党组织要结合自身实际，按照产业振兴的发展要求和全省农业强省建设的要求，可试点采用“村社一体”“统分结合”的方式方法，积极组织和引导当地农民群众大力发展村集体经济，在健全和完善农村基层组织保障体系的同时，也有力地提高了农民的收入，进而加强了基层党组织的威信力和凝聚力。

四 加强农村基层党组织人才建设

充足的人才资源是农村基层党组织提升组织力的重要基础支撑，进而才能使广大农民群众奋力推进全省的现代农业强省建设。

首先，要高度重视全省农村基层党组织的带头人选拔。要扩大农村基层党组织带头人的考察和选拔范围，具体来说，农村技术能人，有经营能力、返乡创业大学生，返乡退伍军人，以及返乡优秀农民工党员等都应被纳入基层党组织带头人选拔的考察范围，以充分调动农村党员的积极性，引导广大党员将思想正、能力强的新型农民带头人推选为村党支部书记，充分发挥基层支部书记的“带队伍、活资源”的“带头人”作用。

其次，要加大对农村基层党组织带头人的各类能力提升培训力度。农业强省建设中，广大党员群众必然对作为农村基层党组织带头人的能力素质的持续提升提出较高要求。因此必须高度重视农村基层党组织带头人能力提升的理论培训。一方面，要注重持续提升农村基层党组织带头人的责任意识，尤其是使他们意识到在当前乡村振兴战略实施中，以及农业强省建设的历史浪潮中，自身所肩负的“带头人”责任十分重大；另一方面，要注重培训工作开展的方式和方法，特别要注重乡村“三治”建设的培训，一定要以广大农民群众认可的方式开展工作，要围绕着农业强省的建设与和美乡村的建设展开培训。

最后，要加强对农村基层党组织带头人的监督。要持续强化自上而下的监督机制。按照省市县党委巡察制度，把农村基层党组织带头人纳入重点巡察对象，严格按照省市县党委巡察工作的巡视内容进行巡查，坚决做到发现问题、及时查处问题，形成对全省农村带头人“不想腐、不敢腐、不能腐”的威慑。此外，要不断加强对农村党员队伍的监督和管理，要根据农业强省与和美乡村的建设实际，有针对性地开展对农村党员的教育管理和监督工作，引导广大党员干部敢当善为，充分发挥先锋模范的带动作用，以增强广大农村基层党员干部的党性修养。

参考文献

习近平:《加快建设农业强国 推进农业农村现代化》,《求是》2023年第6期。

姜长云:《农业强国建设及其关联问题》,《华中农业大学学报》(社会科学版)2023年第2期。

黄祖辉、傅琳琳:《建设农业强国:内涵、关键与路径》,《求索》2023年第1期。

高强、周丽:《建设农业强国的战略内涵、动力源泉与政策选择》,《中州学刊》2023年第3期。

魏后凯、崔凯:《农业强国的内涵特征、建设基础与推进策略》,《改革》2022年第12期。

张红宇:《农业强国的全球特征与中国要求》,《农业经济问题》2023年第3期。

胡新艳、陈卓、罗必良:《建设农业强国:战略导向、目标定位与路径选择》,《广东社会科学》2023年第2期。

黄承伟:《全面推进乡村振兴是新时代建设农业强国的重要任务》,《红旗文稿》2023年第2期。

陈明:《农业强国、乡村振兴与农业农村现代化——新时代“三农”政策范式解析》,《治理现代化研究》2023年第3期。

《求是》编辑部:《新时代新征程加快建设农业强国的战略部署》,《求是》2023年第6期。

唐仁健:《锚定建设农业强国目标 切实抓好新时代新征程“三农”工作》,《求是》2023年第6期。

赵素萍:《出彩中原铸华章——河南改革开放四十年》,河南人民出版社,2018。

中共河南省委宣传部：《灿烂辉煌——河南改革开放 40 年优秀论文集》，中州古籍出版社，2019。

黄佩民：《中国农业现代化的历程和发展创新》，《农业现代化研究》，2007 年第 2 期。

刘依杭：《河南农业农村现代化发展研究》，经济管理出版社，2021。

李同新等：《河南农业农村发展报告（2023）：促进农民农村共同富裕》，社会科学文献出版社，2022。

中共河南省委、河南省人民政府：《中共河南省委 河南省人民政府关于做好 2022 年全面推进乡村振兴重点工作的实施意见》，《河南日报》2022 年 3 月 29 日。

中共河南省委、河南省人民政府：《中共河南省委 河南省人民政府关于做好 2023 年全面推进乡村振兴重点工作的实施意见》，《河南日报》2023 年 4 月 10 日。

念延辉：《加快推进乡村“五个振兴”》，大河网，2019 年 2 月 19 日。

喻新安等：《工农业协调发展的河南模式》，河南人民出版社，2009。

田宜龙：《从不足温饱到“大粮仓”“大厨房”》，《河南日报》2009 年 9 月 28 日。

陈明星等：《脱贫攻坚与乡村振兴的河南路径》，社会科学文献出版社，2021。

刘科等：《加快构建新时代河南多元化食物供给体系的长效机制》，大河网，2023 年 7 月 3 日。

马海龙、杨玟玟：《新内生发展理论视阈下乡村特色产业发展的动力整合——以东北地区 J 村木耳产业为例》，《原生态民族文化学刊》2023 年第 4 期。

李同新等：《河南农业农村发展报告（2022）：全面推进乡村振兴》，社会科学文献出版社，2022。

李国英：《农业全产业链数字化转型的底层逻辑及推进策略》，《区域经济评论》2022 年第 5 期。

韩啸、姚媛、缪翼：《如何打通乡村物流“最后一公里”？代表委员热议“快递进村”工程》，《农民日报》2022 年 3 月 9 日。

崔凯、冯献：《演化视角下农村电商“上下并行”的逻辑与趋势》，《中国农村经济》2018 年第 3 期。

刘金辉：《河南打造十大特色农业基地》，《经济参考报》2019 年 10 月 8 日。

《农业农村部关于公布第十二批全国“一村一品”示范村镇及 2022 年全国乡村特色产业产值超十亿元镇和超亿元村名单的通知》，《中华人民共和国农业农村部公报》2023 年第 4 期。

张继焦、崔钰卿：《“二元社会”结构视域下乡村特色产业发展路径分析——以贵州省刺梨产业的发展为例》，《青海民族大学学报（社会科学版）》2023 年第 4 期。

吕方：《中国式现代化视域下的“宜居宜业和美乡村”》，《新视野》2023 年第 3 期。

杨春华：《扎实推进宜居宜业和美乡村建设》，《红旗文稿》2023 年第 3 期。

吕捷：《建设宜居宜业和美乡村正当其时》，《理论导报》2023 年第 1 期。

刘焕鑫：《巩固拓展脱贫攻坚成果　建设宜居宜业和美乡村》，《旗帜》2023 年第 1 期。

黄承伟：《新时代乡村振兴战略的全面推进》，《人民论坛》2022 年第 24 期。

张永江、周鸿、刘韵秋等：《宜居宜业和美乡村的科学内涵与建设策略》，《环境保护》2022 年第 24 期。

彭超、温啸宇：《扎实推进宜居宜业和美乡村建设》，《中国发展观察》2022 年第 12 期。

朱启臻：《如何建设宜居宜业和美乡村》，《农村工作通讯》2022 年第 24 期。

张新平、代家玮：《总体国家安全观视域下我国粮食安全问题研究》，《甘肃理论学刊》2022 年第 7 期。

高鸣、赵雪：《农业强国视域下的粮食安全：现实基础、问题挑战与推进策略》，《农业现代化研究》2023 年第 4 期。

赵丛浩：《“确保中国人的饭碗牢牢端在自己手中”——学习习近平关于维护粮食安全的重要论述》，《邓小平研究》2023 年第 2 期。

黄季焜:《对近期与中长期中国粮食安全的再认识》,《农业经济问题》2021年第1期。

陈希、钟钰:《中国粮食安全战略的路径演变及发展方向》,《科技导报》2022年第10期。

杜志雄、肖卫东:《全方位夯实粮食安全根基:意义、内涵及重点任务》,《中州学刊》2022年第12期。

赵庆业:《河南:“中国粮仓”撑稳“中国饭碗”》,《中国财政》2023年第1期。

张道明:《河南粮食生产的亮点、短板和抓手》,《河南农业》2022年第2期。

张培奇、范亚旭:《河南:“五个坚持”确保国家粮食安全》,《农民日报》2022年10月13日。

陈明星:《全方位擦亮粮食生产“王牌”》,《河南日报》2022年12月4日。

崔宁波:《构建国家粮食安全新发展格局》,《人民论坛》2022年第1期。

陈明星、唐轲、张淞杰:《完善粮食主产区利益补偿机制的路径与对策》,《区域经济评论》2022年第1期。

苗洁:《粮食主产区耕地“非粮化”治理难点与应对》,《决策咨询》2023年第6期。

程国强:《大食物观:结构变化、政策涵义与实践逻辑》,《农业经济问题》2023年第5期。

蒋和平等:《新时期我国粮食安全保障的发展思路与政策建议》,《经济学家》2020年第1期。

毛长青:《新时代粮食安全观的理论内涵与实践路径》,吉林大学博士毕业论文,2022。

后　记

强国必先强农，农强方能国强。党的二十大在擘画全面建成社会主义现代化强国宏伟蓝图时，首次提出加快建设农业强国，2022年底召开的中央农村工作会议对建设农业强国进行了战略部署，习近平总书记系统阐释了建设农业强国的重大理论和实践问题，对建设农业强国的基本要求、中国特色等重大问题进行了深刻阐释，为推进农业强国建设提供了根本遵循。

建设农业强国、农业强省是重要载体和抓手。习近平总书记2019年视察河南时强调，在乡村振兴中实现农业强省目标。这既是对河南农业发展提出的目标任务，也是对所有农业大省提出来的任务要求。河南作为典型的农业大省、人口大省、粮食大省，在保障国家粮食等重要农产品供给方面发挥着重要作用，是农业强国版图中的一块重要拼图。因此，河南立足本省实际探索走出具有中国特色、河南特点的农业强省道路，具有较强的实践意义和借鉴意义。

本书首先明晰了农业强省建设的内涵与特征、历史方位，分析了河南建设农业强省的基础与优势、短板与弱项、战略与机遇、形势与趋势等，在借鉴国内外推进农业农村现代化建设经验的基础上，提出河南建设农业强省的思路与目标、基本原则、实施步骤、战略要领等；本书针对河南建设农业强省中的重点领域，如扛稳粮食安全重任、发展乡村特色产业、建设宜居宜业和美乡村、促进农民农村共同富裕等的发展现状、路径选择、重点难点、对策建议进行详细阐述，最后提出河南建设农业强省的十大支撑体系，包括科技创新体系、人才支撑体系、要素投入体系、经营服务体系、改革支持体系、绿色发展体系、开放带动体系、乡村治理体系、防灾减灾体系、组织保障体系。

本书在建设农业强国的宏观视角下聚焦农业强省建设，参照农业强国的概念和内涵，以农业强国为镜像对农业强省进行画像，廓清农业强省的内涵和特征，并以农业大省河南省作为分析对象，厘清河南建设农业强省的现实基础、比较优势、短板弱项、重点难点和实现路径等，为相关部门和地方科学决策提供参考，也为其他省建设农业强省提供借鉴。

参与本书撰稿的有（按章节顺序）：第一章：宋彦峰；第二章：李天华；第三章：马银隆；第四章：刘依杭；第五章：陈明星；第六章：苗洁；第七章：李国英；第八章：张瑶；第九章：张坤；第十章：李婧瑗、侯红昌。陈明星、宋彦峰、刘依杭等对全书初稿进行了通稿修订。在撰写过程中也参阅和引用了大量文献，并尽可能逐一列出，但难免有错漏，谨请原作者谅解。在此，向所有支持本书编撰出版的领导和同志、被引用和参阅的专家学者，表示诚挚的感谢。由于水平所限，书中难免有不足之处，敬请广大读者批评指正。

作者

2023 年 8 月 16 日

图书在版编目(CIP)数据

农业强省建设的河南实践 / 陈明星主编. -- 北京：社会科学文献出版社，2023.12

ISBN 978-7-5228-2827-5

Ⅰ. ①农… Ⅱ. ①陈… Ⅲ. ①农业经济-农业发展-研究-河南 Ⅳ. ①F327.61

中国国家版本馆 CIP 数据核字（2023）第 219862 号

农业强省建设的河南实践

主　　编 / 陈明星
副 主 编 / 宋彦峰　刘依杭

出 版 人 / 冀祥德
组稿编辑 / 任文武
责任编辑 / 徐崇阳
责任印制 / 王京美

出　　版 / 社会科学文献出版社 · 城市和绿色发展分社（010）59367143
地址：北京市北三环中路甲 29 号院华龙大厦　邮编：100029
网址：www. ssap. com. cn
发　　行 / 社会科学文献出版社（010）59367028
印　　装 / 三河市龙林印务有限公司

规　　格 / 开　本：787mm × 1092mm　1/16
印　张：16　字　数：262 千字
版　　次 / 2023 年 12 月第 1 版　2023 年 12 月第 1 次印刷
书　　号 / ISBN 978-7-5228-2827-5
定　　价 / 68.00 元

读者服务电话：4008918866